Macht und Missbrauch in Institutionen

Helmut Willems • Dieter Ferring (Hrsg.)

Macht und Missbrauch in Institutionen

Interdisziplinäre Perspektiven auf institutionelle Kontexte und Strategien der Prävention

Herausgeber
Helmut Willems
Dieter Ferring

Universität Luxemburg, Luxemburg

ISBN 978-3-658-04296-7 ISBN 978-3-658-04297-4 (eBook)
DOI 10.1007/978-3-658-04297-4

Die Deutsche Nationalbibliothek verzeichnet diese Publikation in der Deutschen Nationalbibliografie; detaillierte bibliografische Daten sind im Internet über http://dnb.d-nb.de abrufbar.

Springer VS
© Springer Fachmedien Wiesbaden 2014
Das Werk einschließlich aller seiner Teile ist urheberrechtlich geschützt. Jede Verwertung, die nicht ausdrücklich vom Urheberrechtsgesetz zugelassen ist, bedarf der vorherigen Zustimmung des Verlags. Das gilt insbesondere für Vervielfältigungen, Bearbeitungen, Übersetzungen, Mikroverfilmungen und die Einspeicherung und Verarbeitung in elektronischen Systemen.

Die Wiedergabe von Gebrauchsnamen, Handelsnamen, Warenbezeichnungen usw. in diesem Werk berechtigt auch ohne besondere Kennzeichnung nicht zu der Annahme, dass solche Namen im Sinne der Warenzeichen- und Markenschutz-Gesetzgebung als frei zu betrachten wären und daher von jedermann benutzt werden dürften.

Gedruckt auf säurefreiem und chlorfrei gebleichtem Papier

Springer VS ist eine Marke von Springer DE. Springer DE ist Teil der Fachverlagsgruppe Springer Science+Business Media.
www.springer-vs.de

Inhalt

Einleitung, Überblick und Danksagung
Helmut Willems und Dieter Ferring   7

I. Grundlegende Perspektiven und Einordnung

Macht und Missbrauch in Institutionen
Konzeption, Begriffsbestimmung und theoretische Perspektiven
Dieter Ferring und Helmut Willems   13

Sexueller Kindesmissbrauch in Deutschland
Blick in die Vergangenheit, Gegenwart und Zukunft
Christine Bergmann   27

II. Institutionelle Kontexte und Phänomenologie

Heimerziehung als Exempel für Macht und Missbrauch in Institutionen
Die Auseinandersetzung mit der Heimerziehung in den 1950/60er Jahren in Westdeutschland
Christian Schrapper   43

Macht und Missbrauch in Familien
Günter Krampen   71

Aspekte des Machtmissbrauchs in Pflegeheimen
Pflege zwischen Fürsorge und Gewalt
Wolfgang Billen   95

Sexuelle Übergriffe in Schulen
Heinz Kindler   111

Cyberbullying
Missbrauch mittels neuer elektronischer Medien
Georges Steffgen 133

III. Perspektiven und Ansätze der Prävention

Missbrauch von Kindern und Jugendlichen in Institutionen
Perspektiven der Prävention durch Schutzkonzepte
Mechthild Wolff 151

Die Prävention sexualisierter Gewalt
Strategien des Paritätischen Wohlfahrtsverbandes – Gesamtverband
Norbert Struck 167

Nachhaltige Prävention sexualisierter Gewalt in Institutionen
Möglichkeiten und Ansätze im Rahmen der Aus- und Weiterbildung
Werner Tschan 177

Prävention stärken
Überblick über Maßnahmen der Deutschen Bischofskonferenz gegen sexualisierte Gewalt
Bettina Janssen 191

Möglichkeiten der Gefängniskontrolle durch einen externen Beauftragten
Michael Walter 213

Institutionelle Selbstverpflichtung
Ein Ansatz zur situations- und einrichtungsbezogenen Prävention
Ulla Peters 227

Liste der Autoren und Mitarbeiter 243

Einleitung, Überblick und Danksagung

Helmut Willems und Dieter Ferring

Das vorliegende Buch geht zurück auf einen internationalen Fach-Workshop an der Universität Luxemburg, zu dem die Forschungseinheit INSIDE der Universität Luxemburg[1] zusammen mit dem Landespräventionsrat Rheinland-Pfalz[2] im Herbst 2011 Experten aus dem In- und Ausland eingeladen hatte. Ziel des Workshops war der Versuch, jenseits der notwendigen öffentlichen Debatten und Berichte über Missbrauchsfälle die Perspektiven unterschiedlicher wissenschaftlicher Disziplinen (Soziologie, Psychologie, Sozialpädagogik, Psychiatrie) und Professionen in einem interdisziplinären Gespräch zusammenzubringen.

Grundlegende Perspektive des Workshops war der Ansatz, die vielfach im Zentrum der Analyse stehende Täterorientierung durch eine Diskussion über organisationale und institutionelle Strukturen und Rahmenbedingungen des Missbrauchs zu ergänzen und vor diesem Hintergrund über Möglichkeiten und Grenzen der Prävention nachzudenken. Auf einer theoretischen Ebene stand somit die Frage nach der Identifikation von missbrauchsfördernden institutionellen Strukturen und Organisationskulturen im Vordergrund, auf einer Professions- und Praxisebene die Suche nach Ansätzen zur Aufklärung und Prävention.

1 Zum Aufbau dieses Buches

Das Buch gliedert sich in drei Abschnitte. Im ersten Teil (I) des Buches werden zunächst grundlegende theoretische Perspektiven von Macht und Missbrauch beschrieben.

Hierzu arbeiten Prof. *Dieter Ferring* und Prof. Dr. *Helmut Willems* theoretische Grundlagen von Macht und Missbrauch als institutionelles und organisatorisches Problem aber auch als personales Problem auf. Ihr Fokus liegt dabei auf psychologischen und soziologischen Konzepten. Sie weisen aber auch darauf hin, dass eine umfassende Analyse des Problemfeldes transdisziplinär angelegt

---

[1] INSIDE steht für „Integrative Research Unit on Social and Individual Development (siehe: http://wwwfr.uni.lu/recherche/flshase/inside)
[2] http://www.kriminalpraevention.rlp.de/

sein muss und neben den einzelnen Wissenschaftsdisziplinen auch Politik und Praxis am Analyseprozess beteiligt werden sollten.

Im Anschluss daran geht Frau Dr. *Christine Bergmann* – ehemalige Unabhängige Beauftragte der Bundesregierung zur Aufarbeitung des sexuellen Kindesmissbrauchs in Deutschland – auf Prävalenz, Phänomene und Perspektiven des sexuellen Kindesmissbrauchs in Deutschland ein und gibt neben einschlägigem Datenmaterial auch bedeutsame Einsichten in und Desiderate für den gesellschaftlichen Umgang mit Missbrauch.

In dem zweiten Teil (II) des Buches werden „Institutionelle Kontexte und die Phänomenologie" des Machtmissbrauchs thematisiert.

Prof. Dr. *Christian Schrapper* (Universität Koblenz-Landau, Professor für Pädagogik, Schwerpunkt Sozialpädagogik, Abteilung Koblenz) thematisiert in seinem historischen Problemaufriss die Geschichte der Auseinandersetzungen mit der Heimerziehung in den 1950er und 60er Jahren in Westdeutschland. Die Auseinandersetzung mit der Heimerziehung wird von dem Autor unter drei historischen Schwerpunktsetzungen beschrieben, und die Folgen der unterschiedlichen Formen von Auseinandersetzung werden abschließend für aktuelle Fragen der Jugendhilfe und des Kinderschutzes thematisiert.

Prof. Dr. *Günter Krampen* (Lehrstuhlinhaber Klinische Psychologie, Psychotherapie und Wissenschaftsforschung an der Universität Trier) beschreibt in seinem Beitrag den Machtmissbrauch und die Ausübung von Gewalt in Familien. Neben einem Überblick zu Prävalenz und Phänomenologie werden Erklärungsmodelle thematisiert und in einem biopsychosozialen Bedingungsmodell das Zusammenspiel von Risikofaktoren auf der sozial-ökologischen, sozialen und individuellen Ebene beschrieben. Abschließend wird auf Prävention, Familienhilfe und Therapie eingegangen.

Als weiterer institutionaler Kontext des Machtmissbrauchs wird von *Wolfgang Billen* (MA Gerontologie, Direktor eines Pflegeheimes) das Feld der institutionellen Altenpflege und der dort beobachtbaren unterschiedlichen Formen von Gewalt beschrieben. Der Autor referiert Befunde einer aktuellen Studie in Luxemburger Altenheimen zur Anwendung und zum Verständnis freiheitseinschränkender Maßnahmen, in denen er die Perspektiven von Pflegepersonal und Leitungskräften kontrastiert. Ansätze zur Gewaltreduktion und zur Aufdeckung von Machtmissbrauch und Gewalt in der institutionalen Altenpflege beschließen diesen Beitrag.

Dr. *Heinz Kindler* (Deutsches Jugendinstitut, München) behandelt in seinem Beitrag die Prävalenz von sexuellen Übergriffen in Schulen. Im Rahmen der phänomenologischen Beschreibung werden hier unterschiedliche Formen, Perspektiven und Kontexte beschrieben. Zudem kontrastiert der Autor Angaben von Kindern und Jugendlichen zu sexuellen Übergriffen aus dem sogenannten schulischen Hellfeld mit Angaben, die in der Dunkelfeldforschung resultieren, und thematisiert damit eine bedeutsame methodische Herausforderung der einschlägigen Forschungsbemühungen.

Prof. Dr. *Georges Steffgen* (Universität Luxemburg, Forschungseinheit INSIDE, Walferdange) greift in seinem Beitrag „Cyberbullying" als ein vergleichsweise junges Phänomen auf, das innerhalb der letzten Dekade zunehmend in den Fokus der öffentlichen Aufmerksamkeit gerückt ist. Der Autor beschreibt Cyberbullying als Machtmissbrauch, der sich durch die Nutzung unterschiedlicher elektronischer Kommunikationsmittel auszeichnet und sich in unterschiedlichen Formen manifestieren kann, denen z.t. unterschiedliche Motive und Ziele zugrunde liegen. Ausmaß und Auswirkungen von Cyberbullying und Ansätze der Prävention beschließen dieses Kapitel.

Der dritte Teil (III) des Buches ist den „Perspektiven und Ansätzen der Prävention" gewidmet.

Prof. Dr. *Mechthild Wolff* (Hochschule Landshut) elaboriert in ihrem Beitrag Perspektiven der Prävention durch Schutzkonzepte mit Blick auf das Risiko des Missbrauchs von Kindern und Jugendlichen durch Professionelle in Institutionen.

Norbert Struck (Jugendhilfereferent Paritätischer Gesamtverband e.V., Berlin) präsentiert in seinem Beitrag Ansätze zur Prävention sexualisierter Gewalt, die innerhalb des Paritätischen Wohlfahrtsverbandes umgesetzt wurden. Diese umfassen konkrete Handlungsempfehlungen und Basisstandards zur Prävention von sexuellem Missbrauch in Institutionen der Jugendhilfe, Kinder- und Jugendfreizeiteinrichtungen, Schule und Kindertagesbetreuungseinrichtungen.

Ausbildung und Weiterbildung als eine nachhaltige Präventionsstrategie sexualisierter Gewalt und anderer Formen von Fehlverhalten werden in dem Beitrag von Dr. med. *Werner Tschan* (Beratungszentrum Sexuelle Grenzverletzungen in professionellen Beziehungen, Institut für Psychotraumatologie, Basel) thematisiert. Der Autor geht auf die Besonderheiten ein, die die Auseinandersetzung mit dem Thema sexualisierter und anderer Formen der Gewalt im Rahmen von Ausbildungskursen kennzeichnen, und beschreibt die wesentlichen Bestandteile und Bausteine einer auf Prävention ausgelegten Ausbildung.

Mit ihrem Beitrag „*Prävention stärken*" gibt Dr. *Bettina Janssen* einen Überblick über die Maßnahmen der Deutschen Bischofskonferenz zur Prävention und Bekämpfung von sexuellem Missbrauch und sexualisierter Gewalt.

Möglichkeiten der Missbrauchs- und Gewaltprävention innerhalb des Strafvollzugs werden von Prof. Dr. *Michael Walter* (Justizvollzugsbeauftragter des Landes Nordrhein-Westfalen) vorgestellt. In diesem Beitrag werden mehrere bestehende Kontrollwege in ihrer Komplementarität beschrieben und ein besonderer Akzent auf die Rolle eines externen Beauftragten gelegt.

Prof. Dr. *Ursula Peters* beschreibt in ihrem Beitrag zur institutionellen Selbstverpflichtung eine Chance, wie verbindliche Verhaltensregeln im Sinne einer "Kultur der Grenzachtung" ein Baustein präventiver Strukturen von sexuellem Missbrauch in Institutionen werden können.

2 Abschließende Bemerkungen und Dank

Nach Abschluss der Arbeiten an diesem Buch möchten sich die Herausgeber bei all jenen Personen bedanken, die daran auf die eine oder andere Art mitgeholfen haben. Zum einen bei den Teilnehmerinnen und Teilnehmern des Workshops, auf dem die Idee für die Publikation geboren wurde. Zum anderen bei allen Autorinnen und Autoren, die diesen Band mitgestaltet haben. Ein besonderer Dank gilt zudem der Forschungseinheit INSIDE der Universität Luxemburg und dem Landespräventionsrat Rheinland-Pfalz für die finanzielle Unterstützung, die den Workshop und die Buchpublikation überhaupt erst möglich gemacht haben.

An der Realisierung des Workshops sowie der Buchpublikation hat zudem eine Reihe von Personen mitgewirkt, deren Hilfe unerlässlich war und denen daher hier auch besonders gedankt werden soll: Dr. Marie Schneider, Caroline Residori, M. A., Diplom Kaufmann Jean Philippe Décieux und Miriam Aust sowie Herr Helmut Liesenfeld vom Ministerium des Innern und für Sport in Rheinland Pfalz.

Widmen wollen wir dieses Buch aber einer Person, die den entscheidenden Impuls für den Workshop gegeben hat und sich darüber hinaus aktiv mit der Aufdeckung und Aufarbeitung von Missbrauchsfällen in Luxemburg beschäftigt hat: dem 1er Conseiller du Gouvernement, Deputierten und engagierten Sachwalter für Soziales in Luxemburg, *Herrn Mill Majerus,* der im Sommer 2011 verstorben ist.

Walferdange, den 15.September 2013

Helmut Willems / Dieter Ferring

I. Grundlegende Perspektiven und Einordnung

Macht und Missbrauch in Institutionen

Konzeption, Begriffsbestimmung und theoretische Perspektiven

Dieter Ferring und Helmut Willems

Übersicht

1 Konzeption und Gegenstand
2 Begriffsbestimmung und Eingrenzung
3 Soziologische Konzepte
4 Psychologische Konzepte
5 Missbrauchsanalyse als interdisziplinäre Aufgabe

1 Konzeption und Gegenstand

Die grundlegende konzeptionelle Perspektive dieses Buches erschließt sich am ehesten über eine Erläuterung des Titels „Macht und Missbrauch in Institutionen". Hier sind drei Aspekte von Bedeutung.

Gegenstand der Untersuchung sollen unterschiedliche Formen und Praktiken des Missbrauchs gegenüber Menschen in unterschiedlichen gesellschaftlichen Institutionen sein. Auch wenn der sexuelle Missbrauch von Kindern in pädagogischen und kirchlichen Einrichtungen gerade in den letzten Jahren die öffentliche Debatte bestimmt hat, so geht es doch hier um eine Erweiterung der Perspektive insofern, als dass auch andere Formen des Missbrauch in den Blick genommen werden sollen: neben dem sexuellen Missbrauch (ein häufig benutzter Begriff der zurecht jedoch auch kritisiert wird; vgl. Andresen & Heitmeyer, 2012) auch die physische und psychische Gewalt, die Demütigung, das Mobbing, die sadistische Machtausübung etc.

Zugleich beschränkt sich die Perspektive nicht nur auf primär pädagogische Institutionen (Internate, Schule, Heime) sondern nimmt auch andere Institutionen und Bereiche mit in den Blick, die ebenfalls mit dem Problem des Missbrauchs konfrontiert sind: die Familie, die neuen Medien, Justizvollzugsanstalten, Pflegeheime etc. Auch wenn die Auswahl der hier dargestellten institutionellen Felder notwendigerweise unvollständig und unsystematisch ist (hier wären vor allem auch Forschungen zum Missbrauch in Wirtschaftsunternehmen notwendig), so soll doch dieser vergleichende Blick auf Missbrauchsprobleme deutlich machen, dass es sich aus unserer Sicht nicht um ein spezifisches Problem einzelner Institutionen handelt, sondern um ein generelles Problem gesellschaftlicher Institutionen und Organisationen, in denen Menschen mit unterschiedlichen Ressourcen (Machtaspekt) dauerhaft in mehr oder weniger stabile Interaktionsstrukturen und Abhängigkeitsbeziehungen eingebunden sind.

Sadistische Machtausübung, Gewalt, sexueller Missbrauch etc. würden aus dieser Perspektive dann eben nicht nur als Folge individueller Perversion und Abweichung wahrgenommen, sondern vielmehr auch als Folge und Ergebnis problematischer institutioneller Strukturen und Kulturen und der „durch sie produzierten Restriktionen und Chancen des individuellen Handelns" (Utz, 2011, S. 51). Eine solche Perspektive soll nicht die individuelle Verantwortlichkeit und Schuld der handelnden Akteure („Täterorientierung") in Frage stellen oder gar minimieren. Sie will aber darauf hinweisen, dass es institutionelle Bedingungen und organisatorische Strukturen gibt, die möglicherweise den Missbrauch von Macht erleichtern und damit begünstigen. Und sie will damit an die Verantwortung von Institutionen erinnern, Situationen und Kontexte des professionellen Handelns so zu strukturieren, dass Missbrauchsverhalten weniger wahrscheinlich wird (vgl. auch Utz, 2011, S.55).

2 Begriffsbestimmung und Eingrenzung

Vor dem Hintergrund dieser Ausführungen zur grundlegenden Perspektive und Fragestellung des Buches ist zunächst eine kurze Präzisierung der zentralen Begriffe geboten. Wenn wir im folgenden unterschiedliche Ausprägungen von Missbrauchsverhalten in unterschiedlichen institutionellen Kontexten beschreiben, so benötigen wir einen umfassenden Begriff, der sowohl die sexualisierte Gewalt, den sexuellen Missbrauch von Kindern und Schutzbefohlenen umfasst so wie auch andere Formen der nicht-sexualisierten physischen und psychischen Gewalt, auch gegenüber Erwachsenen (Mitarbeitern, „Untergebenen", Klienten, etc.).

In diesem Zusammenhang möchten wir einen Begriff aufgreifen, den Max Weber in seinen Arbeiten zur Definition und Bestimmung von Macht entwickelt hat (Weber, 1921), und der von Richard Utz zur Analyse sexualisierter Gewalt in pädagogischen Kontexten vorgeschlagen wird: der Begriff der *Autoritätsmacht* als einer institutionalisierten Form von Macht. Utz weist zu Recht daraufhin, dass im pädagogischen Kontext Autoritätsmacht nicht an individuelle persönliche Merkmale (wie Kraft, Selbstbewusstsein, Intelligenz, Ausstrahlung ...) geknüpft ist, sondern zunächst von Institutionen auf Basis professioneller Qualifikationen zeitlich und inhaltlich begrenzt zugewiesen wird. „Die Institution Schule überträgt den akademisch qualifizierten Pädagogen, den Lehrern oder Sozialarbeitern als Professionellen pädagogische Amtsmacht gegenüber Schülern oder Klienten, die diese Autorisierung in ihrer formalen Geltung normalerweise fraglos als legitim anerkennen" (Utz, 2011, S. 55).

Was hier für pädagogische Institutionen beschrieben wird lässt sich jedoch problemlos auch auf andere gesellschaftliche Institutionen übertragen. Ob in Schulen oder Internaten, in Heimen oder Gefängnissen, in Sportvereinen oder im Beruf: Stets handelt es sich um institutionell verliehene Autoritäts-Macht mit ihrer „eigentümlichen Chance der Willensdurchsetzung", die auf dem ebenfalls institutionell bedingten „Willen zur Fügsamkeit auf Seiten des Autoritätsadressaten" beruht. (Utz, 2011, S. 56). „An dieser besonderen Chance institutioneller Autorität auf freiwillige Fügsamkeit (...) kann Missbrauch in institutionellen Kontexten ansetzen..." (Utz, 2011, S. 56).

Missbrauch lässt sich dann als eine „parasitäre De-funktionalisierung institutioneller Fügsamkeitsbereitschaften und (...) professioneller Zugriffschancen" (Utz, 2011, S. 56) beschreiben in ganz unterschiedlichen institutionellen Kontexten untersuchen.

3 Soziologische Konzepte

Vor diesem Hintergrund ist eine soziologische Perspektive gefordert, die in der Lage ist, jene institutionellen Kontexte zu identifizieren, die eine Umformung professioneller Autoritätsmacht in persönliche Missbrauchsmacht (Utz, 2011, S. 61) begünstigen.

Als primäre soziologische Perspektive wird in diesem Zusammenhang in der soziologischen Forschung v.a. das Konzept der *„Totalen Institution"* erwähnt, wie es von Erving Goffman bereits vor über 50 Jahren eintwickelt worden ist (Goffman, 1961). Das Konzept „Totale Institution" kennzeichnet jene Extremfälle sozialer Institutionen, die einen allumfassenden Charakter annehmen, die alle Lebensäußerungen der Menschen und vor allem ihren Kontakt mit der Außenwelt vollkommen zu kontrollieren trachten, und durch räumliche und soziale Schließungen gekennzeichnet sind. Die Menschen in diesen Einrichtungen sind einer zentralen Autorität unterworfen und werden in der Regel zur Aufgabe ihrer bürgerlichen Rollen und Identitäten gezwungen. Goffman dachte dabei in erster Linie an die Situation von Menschen in Gefängnissen und in der geschlossenen Psychiatrie. Das Konzept der Totalen Institution ist aber in der Folge in soziologischen Forschungsarbeiten auch genutzt worden, um die Situation in Klöstern und Sekten, unter Schiffbesatzungen, in Kasernen und Arbeitslagern, sowie in Kinderheimen, Pflegeheimen, Altersheimen zu beschreiben (Lisch, 1976). Hier wurde das Konzept auch auf jene institutionellen Kontexte angewandt, zu denen – anders als bei Gefängnissen und der Psychiatrie – der Zugang zwar meist freiwillig geschieht, die Institutionen aber dennoch einen totalen Zugriff auf die Person und eine vollständige Kontrolle ihrer Lebensäußerungen entwickeln.

Dies ist für die vorliegende Analyse insofern von Bedeutung als wir davon ausgehen, dass der sexuelle, psychische und physische Missbrauch von Menschen in einer Vielzahl von institutionellen Kontexten zu finden ist. Diese können durchaus Zwangscharakter besitzen wie Gefängnisse, Psychiatrien und Arbeitslager, die in der Regel von Menschen nicht freiwillig aufgesucht werden. Sie können aber auch trotz freiwilliger Teilnahme und Mitgliedschaft der Menschen jenen totalen Charakter entwickeln, der durch extreme Machtasymmetrien, persönliche Abhängigkeiten und fehlende Transparenz und Kontrolle gekennzeichnet ist. Im Folgenden bilden diese Elemente „Totaler Institutionen" wichtige Rahmenbedingungen für einen vergleichenden Blick auf unterschiedliche institutionelle Kontexte des Missbrauchs.

Eine zweite soziologische Persepktive auf den totalen Charakter gesellschaftlicher Institutionen ergibt sich aus dem von Lewis A. Coser entwickelten Begriff der „*Greedy Institutions*" (Coser, 1974). Coser verweist mit dieser Charakterisierung von Institutionen als besitzergreifend oder auch gefräßig, auf die Tatsache, dass Institutionen in unterschiedlichem Maße ihre Mitglieder kontrollieren und zu Loyalität und Identifikation mit der Institution auffordern. Greedy Institutions unterwerfen ihre Mitglieder einer totalen Kontrolle und erwarten von ihnen eine völlige Loyalität und Unterstützung (Commitment) (Coser, 1974).

Hier werden – anders als bei den von Goffman analysierten totalen Institutionen der Psychatrien und Gefängnisse – zur Kontrolle und Disziplinierung der Mitglieder in der Regel jedoch keine gewaltsamen Mittel eingesetzt sondern eher psychischer Druck sowie soziale Sanktionen (Drohung mit Ausschluss) – wie Schimank dies am Beispiel der Zeugen Jehovas dargestellt hat (Schimank, 2007).

Doch auch soziale Gruppierungen im Sport („eingeschworene Mannschaft"), in der Politik (Identität durch radikale Grenzziehung) im privaten Lebensbereichen („Familien- und Freundschaftsbande") und im Beruf („High

Performer") können durchaus Elemente totaler Institutionen oder besonders besitzergreifender Institutionen entwickeln, wenn totale Unterstützung, vollständige Hingabe und bedingungslose Loyalität gefordert werden. Damit werden zugleich dann auch die Chancen zum Machtmissbrauch erhöht wie auch die Bereitschaft auf Seiten der Klienten und Mitarbeiter, sich dem erlittenen Unrecht, der Beleidigung, Demütigung, dem Mobbing und dem Missbrauch zu fügen.

In diesem Zusammenhang wird in der soziologischen Forschung auch der Begriff der *Hyperinklusion* verwandt, um auf Situationen hinzuweisen, in denen Menschen freiwillig ihre gesamte, auch die private Lebensführung, einer Institution unterstellen. Göbel und Schmidt (Göbel & Schmidt, 1998) sowie Erfurt (Erfurt, 2012) haben dieses Phänomen u.a. am Beispiel des Topmanagements in wirtschaftlichen Unternehmen beschrieben. Hier gilt Hyperinklusion geradezu als eine informelle Voraussetzung für die Zugehörigkeit zu diesen Toppositionen und für einen Zugang zu all jenen Ressourcen, ohne die die Bewältigung von Top-Aufgaben nicht möglich wäre.

Zu klären wäre, inwiefern solche institutionellen Zwänge des totalen Commitment und der Hyperinklusion schon als Aspekte einer fehlerhaften Entwicklung von Organisationen gefasst werden können, wie Klaus Türk sie in seinem Konzept der „Pathologie von Organisation" dargestellt hat (Türk, 1976). In diesem Zusammenhang wären dann auch jene Tabuisierungen und fehlenden Kontrollen in Institutionen zu diskutieren, die Heitmeyer als „institutionelle Schweigepanzer" bezeichnet hat (Andresen & Heitmeyer, 2012), und die in Institutionen dafür sorgen können, dass Fehlverhalten und Missbrauch nicht diskutiert werden, nicht öffentlich werden und damit auch nicht sanktioniert und beendet werden.

4 Psychologische Konzepte

Institutionen setzen den Kontext, die Strukturen und die Regeln, welche die Ausübung von Macht und damit auch den Missbrauch von Macht ermöglichen. Wenn *greedy institutions* ihre Mitglieder zur absoluten Anpassung an die Ziele der Organisation verpflichten und Fehlverhalten durch Ausschluss oder andere Formen der Bestrafung sanktionieren, so stellt sich jedoch auch die Frage nach der Rolle des einzelnen Menschen in diesem Geschehen. Es mag Personen geben, die in einer Institution aufgehen und die entsprechend der hier zugrunde gelegten Dynamik funktionieren. Daneben mag es aber auch Menschen geben, die sich einer solchen Dynamik entziehen, in diesem Sinne widerständig agieren und opponieren.

Neben der soziologischen Analyse der Phänomene kann daher auch die psychologische Theoriebildung zur Beantwortung einiger dieser Fragen beitragen. Im Folgenden werden Theoriebereiche der Psychologie aufgeführt, die zur Klärung dieser Fragen beitragen können. Im Einzelnen werden dabei eine motivationspsychologische Perspektive, eine entwicklungspsychologische und lerntheoretische Perspektive sowie die klinisch-psychologische Perspektive eingenommen.

Bedürfnisse und Motive – die motivationspsychologische Perspektive. In der motivationspsychologischen Betrachtung ist die Ausübung von Gewalt und Missbrauch stets auf eine spezifische Bedürfnis- und Motivstruktur des oder der Täter zurückzuführen.

Grundlegende Annahme ist dabei, dass Menschen Bedürfnisse, Motive und Ziele haben, die ihr Verhalten und Erleben nachhaltig bestimmen. Primäre Bedürfnisse umfassen alle organischen Zustände, die auf eine direkte Befriedigung abzielen und die für das Überleben notwendig sind. Sie äußern sich über Durst und Hunger und den Bedürfnissen nach Schlaf, Entleerung und Sexualität. Motive sind in der Sozialisation erworbene Bedürfnisse, die für das Funktionieren, die Anpassung und – wenn man so will – auch das Überleben innerhalb einer Gesellschaft bedeutsam sind. Hierunter werden z.B. das Leistungsmotiv, das Bedürfnis nach Intimität und Annäherung ebenso wie das Bedürfnis nach Macht gefasst. Sie spiegeln stets die Werte und Normen eines gegebenen Sozialisationskontextes wider. Ziele spiegeln letztendlich immer die individuelle Motiv- und Bedürfnisstruktur wider und leiten das individuelle Handeln. Ziele können dabei – ebenso wie Motive – aufsuchend oder vermeidend sein.

Um die Täterpersönlichkeit zu verstehen, ist es auch wichtig zu wissen, dass Menschen stets mehrere Bedürfnisse und Motive haben, die ihr bewusstes Handeln wie auch ihre routinisierte Verhaltens- und Erlebensweisen beeinflussen. Das Verhalten einer Person wird in diesem Verständnis zum jeweiligen Zeitpunkt von dem im Augenblick stärksten Bedürfnis oder Motiv bestimmt und dieses ist so lange wirksam, bis der Zielzustand erreicht ist. Ist ein Bedürfnis aktiviert, so bestimmt dieses die Wahrnehmung, das Denken und Handeln einer Person. Können Bedürfnisse oder Motive nicht befriedigt werden – etwa weil entsprechende Ressourcen zur Bedürfnisbefriedigung fehlen oder weil dies durch einen gegebenen Wertekanon verboten ist – gerät der motivierte Mensch in einem Spannungszustand, der vor allem auch dadurch gekennzeichnet ist, dass der Druck durch ein Bedürfnis umso stärker erlebt wird. Dies lässt sich am eindeutigsten anhand der primären Bedürfnisse verdeutlichen.

Der Mensch, der Durst und Hunger leidet, richtet sein gesamtes Denken und Verhalten auf die Befriedigung dieses Bedürfnisses aus. Menschen strukturieren ihre Wahrnehmung nach der individuellen Motivlage. Es ist naheliegend, dies auch mit Blick auf die menschliche Sexualität zu formulieren. In einer rein biologischen Sichtweise ist die Sexualität ein genetisch verankertes Programm, das sich im Laufe der menschlichen Entwicklung durch körperliche und Verhaltensveränderungen manifestiert. Sozialisationstheoretisch ist Sexualität auch Gegenstand des gesellschaftlichen Wertekanons und geht mit entsprechenden Richtlinien für ihre Sozialisation einher. Die aktuellen politischen Auseinandersetzungen und Schuldzuschreibungen über den Umgang mit kindlicher Sexualität, wie er in den 70er und 80er Jahren des letzten Jahrhunderts von Parteivertretern der FDP und der Grünen gefordert wurde, zeigt, dass hier unterschiedliche Vorstellungen und Werte ko-existieren können. Jahrelanger Missbrauch in einem Internat wie der Odenwaldschule, das sich durch seine Verpflichtung an die Reformpädagogik auszeichnen sollte,[3] kann in diesem Zusammenhang auch nur durch einen Wertekanon innerhalb dieser Institution erklärt werden, der von einzelnen Tätern etabliert und von anderen Ko-Tätern (stillschweigend) akzeptiert wurde. Unterschiedliche Werte und Normen innerhalb einer Gesellschaft und ihre Auswirkung auf das individuelle Verhalten und Erleben werden nicht zuletzt auch dann deutlich, wenn es um Prozesse der Akkulturation geht.

Die Handlungswirksamkeit menschlicher Bedürfnisse und Motive ist in dieser Sicht stets durch das spezifische Zusammenspiel von individueller Bedürfnislage und sozial geteilter Werte und Normen zu beschreiben und zu erklären. Freud hat dies in der Metaphorik seines Modells verdeutlicht, indem er das Es – als den Ort der sofortigen und rücksichtslosen Bedürfnisbefriedigung – mit dem Über-Ich – als Ort der introjizierten Werte und Normen der Gesellschaft – kontrastierte. Nicht jedes Bedürfnis und jedes Motiv führt damit direkt zur Handlung. Zielführende Handlungen können verzögert werden und nur unter bestimmten Bedingungen auftreten. Psychologische Handlungstheorien postulieren, dass die motivierte Person erst nach einer Analyse der Mittel und Wege der Zielerreichung eine Intention ausbildet, die dann zur Handlung führt (siehe Krampen, 2000).

Personen suchen in dieser Logik Situationen und Kontexte auf, die eine problemlose Bedürfnis- und Motivbefriedigung erlauben. Auch hier ist wieder ein direkter Bezug zu den Phänomenen gegeben, die in dem vorliegenden Buch beschrieben werden. Institutionen setzen den Kontext und bieten den Freiraum, um individuelle Bedürfnisse zu befriedigen. Dieser Logik folgend wird eine Person, die Kinder als Sexualobjekte wahrnimmt, Kontexte aufsuchen, die eine Befriedigung dieses Bedürfnisses – in unterschiedlicher Form – erlauben werden.

Ist dies so einfach? Stellt dies nicht eine Herabwürdigung aller Menschen dar, die professionell und ehrenamtlich in pädagogischen Kontexten arbeiten?

---

[3] (hierzu als Betroffener: Dehmers, 2011; zur dunklen Seite der Reformpädagogik: Oelkers, 2011)

Alle Beiträge in diesem Band beschreiben den Umstand, dass Täter neben der Familie vor allem auch in pädagogischen Einrichtungen zu finden sind. Dies unterstreicht, dass Institutionen bereits bei der Selektion ihrer Mitarbeiter und Mitarbeiterinnen präventiv agieren sollten, um bestimmte Risikofaktoren zu kontrollieren (z.B. die Beiträge von Wolff und Struck). Gleichzeitig wird im Zuge einer solchen vereinfachenden Argumentation klar, dass die motivationspsychologische Analyse einer Erweiterung bedarf, die die Relativität von Wertesystemen in ihren Auswirkungen auf das individuelle Handeln thematisiert und dies soll im Folgenden erfolgen.

Die entwicklungspsychologische und lerntheoretische Perspektive. Die Theorienbildung zu sozio-ökologischen Kontexten der Entwicklung hat elaboriert, dass der Mensch gleichzeitig Mitglied verschiedener sozialer Netzwerke und Systeme ist (hierzu Bronfenbrenner, 1981), in denen unterschiedliche und zum Teil widersprüchliche Werte und Normen existieren.

Der Umgang mit solch unterschiedlichen Wertekontexten wird lerntheoretisch mit dem Prinzip der Anpassung erklärt: Menschen erlernen stets das Verhalten, welches die bestmögliche Anpassung erlaubt. Primat hat dabei immer der Kontext, der für das individuelle Befinden und letztendlich auch Überleben die größte Bedeutung hat. Dies erklärt z.B. warum Kinder trotz aller pädagogischen Bemühungen in erster Linie familiäre Werte annehmen und in eine individuelle Motivstruktur konvertieren. Eine Änderung tritt hier nur dann ein, wenn erlernt wird, dass alternatives Verhalten ebenfalls adaptiv ist. In späteren Entwicklungsabschnitten wird natürlich auch das familiäre Wertesystem in Frage gestellt und mit anderem Werten (z.B. der peer-group) kontrastiert. Diese dialektische Spannung zieht sich gleichsam wie ein roter Faden durch die individuelle Entwicklung.

In ihrer Entwicklungs- und Lerngeschichte entwickeln Menschen somit jeweils individuelle Motivstrukturen und -hierarchien, die über Sozialisationsprozesse in einem gegebenen sozio-ökologischen Kontext geformt werden. An diesen Prozessen sind unterschiedliche Sozialisationsagenten mit jeweils spezifischen Werten, Normen und Regulierungen beteiligt. Je nach erfahrener Instrumentalität des Handelns werden die Grundlagen für den Aufbau oder die Unterdrückung spezifischer Verhaltensweisen und ihrer Bewertungen gesetzt. In einer solchen Sicht können Bedürfnisse und Motive in ihrer Befriedigung unterdrückt werden, wenn dies nicht instrumentell ist, d.h. ihre Umsetzung für das Individuum mit Beeinträchtigungen und Sanktionen einhergehen würde.

Was hat dies nun mit dem Thema des vorliegenden Buches zu tun? Das Geschehen um den Missbrauch ist ja gerade auch durch Heimlichkeit und Verschleierungsmanöver gekennzeichnet. Der Täter und die Ko-Täter können Spuren verwischen, sie können sich zu Institutionen entwickeln, in denen der eigene Wertekodex handlungsleitend wird. Eine solche Gruppenbildung kann sogar dazu führen, dass potentielle Täter mit ihren – wie sie glauben „berechtigten" – Forderungen an die Öffentlichkeit gehen. Ein Beispiel hierfür wäre die „Bundesarbeitsgemeinschaft Schwule, Päderasten und Transsexuelle", deren Vertreter sich offen dafür aussprachen, Sex mit Kindern zu legalisieren[4].

Allerdings dürfte es wesentlich mehr Gruppen und institutionalisierte Kontexte geben, die nicht so offen mit entsprechenden Forderungen umgehen, und sozusagen im Stillen agier(t)en. Beispiele hierfür finden sich in dem Beitrag von Schrapper in seiner Analyse der Auseinandersetzungen mit der Heimerziehung in den 1950er und 60er Jahren in Westdeutschland. Sehr diagnostisch für die Verschleierung ist in dieser Beziehung auch der lange Zeitraum, der anscheinend benötigt wird, bis Missbrauch und Gewalt überhaupt thematisiert werden. Wurde hier kollektiv verdrängt, was viele wussten?

Innerhalb der psychologischen Bewältigungsforschung wird mit dem Paradox der Verdrängung der Umstand beschrieben, dass die Verdrängung eines Geschehens erst erfolgen kann, wenn dieses registriert worden ist. Bestimmte Mitglieder einer Institution mögen daher Wissen über Missbrauch haben, das anderen Mitgliedern nicht vorliegt. So hat der Vorsitzende der deutschen Bischofskonferenz in öffentlichen Stellungnahmen darauf hingewiesen, dass innerhalb der Katholischen Kirche Missbrauchsfälle bekannt waren und verschleiert wurden.[5] Es kann davon ausgegangen werden, dass Gruppen und Institutionen eigenständige Bewältigungsformen entwickeln, die immer dann zur Anwendung kommen, wenn sie in ihrer Identität gefordert und bedroht werden. Dies ist beispielsweise dann der Fall, wenn Mitglieder einer kirchlichen oder politisch-motivierten Einrichtung gegen den eigenen Wertekanon verstoßen und die Institution somit von innen heraus bedroht wird. Bedrohungen von außen sind in dem Sinne einfacher zu handhaben, da sie in der Regel die Gruppenkohäsion verstärken (z.B. Tajfel & Turner, 1986). Solche Bewältigungsformen liegen in expliziter und konsensueller Form in Geschäftsordnungen oder ähnlichen Dokumenten vor. Darüber hinaus liegen stets auch implizite Regeln vor, die sich im Miteinander der Mitglieder einer Institution entwickeln und die über die Sanktionierung von Verhalten und Fehlverhalten mit entscheiden können. Dies erklärt z.T. auch die Unterschiedlichkeit, die zwischen einzelnen Häusern oder Vertretungen einer Gesamtinstitution bestehen, da sich hierin trotz einer gemeinsamen expliziten Zielsetzung auch die Spezifitäten des Miteinanders der einzelnen Individuen niederschlagen.

---

[4] Hierzu: http://www.spiegel.de/spiegel/vorab/paedophile-hatten-gruene-staerker-unterwandert-als-bisher-bekannt-a-899286.html; 12.5.2013

[5] http://www.focus.de/panorama/welt/missbrauchsskandal/sexueller-missbrauch-zollitsch-raeumt-verschleierung-ein_aid_491546.html; 21.3.2010

Der Missbrauch, der in Schulen und anderen Erziehungskontexten erfolgte, war demzufolge vielen Personen bekannt und wurde – wenn man an die „Ausübung körperlicher Bestrafung" denkt – auch als gerechtfertigt empfunden. Der vergleichsweise lange Zeitraum, der zwischen der Tat und ihrer Anzeige liegt ist allerdings auch darauf zurückzuführen, dass missbrauchte Menschen keine advokatorische Interessensvertretung haben sowie darauf, dass Veränderungen innerhalb des gesellschaftlichen Wertekanons eingetreten sind, die den Austausch über diese Phänomene nun erst ermöglichen. Die Beiträge von Schrapper, Bergmann und Jansen in diesem Buch illustrieren dies nachhaltig.

Die klinisch-psychologische Perspektive. Verantwortlichkeit für das eigene Handeln wird in der psychologischen Forschung daran festgemacht, dass (a) eine Person eine Handlung absichtlich durchführt und (b) sich gleichzeitig der Folgen ihres Handelns bewusst ist. Ein Täter, der ein Kind sexuell belästigt, ist demnach verantwortlich für sein Tun, wenn er dies absichtlich und mit dem Wissen um die Folgen, die dies für sein Opfer haben kann, tut. Einschränkungen der Intentionalität können nur bei Einschränkungen der Bewusstheit und der kognitiven Reife geltend gemacht werden. Einschränkungen der Bewusstheit treten ein, wenn eine Person durch verstärkten Drogenkonsum nicht mehr in der Lage ist, ihr Handeln zu reflektieren und dies gilt dann auch in der Rechtsprechung als ein strafmilderndes Moment. Einschränkungen der kognitiven Reife können dann geltend gemacht werden, wenn eine Person aufgrund von Verzögerungen oder Einschränkungen ihres Entwicklungsstandes nicht in der Lage ist, selbstverantwortlich Entscheidungen zu treffen. Dies ist im Falle von hirnorganischen Beeinträchtigungen und neurodegenerativen Erkrankungen gegeben.

Die zweite Frage beinhaltet, ob Missbrauch ohne das Wissen um die Folgen für das Opfer erfolgen kann. Diese Frage wird in Plädoyers für einen liberalen Umgang mit pädophiler Sexualität – wie sie oben im Zusammenhang mit der sogenannten „Bundesarbeitsgemeinschaft" angesprochen wurde – thematisiert und sogar in das Gegenteil verkehrt. Hier wurde ein Argumentationsstrang aufgesetzt, demzufolge es den Opfern sogar zum Vorteil gereichen sollte, wenn sie von Erwachsenen für ihre Zwecke missbraucht werden. Diese Relativität findet sich nicht zuletzt auch in individuellen Begründungen der Täter. Die Missbrauchsberichte, die inzwischen in vielen Europäischen Ländern vorliegen, geben hiervon ein beredtes Zeugnis.

Die Legitimation und Rechtfertigung des eigenen Handelns hat zentralen Einfluss auf das Erleben von Emotionen, und sie erlauben es – mit Blick auf die Tat – „unangemessene" und „störende" Emotionen zu kontrollieren. Dabei kann es dann zu weiteren Relativierungen und „Verkehrungen in das Gegenteil" kommen. Im Rahmen der Viktimologie sind insbesondere Prozesse der Verantwortlichkeitsattribution untersucht worden. Vor allem Schuldzuschreibungen an die Opfer von Gewalt sind dabei – sowohl aus der Sicht des Täters wie auch aus der Sicht von nicht-betroffenen Personen – gut dokumentiert (siehe Baumeister, 1999). Mit Blick auf die Opfer von sexueller Gewalt ist das Phänomen einer sekundären Viktimisierung hervorzuheben. Dieses umschreibt den Umstand, dass Opfern von Gewalt Verantwortlichkeit und Schuld an dem Geschehen zugeschrieben wird und diese somit zum zweiten Male zu Opfern werden. Solche Zuschreibungen dienen unterschiedlichen Motiven: Der Täter ent-"schuldigt" sein Handeln, weil er ja letztendlich nur einer Aufforderung durch das Opfer gefolgt ist. Insbesondere im Umfeld des sexuellen Missbrauchs dürfte die Bemerkung „Sie/er wollte es doch auch ..." oft zu hören sein. Nicht-betroffene Personen können durch eine sekundäre Viktimisierung des Opfers die Bedrohlichkeit eines entsprechenden Ereignisses regulieren: Da das Opfer ja selbst daran Schuld hatte, in eine entsprechende Situation zu kommen, kann man selbst solche Ereignisse verhindern.

Der Täter, der sein Handeln ent-„schuldigt", tut dies allerdings nur, wenn er oder sie sich des Regelverstoßes bewusst ist. Grundsätzlich kann davon ausgegangen werden, dass das Durchsetzen der eigenen Ziele stets mit einem Bedürfnis nach Erklärung und Rechtfertigung einhergeht.

Aktuelle Befunde der klinisch-psychologischen Forschung an Straftätern zeigen, dass die Bewertung von Regel- und Grenzüberschreitungen mit hirnorganischen Substraten der Emotionsregulation in Zusammenhang gebracht werden kann. Dies zeigt sich insbesondere bei der dissozialen Persönlichkeitsstörung, die im Wesentlichen durch die Missachtung sozialer Normen und Regeln ebenso wie die Gefühllosigkeit gegenüber den Opfern des Machtmissbrauchs umschrieben wird (World Health Organization, 2010). Birbaumer (2002) zeigte in seiner Forschungsarbeit mit Straftätern auf, dass diese zum einen weniger negative Emotionen wie Furcht verspüren und auch weniger Strafe oder Sanktionen erwarten. Er bringt dies mit neuronalen und biochemischen Prozessen der Inselregion, des Orbitofrontalcortex sowie Teilen des limbischen Systems (insbesondere der Amygdala) in Zusammenhang. Demzufolge sollen Täter zwar um die Folgen ihres Handelns wissen, aufgrund des veränderten Funktionierens der Hirnareale löse dies jedoch keine als negativ erlebten und eventuell hemmenden Emotionen bei ihnen aus. Weitere Theorien beschreiben unterschiedliche neuronale und hormonelle Erregungsleitungen und hier vor allem fehlende Hemmungen, die der Emotionsregulation bei Psychopathen zugrundeliegen (Davidson, Putnam & Larson, 2000). Alle diese Ansätze sind als neuro-kognitive Theorien zu qualifizieren, da sie ein Zusammenspiel zwischen den hirnanatomischen neuronalen Substraten und der kognitiven Bewertung annehmen.

In einer solch klinisch-psychologischen Perspektive lässt sich Missbrauch auf der individuellen Ebene auf das Zusammenspiel psycho-biologischer Prozesse zurückführen. Im Rahmen ihrer individuellen Entwicklungs- und Lerngeschichte machen Menschen demnach die Erfahrung, dass bestimmte Handlungen zielführend und instrumentell sind oder nicht. Diese Handlungsmuster, einschließlich der Emotionen, die sie markieren und begleiten, werden abgespeichert und erhalten somit ein neurologisches Substrat, welches in entsprechenden Situationen wieder aktiviert wird und entsprechende Handlungsmuster in Gang setzt. Je nachdem wie nachhaltig solche Erfahrungen für die Bedürfnislage sind, bilden sich dann entsprechende Gewohnheiten aus, die sowohl kognitive als auch emotionale und behaviorale Komponenten umfassen. In einer solchen Argumentation wird auch evident, dass abweichendes Verhalten auch stets nur in Kontexten erlernt werden kann, in denen dieses abnorme Verhalten funktional ist. Dies ist z.B. im Rahmen der sozialen Lernforschung für Kontexte, in denen physische und psychische Gewalt zu beobachten sind, gut dokumentiert: Kinder übernehmen hier Verhaltensweisen der Erwachsenen (bereits Bandura, 1971). Dies mag nicht zuletzt auch erklären, warum aus den einstigen Opfern auch Täter werden können.

5   Missbrauchsanalyse als interdisziplinäre Aufgabe

Wie diese Ausführungen gezeigt haben ist eine eine umfassende Analyse der institutionellen Kontexte und personalen Voraussetzungen des Missbrauchs nur in einer interdisziplinären Perspektive zu erlangen. Hier sind Soziologie, Pädagogik, soziale Arbeit und Erziehungswissenschaften gefordert ebenso wie die Politik und die politischen Entscheidungsgremien. Hier ist eine Transdisziplinarität indiziert, die alle relevanten Disziplinen und beteiligten Gruppen zusammenbringt, wie dies auch für andere Problemfelder angestrebt wird (Ferring, 2010).

Nur so lassen sich letztendlich Interventionen entwickeln und aufbauen, die die Opfer stärken und unterstützen und eine zuverlässige Prävention ermöglichen. Wir verfügen am Anfang des 21. Jahrhunderts über genügend gesicherte Evidenz, um hier aktiv zu werden.

Literatur

Albert, I., Ferring, D. & Michels, T. (2013). Intergenerational family relations in Luxembourg: Family values and intergenerational solidarity in Portuguese immigrant and Luxembourgish families. European Psychologist, 18, S. 59-69.

Andresen, S. & Heitmeyer, W. (Hrsg.) (2012). Zerstörerische Vorgänge. Missachtung und sexuelle Gewalt gegen Kinder und Jugendliche in Institutionen, Beltz/Juventa, 2012.

Bandura, A. (1971). Social learning theory. General Learning Press: New York.

Baumeister, R. (1999). Evil: Inside Human Violence and Cruelty. Holt: New York.

Birbaumer, N. (2002). Furcht und Furchtlosigkeit: Zur Neurobiologie des Bösen. Akademie der Wissenschaften und der Literatur, 1, S. 3-30.

Bronfenbrenner, U. (1981). Die Ökologie der menschlichen Entwicklung. Klett-Cotta: Stuttgart.

Coser, L. (1974). Greedy Institutions. Patterns of Undivided Commitment. The Free Press: New York.

Davidson, R.J., Putnam, K. & Larson, C. (2000). Dysfunction in the neural circuitry of emotion regulation – a possible prelude to violence. Science, 289, 591-594.

Dehmers, J. (2011). Wie laut soll ich denn noch schreien? Die Odenwaldschule und der sexuelle Missbrauch. Rowohlt: Reinbek.

Erfurt, P. (2012). Organisation Matters (1): Führung als Hyperinklusion. In Ortlieb, R. & Sieben, B. (Eds.), Geschenkt wird einer nichts – oder doch? Festschrift für Gertraude Krell. Mering: Hampp, S. 91-96.

Ferring, D. (2010). Transdisziplinäre Alternsforschung und Partizipation. In:. Breinbauer, I., Ferring, D., Haller, M. & Meyer-Wolters, H. (Hrsg.) (2010), Transdisziplinäre Alter(n)sstudien. Gegenstände und Methoden. Königshausen & Neumann: Würzburg, S. 23-36.

Göbel, M. & Schmidt, J. (1998). Inklusion / Exklusion: Karriere, Probleme und Differenzierungen eines systemtheoretischen Begriffspaars. In: Soziale Systeme 4 (1), S. 87-117

Göbel, F. (2007). Die stationäre Behindertenarbeit – Begriffe, Vergleiche, Ausblicke

Goffman, E. (1961). Asylums: Essays on the Social Situation of Mental Patients and Other Inmates. Chicago.

Krampen, G. (2000). Handlungstheoretische Persönlichkeitspsychologie. Konzeptuelle und empirische Beiträge zur Konstrukterhellung (2., erg. Aufl.). Göttingen: Hogrefe.

Lisch, R. (1976). Totale Institution Schiff. Duncker und Humblot: Berlin.

Piaget, J. (1986). Das moralische Urteil beim Kinde (erschienen 1932). München: dtv.

Reinhardt, V. (2012). Machiavelli oder Die Kunst der Macht. Eine Biographie, C.H. Beck: München.

Schimank, U. (2007): Gruppen und Organisationen, in: Hans Joas (Hrsg.) Lehrbuch der Soziologie, 3. Auflage, Campus: Frankfurt am Main, S. 226-239

Tajfel, H. & Turner, J.C. (1986). The social identity theory of intergroup behavior. In Worchel, S. & Austin, W. (Hrsg.) (1986). Psychology of intergroup relations. Nelson-Hall: Chicago, S.7-24.

Türk, K. (1976). Grundlagen einer Pathologie der Organisation.

Utz, R. (2011). "Total Institution","Greedy Institution". Verhaltensstruktur und Situationen des sexuellen Missbrauchs. In: Baldus, M.&Utz, R. (Hrsg.): Sexueller Missbrauch in pädagogischen Kontexten. VS-Verlag: Wiesbaden, S. 51-76.

Weber, M. (1921/1980). Wirtschaft und Gesellschaft. Grundriß der verstehenden Soziologie, 1. Halbband: Tübingen.

World Health Organization (2010).International statistical classification of diseases and related health problems. – 10th revision, edition 2010. Retrieved at: http://www.who.int/classifications/icd/en/

Sexueller Kindesmissbrauch in Deutschland

Blick in die Vergangenheit, Gegenwart und Zukunft

Christine Bergmann

Übersicht

1 Betroffene brechen ihr Schweigen
2 Die Politik reagiert
3 Aufarbeitung
   3.1 Auswertung der Anrufe und Briefe in der Anlaufstelle
   3.2 „Wer das Schweigen bricht, bricht die Macht der Täter"
   3.3 Missbrauch in Institutionen
   3.4 Folgen des sexuellen Missbrauchs
   3.5 Betroffene am Runden Tisch
4 Expertisen und Erhebungen
   4.1 Ergebnisse der standardisierten Institutionenbefragung des Deutschen Jugendinstitut (DJI) e.V.
   4.2 Kinder brauchen Vertrauenspersonen
5 Forderungen der Betroffen und Aufnahme in Empfehlungen
6 Entscheidungen des Runden Tisches und der Bundesregierung
7 Ausblick

1 Betroffene brechen ihr Schweigen

Als Anfang 2010 erwachsene Männer, die als Schüler sexuelle Gewalt in renommierten Bildungseinrichtungen wie dem Canisius-Kolleg, dem Kloster Ettal oder der Odenwaldschule erlebt hatten, an die Öffentlichkeit traten, wurde in Deutschland eine längst überfällige Debatte über sexuellen Missbrauch in Gang gesetzt. Eine Welle der Empörung wurde ausgelöst, die große Teile der Gesellschaft erfasste und weiteren Betroffenen Mut machte, ihr Schweigen zu brechen. Viel Kraft und Mut gehörte zu dem öffentlichen Sprechen der Betroffenen.

Das Ausmaß der sexuellen Gewalt gegen Kinder und Jugendliche schockierte die Öffentlichkeit ebenso wie das jahre- und jahrzehntelange Verschweigen und Vertuschen der Taten durch die Institutionen. Es wurde deutlich, wie häufig der Schutz und das Image der Einrichtungen wichtiger waren als das Schicksal der anvertrauten Kinder. Das hatte zur Folge, dass den Tätern und Täterinnen nicht Einhalt geboten wurde, und dass Betroffene alleingelassen wurden und keine Hilfe erhielten.

Das Verschweigen, Vertuschen und Verleugnen der Taten hat das Unrecht für die Betroffenen noch vervielfacht. Warum ist das Thema in Deutschland so lange tabuisiert worden?

Zu Beginn der 80er Jahre wurde durch die Frauenbewegung aufgedeckt, dass es sich bei sexueller Gewalt in der Familie nicht um einzelne seltene Taten handelt, sondern dass sexuelle Gewalt in erschreckendem Ausmaß Kinder und insbesondere Mädchen im familiären Umfeld trifft. Beratungseinrichtungen sind in dieser Zeit entstanden, die seither Mädchen und Frauen Hilfe anbieten und wichtige Aufklärungs- und Sensibilisierungsarbeit leisten. Nachdem in den 90er Jahren auch sexuelle Gewalt gegen Jungen in den Blickpunkt gerückt war, entstanden Hilfsangebote für Jungen und Männer, die in der Kindheit missbraucht wurden.

Auf internationaler Ebene hatte sich in diesen Jahren viel zum Wohl des Kindes verändert. Der Schutz von Kindern, auch vor sexuellem Missbrauch, wurde mit der UN-Kinderrechtskonvention fest verankert. In Deutschland ist dieses Übereinkommen für die Rechte des Kindes seit 1992 in Kraft. Das Recht der Kinder auf gewaltfreie Erziehung, das seit 2000 im BGB festgehalten ist, besagt: „Körperliche Bestrafungen, seelische Verletzungen und andere entwürdigende Maßnahmen sind unzulässig". Um den Schutz von Kindern vor sexueller Gewalt und sexueller kommerzieller Ausbeutung ging es in besonderer Weise auf dem Weltkindergipfel in New York 2001 und dem Weltkongress 2002 in Yokohama.

Zwar waren im Zusammenhang mit dem Recht der Kinder auf gewaltfreie Erziehung und auch dem 2001 in Kraft getretenen Gewaltschutzgesetz wichtige gesellschaftspolitische Debatten geführt worden, die durchaus bewirkt haben, dass sich ein Wandel in der Einstellung zu Gewalt im sozialen Nahbereich vollziehen konnte, aber sexuelle Gewalt an Kindern und Jugendlichen ist dennoch bis zum Missbrauchsskandal in 2010 weitgehend tabuisiert geblieben.

Und das obwohl bereits Jahre zuvor über das Ausmaß sexueller Gewalt innerhalb der katholischen Kirche, in Ländern wie in den USA, Großbritannien oder Irland berichtet wurde und zu erwarten war, dass sich auch in Deutschland Missbrauchsfälle in Institutionen ereignet haben. Allein in Irland wurden 35.000 Opfer sexueller Gewalt bekannt. Selbst ein Bericht Ende der 90er Jahre in der

Frankfurter Rundschau über sexuelle Gewalt an der Odenwaldschule löste keine Aufklärungswelle in Deutschland aus.

Festzustellen bleibt, dass die in der Fachwelt diskutierten Sachverhalte zu sexueller Gewalt gegen Kinder und Jugendliche in die öffentliche Debatte bis 2010 nicht nachhaltig Eingang gefunden hatten. Die Bedeutung und Folgen des Erlebten für die Betroffenen und ein angemessener Umgang mit der Thematik in allen Bereichen, die hiervon betroffen sind bzw. mit der Thematik in Berührung kommen, hat bis 2010 in Deutschland nicht stattgefunden.

Das Tabu brechen heißt zuzugeben, dass in Familien Kinder nicht nur Geborgenheit erfahren sondern auch alle Formen von Gewalt – von Vernachlässigung bis zu schlimmster sexueller Gewalt unter Ausnutzung von Abhängigkeits- und Machtverhältnissen. Und das in allen sozialen Schichten.

Und es heißt zuzugeben, dass in angesehenen Einrichtungen, denen Kinder anvertraut wurden wie Internaten, Heimen, Sport- und Jugendverbänden u.a. Kinder sexuelle Gewalt erfahren haben.

Täter wurden geschützt, konnten weiter machen, ohne Strafen befürchten zu müssen. Institutionen lag der Schutz des Images näher als das Schicksal der Betroffenen. Diese fanden weder Gehör noch Hilfe.

Zu Tausenden haben wir, meine Mitarbeiter und Mitarbeiterinnen in der Geschäftsstelle und an den Telefonen der Anlaufstelle und ich diese Berichte gehört und gelesen von Menschen, die inzwischen in der Mitte ihres Lebens angekommen waren, häufig erstmals darüber gesprochen oder geschrieben haben und noch immer unter den Folgen dieser Gewalt leiden.

Es brauchte offensichtlich erst die massiven Berichte 2010 aus den Jesuiten-Kollegs und der Odenwaldschule, die nicht mehr zu ignorieren waren, um die öffentliche Anteilnahme und mediale Aufmerksamkeit zu erreichen. Männer sprachen über ihre Missbrauchserfahrungen in renommierten Institutionen, der Skandal passte unter keinen Teppich mehr.

2 Die Politik reagiert

Politisches Handeln war angesagt und die Bundesregierung berief einen Runden Tisch „Sexueller Kindesmissbrauch" ein, ein Gremium mit rund 60 Vertreterinnen und Vertretern aus Politik, Wissenschaft, Gesellschaft und Kirchen unter dem gemeinsamen Vorsitz der Bundesministerin für Familie, der Bundesministerin für Bildung und der Justizministerin.

Zeitgleich berief die Bundesregierung mich als Unabhängige Beauftragte zur Aufarbeitung des sexuellen Kindesmissbrauchs. Mein Auftrag umfasste die Schaffung einer Anlaufstelle für Betroffene, die Aufarbeitung der Thematik des sexuellen Kindesmissbrauchs und die Erarbeitung von Empfehlungen für immaterielle und materielle Hilfen für Betroffene im institutionellen und im familiären Bereich.

Die Einbeziehung des familiären Missbrauchs in die Aufarbeitung der Thematik und ihre Berücksichtigung bei immateriellen und materiellen Hilfen für Betroffene war im internationalen Vergleich einmalig und stellte eine besondere Herausforderung dar.

Ende Mai 2011 wurde mein Abschlussbericht der Öffentlichkeit vorgestellt. Der Bericht enthält die Ergebnisse der Aufarbeitung und Empfehlungen für immaterielle und materielle Hilfen an den Runden Tisch „Sexueller Kindesmissbrauch" und die Bundesregierung.

Ende November 2011 hat der Runde Tisch dann seinen Abschlussbericht der Bundesregierung vorgelegt. Die Umsetzung der Empfehlungen sowohl der Unabhängigen Beauftragten als auch des Runden Tisches ist die jetzt dringliche Aufgabe.

3 Aufarbeitung

Schwerpunkt meiner Arbeit war es, mit den Betroffenen in intensiven Kontakt zu kommen, ihnen einerseits die Möglichkeit eines Gesprächs mit erfahrenen Fachkräften anzubieten und andererseits von ihnen als Expertinnen und Experten zu hören, welche Hilfen sie zum Zeitpunkt des Missbrauchsgeschehens benötigt hätten und welche sie noch Jahrzehnte später zur Minderung der Folgeschäden brauchen. Verbunden war das Gesprächsangebot mit der Zusage, die Botschaften in den Aufarbeitungsprozess der Unabhängigen Beauftragten einzubeziehen und in Form von Empfehlungen an den Runden Tisch und die Bundesregierung weiter zu leiten. Wir haben uns immer als „Ohr der Betroffenen" gesehen.

3.1 Auswertung der Anrufe und Briefe in der Anlaufstelle

Im Mai 2010 wurde die telefonische Anlaufstelle der Unabhängigen Beauftragten eingerichtet, die unter der kostenfreien Rufnummer 0800 - 22 55 530 an fünf Tagen in der Woche für jeweils sechs Stunden erreichbar war und noch immer ist. Gleichzeitig startete die Homepage www.beauftragte-missbrauch.de.

In der telefonischen Anlaufstelle erhalten Betroffene qualifizierte Hilfe und Unterstützung sowie Hinweise auf Hilfsangebote vor Ort. Erfahrene Fachkräfte aus den Bereichen Psychologie, Beratung, Medizin und Sozialpädagogik bieten ein anonymes intensives Erstgespräch an. An die telefonische Anlaufstelle können sich auch Kontaktpersonen von Betroffenen wenden sowie Menschen, die allgemeine Anliegen zum Thema Missbrauch mitteilen möchten.

3.2 „Wer das Schweigen bricht, bricht die Macht der Täter"

Sowohl die ersten Briefe, die bei mir eingingen als auch die Gespräche an der telefonischen Anlaufstelle machten deutlich, in welchem Maße es die Betroffenen als Hilfe und als Anerkennung ihres Leids empfunden haben, endlich über das erfahrene Unrecht sprechen zu können und Gehör und Glauben zu finden.

Es war erschütternd zu erleben, wie groß der Gesprächsbedarf von Menschen mit sehr lange zurückliegendem Missbrauchsgeschehen war.

Insbesondere nach dem Start der Kampagne „Sprechen hilft" im September 2010, die mit Fernsehspots, Plakaten, Anzeigen und Info-Materialien bundesweit sichtbar war, brachen tausende Betroffene ihr Schweigen.

Die Anrufe und Briefe aus der Anlaufstelle wurden – soweit die Personen, die sich meldeten, dem zustimmten – anonymisiert dokumentiert und wissenschaftlich ausgewertet durch Prof. Jörg Fegert, Ärztlicher Direktor der Kinderpsychiatrie am Universitätsklinikum Ulm und sein Team. (Fegert et al., 2011) Ein enger Kontakt zwischen dem „Team Berlin" und dem „Team Ulm" ermöglichte es, auch kurzfristig neue Erkenntnisse aus der Anlaufstelle in die weitere Arbeit und in die öffentliche Debatte einbeziehen zu können. Die Daten beruhen nicht auf einer repräsentativen Studie, bei der Stichprobe handelt es sich um eine Inanspruchnahmepopulation. Insgesamt gab es von April 2010 bis August 2011 (Stichtag der letzten Auswertung der Daten zur Amtszeit der Unabhängigen Beauftragten) 22.000 Kontaktaufnahmen, davon 19.000 Anrufe und 3.000 Briefe.

Die Anlaufstelle wurde zunächst ganz überwiegend von älteren Erwachsenen genutzt, deren Missbrauch schon viele Jahre, zum Teil Jahrzehnte, zurücklag, und die ihre Missbrauchserfahrung erstmalig jemandem anvertrauten. Der

Altersdurchschnitt der Anrufenden lag bei 46 Jahren. Der älteste Betroffene, der sich an die Anlaufstelle gewendet hat, war 89 Jahre. Zu Beginn der Anlaufstelle meldeten sich mehr Männer und es wurde überwiegend über Fälle aus dem institutionellen Bereich berichtet. Dies spiegelte auch die öffentliche Debatte zu Beginn des Jahres 2010 wider, als es vor allem betroffene Männer waren, die über sexuelle Gewalt berichteten. Seit Start der Kampagne „Sprechen hilft" überwog dann der Anteil der Frauen, die sich in der Anlaufstelle meldeten und die vor allem Missbrauch in der Familie erlebt haben. Am Ende des Auswertungszeitraums betrug das Verhältnis Frauen zu Männern 65:35. Rund 90 % der anrufenden und schreibenden Personen berichteten über Missbrauchsfälle aus der Vergangenheit und von mehrfachem und regelmäßig wiederkehrendem Missbrauch durch männliche Täter, in 25 % der Fälle mit Penetration.

Von den Berichten in der telefonischen Anlaufstelle der Unabhängigen Beauftragten betreffen mit Stand August 2011 56,6 % Missbrauch in der Familie, 29,3 % in Institutionen, 8,4 % im sozialen Umfeld sowie 5,7 % durch Fremdtäter/innen. Sexuelle Gewalt in der Familie wurde also am häufigsten berichtet.

3.3 Missbrauch in Institutionen

Die Betroffenen, die von sexueller Gewalt in Institutionen berichteten, waren zu 40 % weiblich und zu 60 % männlich. Bei fast allen Betroffenen (92 %) lag der Missbrauch in der Vergangenheit. In 86 % der geschilderten Fälle wurden die Betroffenen von Männern missbraucht, in 10 % von Frauen (Erzieherinnen und Ordensschwestern in Heimen) und in 4 % von Personen beider Geschlechter. In den Berichten zu sexueller Gewalt in Institutionen ging es selten um Einzelfälle, fast immer waren mehrere Kinder betroffen, sie wurden teilweise von demselben Täter bzw. derselben Täterin, manchmal auch von mehreren Tätern bzw. Täterinnen missbraucht. Bei fast allen fanden körperliche Übergriffe statt und bei vielen Vergewaltigungen.

In einigen Berichten sind auch gleichaltrige oder ältere Jugendliche als Täter benannt. Meist hatten sie selbst sexuelle Gewalt erlebt oder wurden gezwungen, sexuelle Handlungen und Misshandlungen an Jüngeren zu begehen.

Betrachtet man die Berichte von sexuellem Missbrauch in Institutionen wurden am häufigsten kirchliche Einrichtungen benannt, wobei mit 29 % die katholische Kirche an der Spitze liegt. 11 % der berichteten Missbrauchsfälle betrafen die evangelische Kirche, 4 % Kirchen ohne konfessionelle Nennung, 20 % Schulen und Internate (hierunter auch kirchliche Einrichtungen), 26 % Heime (auch hierunter kirchliche Einrichtungen), sowie 5 % Vereine und 8 % einen anderen Kontext (z.B. Chor, medizinische Einrichtungen). Bezieht man die kirchlichen Schulen und Heime in die Gesamtzahl der Fälle in kirchlichen Institutionen ein, zeigt sich, dass 62 % der ausgewerteten institutionellen Missbrauchsfälle auf kirchliche Einrichtungen fielen, darunter 44 % auf katholische und 14 % auf evangelische Einrichtungen.

3.4 Folgen des sexuellen Missbrauchs

Viele Betroffene berichteten in der Anlaufstelle über die oft lebenslangen schweren Folgen des Missbrauchs. Auswirkungen, über die Betroffene in der Anlaufstelle häufig berichteten, waren somatische und psychosomatische Erkrankungen, Leistungsbeeinträchtigungen, die sich auf Schule, Ausbildung und berufliche Möglichkeiten auswirkten, Beziehungs- und Partnerschaftsprobleme, Hilflosigkeit und mangelnde Orientierungsfähigkeit, ausgeprägte Selbstwertproblematiken, Beeinträchtigung des Körpergefühls und der Sexualität, externalisierendes Verhalten in Form von Aggressionen, Gewalt und unkontrollierten Wutausbrüchen, Flashbacks und Intrusionen.

Unterschiede bezüglich körperlicher Erkrankungen bzw. Somatisierungen und Beziehungs- und Partnerschaftsproblemen zeigten sich im Vergleich von Betroffenen, die sexuelle Gewalt in Institutionen erlebt hatten, und Betroffenen, die sexuelle Gewalt in Familien erlitten. Körperliche Folgen nannten 42 % der Betroffenen, die sexuelle Gewalt in der Familie erlebt hatten im Gegensatz zu 28,8 % der Betroffenen, die sexuelle Gewalt im Kontext von Institutionen erfahren hatten. Von Beziehungsproblemen berichteten 32 % Betroffene, die sexuelle Gewalt in der Familie erlebt hatten gegenüber 23 % Betroffenen, die sexuelle Gewalt im Kontext von Institutionen erfahren hatten.

Ein Auszug aus einem Brief gibt die Situation wieder, in der sich viele Betroffene befinden.

> „Ich wende mich an Sie, weil ich mir davon Hilfe erhoffe, ich weiß nicht wie und in welcher Form, aber ich habe eine kleine Hoffnung. Ich bin auch ein Missbrauchsopfer. Es liegt zwar schon lange zurück, aber meine Leiden werden immer schlimmer, gerade auch nach dem Bekanntwerden der vielen anderen Fälle in der katholischen Kirche. Ich habe immer gedacht, ich werde das schon aushalten und für alle den intakten Menschen zur Schau stellen, aber ich halte das bald nicht mehr aus. Mein ganzes Leben ist im Grunde verpfuscht, das wird mir immer klarer. 2 Ehen, die dritte nach kurzer Zeit schon auf der Kippe und wirtschaftlich auch am Ende. Es ist schon gut, dass es diese Möglichkeit der Onlineberatung gibt...“

3.5 Betroffene am Runden Tisch

Eine deutliche und berechtigte Forderung der Betroffenen war, am Runden Tisch „Sexueller Kindesmissbrauch" als Expertinnen und Experten gehört zu werden. Das wurde im November 2010 erreicht.

Für die Mitglieder des Runden Tisches „Sexueller Kindesmissbrauch" brachte der persönliche Austausch über die Folgen des Missbrauchs und die Forderungen der Betroffenen wichtige Erkenntnisse für die weitere Arbeit. Die Betroffenen wurden daraufhin von den Ministerinnen bei der Gründung einer bundesweiten Betroffeneninitiative unterstützt.

4 Expertisen und Erhebungen

Für die Aufarbeitung war es neben der wissenschaftlichen Auswertung der eingegangenen Anrufe und Briefe in der Anlaufstelle nötig, weitere Erhebungen zu veranlassen, die auch die jüngere Vergangenheit stärker in den Fokus rücken würden. Diese Erhebungen – u.a. eine Institutionenbefragung von Schulen, Heimen und Internaten durch das Deutsche Jugendinstitut (DJI) e.V., die Auswertung der Expertisen von Beratungsstellen sowie eine Online-Befragung von psychologischen Psychotherapeutinnen und Psychotherapeuten – lieferten wichtige Erkenntnisse zur Bestätigung der Aussagen der Betroffenen.

Insbesondere die Institutionenbefragung des DJI machte deutlich, wie sehr sexueller Kindesmissbrauch in pädagogischen Einrichtungen auch ein Thema der jüngsten Vergangenheit war und in der Gegenwart ist.

4.1 Ergebnisse der standardisierten Institutionenbefragung des Deutschen Jugendinstitut (DJI) e.V.

Um erstmals deutschlandweit Zahlen zur Häufigkeit zu erhalten, mit der Schulen, Internate und Heime mit Verdachtsfällen auf sexuellem Missbrauch konfrontiert sind und daraus unter anderem Maßnahmen zur Prävention und Anforderungen an Aus- und Weiterbildung der Fach- und Lehrkräfte abzuleiten, wurde das Deutsche Jugendinstitut (DJI) e.V. mit dem Forschungsprojekt „Sexuelle Gewalt gegen Mädchen und Jungen in Institutionen" von der Unabhängigen Beauftragten mit Unterstützung des Bundesbildungsministeriums beauftragt. Das Projekt wurde über einen Zeitraum von einem Jahr von Juli 2010 bis Juli 2011 durchgeführt und beinhaltete neben einer standardisierten Institutionenbefragung auch Literaturexpertisen zum nationalen und internationalen Forschungsstand sowie Fokusgruppenbefragungen.

Die Ergebnisse der Institutionenbefragung machten deutlich, dass Schulen wie auch Internate und Heime mit Verdachtsfällen auf sexuelle Gewalt gegen Kinder und Jugendliche in den vergangenen Jahren konfrontiert waren, dass Lehr- und Fachkräfte mehr Qualifizierung im Umgang mit sexueller Gewalt benötigen und dass Präventionsmaßnahmen in den Einrichtungen nicht ausreichend vorhanden sind.

Schulen sahen sich bis zu 43 %, Internate zu über 50 % und Heime zu über 70 % mit verschiedenen Verdachtsfällen auf sexuelle Gewalt in den letzten drei Jahren konfrontiert. Mit 82 % waren Mädchen wesentlich häufiger von sexueller Gewalt betroffen als Jungen. Die verdächtigten Täter waren überwiegend männlich.

Verdachtsfälle auf sexuelle Gewalt durch an den Institutionen beschäftigte erwachsene Personen wurden vergleichsweise selten genannt, wiegen aber umso schwerer, als Kinder wie Eltern Fachkräften vertrauen können müssen. Überwiegend handelte es sich um strafrechtlich schwer fassbare Vorwürfe.

Am häufigsten entstand Handlungsbedarf durch Verdachtsfälle auf sexuelle Gewalt, die sich außerhalb der Einrichtung ereigneten, aber in der Schule, bzw. im Internat oder Heim einer Lehr- bzw. Fachkraft mitgeteilt wurden.

Die häufige Nennung von Verdachtsfällen, die sich außerhalb der Einrichtung ereignet hatten, spiegelt die Tatsache wider, dass Missbrauch am häufigsten im familiären Umfeld stattfindet. Gerade deshalb ist es so wichtig, dass Fach- und Lehrkräfte für die Thematik sensibilisiert sind. Insbesondere in Schulen ist davon auszugehen, dass in jeder Klasse mindestens ein Kind bereits Opfer sexueller Übergriffe oder sexueller Gewalt in der Familie oder im sozialen Nahfeld geworden ist. Das Lehrpersonal muss deshalb in der Lage sein, mit diesen Situationen umgehen zu können.

Auch mit sexuellen Übergriffen von Kindern und Jugendlichen untereinander waren Institutionen deutlich häufiger konfrontiert als mit sexueller Gewalt durch Personen, die in den Einrichtungen arbeiten. Besonders betroffen von sexueller Gewalt unter Gleichaltrigen in Institutionen waren Kinder und Jugendliche, die in Heimen untergebracht waren. 50 % der Verdächtigen waren unter 14 Jahre alt. Die Vorwürfe bezogen sich vor allem auf Berührungen am Körper bzw. an den Geschlechtsteilen. In Heimen wurde zu 17 % auch von Verdachtsfällen mit Penetration berichtet.

Fachberatungsstellen gegen sexualisierte Gewalt sowie Beratungsstellen und stationäre Angebote zur Rückfallvorbeugung für jugendliche Täter und Täterinnen berichten von einer stetig steigenden Zahl der Beratungs- und Behandlungsanfragen. Möglicherweise unterliegen gerade Kinder, die in Heimen untergebracht sind und häufig aus bereits vorbelasteten Familien kommen, einem hohen Gefährdungsrisiko bzw. einer starken Reinszenierungsgefahr. Eine genaue Diagnostik und Behandlung von Kindern und Jugendlichen, die sexuelle Gewalt erfahren haben, in Institutionen ist deshalb zur Verhinderung eines Ketteneffekts von größter Wichtigkeit.

4.2 Kinder brauchen Vertrauenspersonen

Die Ergebnisse des Forschungsprojekts des DJI zeigen auch, dass in rund 50 % der Verdachtsfälle die betroffenen Kinder selbst aktiv geworden waren und sich an eine Lehr- oder Fachkraft ihres Vertrauens gewandt hatten. Häufig haben auch andere Kinder, denen sich die betroffenen Kinder anvertraut hatten, den Verdacht einer Vertrauensperson gemeldet. Nur selten haben Verhaltensauffälligkeiten auf Seiten der Kinder bei Lehr- oder Fachkräften zu einem Verdacht geführt. Dies macht deutlich, dass alle Lehr- und Fachkräfte Kompetenzen und Ressourcen brauchen, die sie befähigen, mit Verdachtsfällen qualifiziert umzugehen und sich im Bedarfsfall professionelle Hilfe holen zu können.

Aus- und Weiterbildung spielen dabei eine wichtige Rolle ebenso wie gezielte Präventionsmaßnahmen. Über die Notwendigkeit, Präventionskonzepte zu implementieren, gibt die Tatsache Auskunft, dass etwa 25 % der Befragten aller Institutionen zu Präventionsmaßnahmen keine Angaben machen konnten.

5 Forderungen der Betroffen und Aufnahme in Empfehlungen

Zu den wichtigsten Forderungen der Betroffenen gehört die Anerkennung des erlittenen Unrechts – durch die Täter, die verantwortlichen Institutionen aber auch durch die Gesellschaft und auch in Form von finanziellen Entschädigungen, die nicht zuletzt als eine Form der Anerkennung gewünscht wird. Und von nahezu allen Betroffenen kam der Hinweis auf dringend notwendige Aufklärung und Prävention, damit andere nicht erleben sollen, was sie selbst erlebt haben.

Die konkreten Forderungen bezogen sich vor allem auf Therapie und Beratung, rechtliche Fragen wie Verjährung und Entschädigung, die in die Empfehlungen meines Abschlussberichtes aufgenommen worden sind.

Bei der Verarbeitung des Missbrauchsgeschehens benötigen viele Betroffene auch noch nach Jahrzehnten therapeutische Unterstützung, die ihnen häufig nicht in der erforderlichen Weise und im benötigt Umfang zuteil wird. Lange Wartezeiten auf einen Therapieplatz, zu geringe Stundenkontingente, von der Kasse nicht finanzierte Verfahren, obwohl sie von den Betroffenen als hilfreich eingeschätzt werden, das sind häufige Beschwerden gewesen. In diesem Bereich herrscht erheblicher Handlungsbedarf. Eine online-Befragung von Psychotherapeutinnen und Psychotherapeuten, die von mir durchgeführt wurde, hat diese Erfahrungen bestätigt und zudem einen hohen Bedarf an Ausbildung und Fortbildung der Fachkräfte benannt.

Ausgeweitet werden muss auch das Beratungsangebot. Das Angebot an speziellen Einrichtungen für Missbrauchsopfer ist insgesamt nicht ausreichend. Das betrifft insbesondere den ländlichen Raum und es fehlen bundesweit Angebote an Beratungsstellen für Männer, aber auch für Ältere, für Menschen mit Behinderung und Migrantinnen und Migranten. Wichtig ist es, die finanzielle Basis der Beratungseinrichtungen endlich abzusichern.

Die Aufhebung und Verlängerung der Verjährungsfristen liegt vielen Betroffenen am Herzen. Sie sind oft erst nach Jahren oder Jahrzehnten in der Lage, über das Geschehen zu sprechen und müssen dann erleben, dass auf Grund der Verjährungsfristen keine zivilrechtliche oder strafrechtliche Verfolgung mehr möglich ist. Die bereits im Gesetzgebungsverfahren befindliche angestrebte Verlängerung der zivilrechtlichen Verjährungsfrist sowie die Verlängerung des strafrechtlichen Ruhesszeitraums wird zwar als Verbesserung gesehen, häufig kam jedoch auch die Forderung nach Aufhebung der Verjährungsfristen.

Viele Betroffene haben finanzielle Entschädigung gefordert, zum einen als Anerkennung des erlittenen Unrechts und zum anderen als wenigstens teilweisen Ausgleich für entgangene Lebenschancen. Oft wird gefordert, dass vor allem die Täter oder die zuständigen Institutionen zur Zahlung einer Entschädigung herangezogen werden sollen.

Die Empfehlungen für immaterielle und materielle Hilfen für Betroffene sehen ein gemeinsames Hilfesystem für verjährte Fälle aus Institutionen und Familie in Form von Therapien und Beratung vor. Dieses Hilfesystem soll bei der Bewältigung der Folgeschäden des Missbrauchs unterstützen. Die Institutionen sollen hierbei die Kosten aus ihrem Verantwortungsbereich übernehmen, die öffentliche Hand die Kosten für Fälle aus dem familiären Bereich. Anerkennung und Wiedergutmachung sollten auf der Grundlage verbindlicher Standards durch die verantwortlichen Institutionen erfolgen. In noch justiziablen Fällen kann der Rechtsweg in Anspruch genommen werden. Umso wichtiger sind jedoch die empfohlenen Verbesserungen im derzeitigen Rechtssystem.

Vertreter von Betroffenen sexueller Gewalt in kirchlichen Einrichtungen haben neben Entschädigungsforderungen auf die Defizite bei der Aufarbeitung hingewiesen. In der Tat ist bisher nicht systematisch und konsequent aufgearbeitet worden. Die telefonische Anlaufstelle ersetzt in keiner Weise eine Untersuchungskommission wie sie beispielsweise in Irland über viele Jahre gearbeitet hat.

Der „ECKIGE TISCH" fordert die Einrichtung einer unabhängigen Untersuchungs- und Anlaufstelle für die Betroffenen sexuellen Missbrauchs in der Katholischen Kirche und der Verein Missbrauch in Ahrensburg fordert die Aufarbeitung durch eine neutrale Stelle.

6 Entscheidungen des Runden Tisches und der Bundesregierung

Da ein effektiver Kinder- und Jugendschutz insbesondere Aufgabe der Leitungen von Einrichtungen ist, entwickelte der Runde Tisch „Sexueller Kindesmissbrauch" Leitfäden bzw. Handreichungen, die Lehr- und Fachkräften und Einrichtungsleitungen Hilfestellungen für den Umgang mit Verdachts- und Gefahrensituationen sowie die Entwicklung von Maßnahmen der Prävention und der Aufarbeitung bieten sollen. Auch Fragen der Qualifizierung von Fachkräften und ehrenamtlichen Beschäftigten sowie der Stärkung von Kindern und Jugendlichen durch Prävention in der Sexualerziehung wurden vom Runden Tisch „Sexueller Kindesmissbrauch" behandelt.

Wenn es um Fragen der Prävention geht oder wenn ein Verdachtsfall vorliegt, kommt den spezialisierten Beratungsstellen eine wichtige Rolle zu. Ihre Erfahrungen helfen im Umgang mit dem Tabuthema, helfen Gewissheit zu finden über das Unmögliche, was (erwachsene) Menschen anderen (jungen und von ihnen abhängigen) Menschen antun können. Die vom Runden Tisch veranlasste Bestandsanalyse hat die bereits bestehenden Erkenntnisse über die schwierige Situation der Beratungsstellen und ihrer unsicheren Finanzierungsmodelle bestätigt. Angeregt wird daher die Weiterentwicklung des Beratungsnetzwerkes durch den Ausbau bedarfsgerechter und spezialisierter Angebote sowie eine stärkere Kooperation und Vernetzung zwischen Beratungsstellen.

Weitere Vorhaben wie verschiedene große Forschungsvorhaben sowie eine bundesweite Fortbildungsoffensive für Mitarbeiterinnen und Mitarbeiter der Kinder- und Jugendhilfe wurden bereits auf den Weg gebracht.

Sehr zu begrüßen ist auch der Forschungsauftrag zur sexuellen Gewalt unter Kindern und Jugendlichen. Dieses Thema gehört zu den in meinen Empfehlungen genannten Bereichen, in denen weiterer Handlungsbedarf besteht.

Durch die Ernennung des Unabhängigen Beauftragten für Fragen des sexuellen Kindesmissbrauchs bis Ende 2013 ist die Fortführung der Arbeit gewährleistet. Der Unabhängige Beauftragte setzt die Anlaufstelle fort, unterstützt die Vernetzung der im Beratungs- und Hilfeprozess relevanten Akteure vor Ort, begleitet die Umsetzung der Empfehlungen des Runden Tisches, baut ein Monitoring-System auf und wird mit geeigneten Kampagnen dafür sorgen, dass das Thema im öffentlichen Bewusstsein bleibt.

7 Ausblick

Die Gesellschaft hat in den vergangenen Monaten viel gelernt über die Folgen des sexuellen Missbrauchs und über notwendige Präventionsmaßnahmen, aber dieser Prozess muss fortgesetzt werden.
Die bisherige Arbeit kann nur als 1. Schritt gesehen werden. Weitere Themen wie sexuelle Übergriffe unter Kindern und Jugendlichen, sexuelle Gewalt gegen Kinder bzw. Jugendliche mit Behinderungen, sexueller Missbrauch bei Kindern mit Migrationshintergrund, rituelle Gewalt sowie Missbrauchsdarstellungen von Kindern müssen im Blick behalten werden. Wichtig ist außerdem die weitere Unterstützung der Vernetzung der Betroffenen, damit diese ihre Anliegen bündeln und in die jeweiligen Entscheidungsprozesse einbringen können.

Ein wirksamer Kinderschutz ist nur möglich, wenn alle, die mit Kindern und Jugendlichen umgehen, wenigstens über ein Basiswissen im Umgang mit Verdachtsfällen und den Folgen sexueller Gewalt gegen Kinder und Jugendliche, über Täterstrategien und Hilfsmöglichkeiten sowie über interne und externe Ansprechstellen verfügen.

Es darf aber nicht nur auf die eigene Einrichtung geblickt werden. Kinder und Jugendliche, die sexuelle Gewalt in der Familie erleben – und das sind die meisten Fälle sexueller Gewalt gegen Kinder und Jugendliche – brauchen unter Lehr- und Fachkräften Erwachsene, denen sie sich anvertrauen können.

In jeder Einrichtung muss klar sein, dass es Missbrauchsfälle gegeben haben kann, die auf den Tisch gehören, zum einen, um daraus Konsequenzen für präventive Maßnahmen zu ziehen, zum anderen, um den Betroffenen zu helfen, auch denen, deren Missbrauch lange zurück liegt. Und jede Einrichtung muss wissen, dass es solche Fälle geben kann und dafür Schutzkonzepte entwickeln.

Jede Institution und jede und jeder einzelne in der Gesellschaft ist aufgefordert, sich verantwortlich zu fühlen und daran mitzuwirken, dass Kinder in unserer Gesellschaft besser vor sexueller Gewalt geschützt werden. Kinder haben das Recht auf eine gewaltfreie Erziehung und das Recht auf Schutz vor allen Formen der sexuellen Ausbeutung und Gewalt.

Literatur

Abschlussbericht der Unabhängigen Beauftragten zur Aufarbeitung des sexuellen Kindesmissbrauchs, April 2011.

Fegert, J. et al. (2011). Endbericht der wissenschaftlichen Begleitforschung zur Anlaufstelle der Unabhängigen Beauftragten zur Aufarbeitung des sexuellen Kindesmissbrauchs Dr. Christine Bergmann, Bundesministerin a.D.

II. Institutionelle Kontexte und Phänomenologie

Heimerziehung als Exempel für Macht und Missbrauch in Institutionen

Die Auseinandersetzung mit der Heimerziehung in den 1950/60er Jahren in Westdeutschland

Christian Schrapper

Übersicht

1 Heimerziehung: ein Synonym für Macht und Missbrauch in Institutionen?
2 Heimerziehung als Gegenstand für Kritik an und Kontroversen um eine „öffentliche Verantwortung für private Lebensschicksale"
3 Auseinandersetzungen mit Heimerziehung der 1950er und 60er Jahre
   3.1 Zeitgenössische Kritik und Kontroversen
   3.2 Die „68er" Kritik
   3.3 Stationen der aktuellen Debatte um die Heimerziehung der 1950er und 60er Jahre in Westdeutschland
4 Heimerziehung war vielfach so repressiv, antidemokratisch und schädlich, warum?
   4.1 Exempel 1: Der Kalmenhof in Idstein im Taunus
   4.2 Exempel 2: Das Landesfürsorgeheim Glückstadt an der Elbe
      4.2.1 „Endstation Glückstadt"
      4.2.2 Das Erziehungskonzept: Arbeit, Strafe und Isolierung
      4.2.3 Das Aufsichts- und Erziehungspersonal des Landesfürsorgeheimes
      4.2.4 Wofür steht die Fürsorgeanstalt in Glückstadt?
5 „Nur" Vergangenheitsbewältigung oder auch bedeutsam für Gegenwart und Zukunft von Jugendhilfe und Kinderschutz?
   5.1 Fachleute können etwas über die langfristigen Wirkungen ihrer Arbeit und der prägenden Strukturen ihres Arbeitsfeldes erfahren
   5.2 Anerkennung des besonderen Beitrags und der besonderen Belastung ehemaliger Heimkinder und Fürsorgezöglinge für die Durchsetzung eines demokratischen und sozialen Rechtsstaates in (West-)Deutschland nach 1949

1 Heimerziehung: ein Synonym für Macht und Missbrauch in Institutionen?

Vier Thesen und Fragestellungen sollen meinen Zugang sowie den Versuch ordnen, Bezüge, Argumente und Positionen der aktuellen Auseinandersetzungen mit „der" Heimerziehung in den 1950er und 60er Jahren in Westdeutschland, der alten BRD also, herauszuarbeiten:

1. *Heimerziehung* ist in Deutschland seit fast 200 Jahren ein traditionsreicher Gegenstand für Kritik an und Kontroversen um eine öffentliche Verantwortung für private Lebensschicksale – *Warum steht so wenig für so viel?*
2. Die Auseinandersetzung mit der *Heimerziehung* der 1950er und 1960er Jahre kann bisher in drei Etappen unterschieden werden: (1) zeitgenössisch, (2) die „68er" Kritik, (3) die Entschädigungsdebatte – *Warum immer wieder neue Anläufe?*
3. Heimerziehung in den 1950er und 60er Jahren war antidemokratisch, repressiv und sie hat vielen jungen Menschen geschadet. – *Musste das so sein?*
4. Neu ist, dass erwachsene Menschen damit konfrontieren, welche Spuren und Verletzungen Heimerziehung in ihrem Leben hinterlassen hat – *Was folgt daraus für „ehemalige" wie für „aktuelle" Heimkinder?*

Dieser Problemaufriss, mehr kann es nicht sein, soll abschließend erste Hinweise ermöglichen zur Beantwortung der Titelfrage: Macht und Missbrauch in Institutionen – *Wofür steht das Exempel Heimerziehung?*

2 Heimerziehung als Gegenstand für Kritik an und Kontroversen um eine „öffentliche Verantwortung für private Lebensschicksale"

Das Feld der Heimerziehung ist schon in der ersten Annäherung nicht nur umfangreich und vielgestaltig, auch die Anlässe und Motive sind vielfältig und widersprüchlich: Von der Ausgestaltung einer öffentlich organisierten Sorge für privat unversorgte Kinder auf der einen bis zur Sanktion unzureichend „erzogener" Kinder auf der anderen Seite. In diesem Spannungsfeld von Sorge und Sanktion ist „die" Heimerziehung seit gut 200 Jahren Gegenstand für Kritik und Kontroverse.

Heimerziehung als Exempel für Macht und Missbrauch in Institutionen

Exemplarisch können hier nur Namen und Überschriften dieser reichhaltigen Kritikgeschichte aneinandergereiht werden:

- Der Waisenhausstreit in der zweiten Hälfte des 18. Jahrhunderts
- Pestalozzi und sein Waisenhausexperiment in Stans
- Wicherns Rauhes Haus in Hamburg
- Die reformpädagogischen Heime von Karl Wilker oder Siegfried Bernfeld
- Fürsorgeerziehungsskandale 1927 – 1930
- Das Jugend-KZ als „pädagogisches Ideal" (Detlev Peukert)
- Heimkritik der Bundes-Jugendberichte ab 1965
- Die Heimkampagnen um 1970
- Heimreformen ab Mitte der 1970er Jahre

Schon diese knappe Aufzählung verweist eindrucksvoll auf eine Tradition, exemplarisch an „der" Heimerziehung, an ihrer Praxis und ihren Konzepten sowohl pädagogisch als auch politisch den Anspruch einer „öffentlichen Verantwortung für private Lebensschicksale" kritisch zu untersuchen und zu diskutieren. Warum aber steht so wenig – der Ausnahmefall des Aufwachsens in Heimerziehung – für so viel(e)? Auch hierzu nur Stichworte:

- das Waisenhaus als Ort ökonomischer Versorgung *und* „Erziehung" elternloser Kinder und damit als Ersatz und Konkurrenz zum Normalfall familiärer Versorgung und Erziehung
- das „Zuchthaus" als Ort für das Experiment der „Resozialisierung" mittels Erziehung statt Strafe – die Anstalt als Ort des sozialpädagogischen „Urknalls" (Winkler, 1988, S. 239f.)
- *Für-Sorge-Erziehung* als Exempel des sozialstaatlichen Verfassungsversprechens seit 1919: „Jedes (deutsche) Kind hat ein Recht auf Erziehung"
- Heimerziehung als pädagogisches „Versuchslabor" von Pestalozzi bis Mollenhauer usw.
(vgl. dazu ausführlicher Kuhlmann & Schrapper, 2001, S. 313–318)

Vor diesem Hintergrund bemerkenswerter historischer Kontinuitäten muss es umso erstaunlicher erscheinen, welchen „Neuigkeitswert" die aktuelle „Aufarbeitung" der Heimerziehung in Westdeutschland zwischen Kriegsende 1945 und etwa 1970 hat. Im nächsten Kapitel soll daher diese Phase der kritischen Auseinandersetzung mit „der" Heimerziehung detaillierter vorgestellt und untersucht werden.

3 Auseinandersetzungen mit Heimerziehung der 1950er und 60er Jahre

Drei Etappen der Beschäftigung und Kritik mit Konzeptionen, Strukturen und Praktiken der Heimerziehung im Nachkriegsdeutschland können skizziert werden:

3.1 Zeitgenössische Kritik und Kontroversen

Schon in den 1950er und 60er Jahren war die Praxis der Heimerziehung nicht unumstritten. Nicht nur die Alternativentwürfe der Kinderdörfer oder die Familienwohngruppen im Münchener Waisenhaus von Andreas Mehringer übten Kritik an der traditionellen Waisenhaus- und Anstaltserziehung, auch die Wissenschaft meldete sich kritisch zu Wort. Exemplarisch soll hier nur an die große Studie „Lebensbewährung nach öffentlicher Erziehung" von Liselotte Pongratz und Hans-Odo Hübner aus dem Jahr 1959 erinnert werden. In der Studie von 1959 sind Berichte über 340 von 459 Hamburger FE- und FEH-Zöglinge der Entlassjahrgänge 1950/51 ausgewertet worden mit folgenden Befunden:

- 50 % „haben sich bewährt" (noch fünf Jahre nach der Entlassung),
- 35 % „nicht so günstig",
- 15 % „mussten wir als gescheitert bezeichnen".

Folgende „kritische" Schlussfolgerungen wurden aus den Befunden gezogen:

- Ursachen der schweren Einordnungsstörungen werden während der Heimzeit oft nicht erkannt.
- Arbeitserziehung in der Landwirtschaft bereitet junge Männer nicht auf Industriearbeit vor.
- Gute hauswirtschaftliche Kenntnisse helfen jungen Frauen ihre Ehe zu stabilisieren.
- Gute Kontakte zu Erziehern und Kameraden erleichtern soziale Einordnung.
- Eltern haben negativen Einfluss auf Ersatzerziehung, wenn sie Widerstand leisten, daher muss „Einsicht gefördert" werden (Pongratz, 1966).

3.2 Die „68er" Kritik

Vorwürfe und Kritik gegen „die" Heimerziehung spitzen sich ab dem Jahr 1968 deutlich zu. In den Zeitungen häufen sich Beschwerden und Vorwürfe gegen einzelne Einrichtungen, aber auch gegen insbesondere staatliche Träger und ihre Verantwortlichen.

Reportagen über und Lebensberichte von durch schreckliche Erlebnisse in Heimen und Anstalten gezeichneter Kindheit und Jugend waren schon Anfang des 20. Jahrhunderts zu einer eigenen Literaturgattung geworden. Ende der 1960er Jahre erreicht diese Traditionslinie kritischer Berichte und Erzählungen über die Zustände in den Fürsorgeheimen einen neuen Höhepunkt: Ulrike Meinhoffs Drehbuch für den Fernsehfilm „Bambule" aus dem Jahr 1970, Peter Broschs ebenfalls autobiographischen Sozialreportagen „Fürsorgeerziehung. Heimterror und Gegenwehr" von 1971, dem autobiographischen Roman „Treibjagd. Die Geschichte des Benjamin Holberg" von Michael Holzner (1978), Alexander Markus Homes "Prügel vom lieben Gott" von 1981 oder dem von Martin Walser angeregten und kommentierten Sozialbericht "Vom Waisenhaus ins Zuchthaus" von Wolfgang Werner, der 1985 erscheint. Die Zustände öffentlicher Erziehung der 1950er und 60er Jahre wurden also literarisch vielfach verarbeitet, vor allem aber in einer langen Reihe von Sozialreportagen, wissenschaftlichen Akten- und Fallstudien und sozialpädagogischen Fachbüchern – kaum ein pädagogisches Arbeitsfeld ist wohl so intensiv untersucht und kritisch analysiert worden, wie die Heimerziehung. (dazu mit zahlreichen Beiträgen und weiterführenden Quellenangaben: Colla, 1999; aktuell darin Gabriel, S. 1085ff. und Gabriel & Winkler, 2003)

Auch an den Universitäten wurde „die" Heimerziehung zum Thema, was einerseits mit einer zunehmenden wissenschaftlichen Auseinandersetzung mit diesem Zweig der Jugendfürsorge einherging und begleitet wurde durch eine Studentenrevolte, welche die (Sozial-)Politik zu tiefgreifenden Veränderungen der Lebensbedingungen der Fürsorgezöglinge und den Strukturen „der" Heimerziehung aufforderte.

3.3 Stationen der aktuellen Debatte um die Heimerziehung der 1950er und 60er Jahre in Westdeutschland[1]

Angesichts der zuvor skizzierten Debatten und Quellenlage erscheint es durchaus erstaunlich, dass die aktuellen Debatten über die Zustände in den Fürsorgeanstalten der 1950er und 60er in Deutschland durch den irischen Kinofilm „Die unbarmherzigen Schwestern" von Peter Mullan, der 2003 in Venedig den Goldenen Löwen gewann, ausgelöst worden sein sollen. Mullans Film schildert in eindrücklichen Bildern sowohl die Menschenverachtung und den Sadismus katholischer Mädchenheime als auch die breite gesellschaftliche Zustimmung zu dieser Praxis im katholischen Irland jener Jahre. Der Film und weitere Reportagen haben in Irland inzwischen eine breite gesellschaftliche Debatte und umfangreiche Untersuchungen ausgelöst, in deren Folge auch umfangreiche Entschädigungsforderungen ehemaliger Insassen von Waisenhäusern und Fürsorgeanstalten gegen die katholische Kirche erfolgreich durchgefochten wurden.

Für den SPIEGEL-Redakteur Peter Wensierski wird dieser Film zur Initialzündung; nach Hinweisen einer Leserin, sie habe ähnliches wie in dem irischen Film auch bei den „Barmherzigen Schwestern" in Dortmund erlebt, erscheint im Sommer 2003 ein Artikel von Wensierksi im Magazin DER SPIEGEL, der diese Erzählungen aufgreift und kritisch über die Heimerziehung der 1950er und 60er Jahre in Deutschland berichtet. Dieser Artikel löst eine Flut von Leserbriefen und Zuschriften aus, die von ähnlichen Schicksalen vor allem in westdeutschen Heimen und Fürsorgeanstalten bis weit in die 1970er Jahre hinein berichten. Peter Wensierski beginnt zu recherchieren, und im Frühjahr 2006 erscheint, begleitet durch eine professionelle Pressekampagne und schon im Vorfeld viel diskutiert, sein Buch „Schläge im Namen des Herrn – die verdrängte Geschichte der Heimkinder in der Bundesrepublik".

Parallel zu dieser medialen Aufbereitung des Themas „Ehemalige Heimkinder" schafft aber erst das Internet etwa ab dem Jahr 2000 die Voraussetzungen für eine zunehmende Vernetzung betroffener Menschen in unterschiedlichen Internetforen (z.B. durch das Portal www.imheim.de). Auch aufgrund solcher Kontakte kommt es im Oktober 2004 zur Gründung des Vereins ehemaliger Heimkinder (siehe dazu ausführlich unter www.vehev.org).

Seitdem überschlagen sich die Ereignisse: Als erste politische Körperschaft beschließt im April 2006 die Verbandsversammlung des Landeswohlfahrtsverbandes Hessen (LWV) einstimmig eine Resolution, in der sie „das tiefe Bedauern über die damaligen Verhältnisse in den Heimen (des LWV) aus(spricht) und (sich) entschuldigt bei den ehemaligen Bewohnerinnen und Bewohnern, die

---

[1] Die folgenden Ausführungen sind auf die Situation der Heimerziehung in Westdeutschland beschränkt. Zur Situation der Heimerziehung in Ostdeutschland vgl. Walper, 2012.

körperliche und psychische Demütigungen und Verletzungen erlitten haben." Ähnliche Beschlüsse gibt es inzwischen von der Landschaftsversammlung im Rheinland und dem Landtag in Schleswig-Holstein; in Niedersachsen und Hessen ist Ähnliches in Vorbereitung. Auch die kirchlichen Verbände beschäftigt das Thema nun intensiv, und seit Frühsommer 2006 wird von keinem Fachverband versäumt, Betroffenheit und Anteilnahme auszudrücken sowie immer wieder eine intensive und offene Auseinandersetzung mit diesem „dunklen Kapitel" ihrer Geschichte zu fordern.

Im Dezember 2008 mündet die dreijährige Beschäftigung des Petitionsausschusses des Deutschen Bundestags mit einer Eingabe ehemaliger Heimkinder in einem beachtlichen Abschlussbericht, in dem der Ausschuss schon im ersten Satz einstimmig und unumwunden „erlittenes Leid und Unrecht" ehemaliger Heimkinder anerkennt. Vorgeschlagen wird weiter ein „Runder Tisch Heimerziehung", der unter aktiver Beteiligung aller Akteure eine Lösung erarbeiten soll (dazu ausführliche Informationen unter www.rundertisch-heimerziehung.de).

Dieser Runde Tisch konstituiert sich im Januar 2009 unter dem Vorsitz der ehemaligen Bundestagsvizepräsidentin Anke Vollmer. Nach fast zweijähriger Arbeit dieses Gremiums erfolgt die Vorlage eines Abschlussberichtes, welcher vier wesentliche Lösungsvorschläge umfasst:

- Rehabilitative Maßnahmen für die gesamte Betroffenengruppe – Die Einrichtung von Anlauf- und Beratungsstellen für ehemalige Heimkinder
- Finanzielle Maßnahmen zu Gunsten der Betroffenen bei einer Minderung von Rentenansprüchen aufgrund nicht gezahlter Sozialversicherungsbeiträge oder bei Folgeschäden und besonderem Hilfebedarf, die auf Grund von Erfahrungen und Schädigungen der Heimerziehung entstanden sind – Die Einrichtung eines Fonds für ehemalige Heimkinder
- Finanzielle Maßnahmen für überindividuelle Aufarbeitung – Wissenschaftliche Aufarbeitungen und Veröffentlichung der Befunde durch Ausstellungen und Dokumentationen sowie die Schaffung von Gedenkstätten
- Prävention und Zukunftsgestaltung – Eine Auseinandersetzung mit den „kritischen" Bereichen misslungener Heimerziehung: Heimaufsicht, Vormundschaft sowie Ausbildung und Qualifikation des Personals

Zum 01. Januar 2012 wurde der Fonds „Heimerziehung in der Bundesrepublik Deutschland in den Jahren 1949 bis 1975" eingerichtet. Bis zum 31. Dezember 2014 können betroffene ehemalige Heimkinder mit der zuständigen Anlauf- und Beratungsstelle Vereinbarungen über Leistungen aus dem Fonds schließen.

Neu und anders im Vergleich zu vorhergehenden Etappen der Kritik ist vor allem: Die Heimkinder, um deren schlechte Behandlung und Förderung es geht, sind längst erwachsene Menschen; ihre Zeit in den Heimen liegt oft schon 40 bis 50 Jahre zurück, und sie blicken mit den Erfahrungen und Prägungen eines gelebten Lebens auf ihre Kindheit und Jugend in zumeist westdeutschen Fürsorgeanstalten der 1950er und 1960er Jahre zurück. Diese Rückblicke sind vielfach mit deutlichen Anschuldigungen und Vorwürfen verbunden, fordern Beachtung, Entschuldigung und inzwischen auch deutlich materielle Entschädigung.

Die aktuellen Debatten um die Vergangenheit der Heimerziehung in Westdeutschland haben damit auch eine neue Qualität, die nicht auf nüchterne Funktionsanalysen zu reduzieren sind: Die zentralen Vorwürfe ehemaliger Fürsorgezöglinge westdeutscher Fürsorgeerziehungsanstalten in den 1950er und 1960er Jahren lauten: (1) Ihre Menschenwürde sei unter dem Vorwand der Erziehung durch Straf- und Züchtigungspraktiken bis hin zum sexuellen Missbrauch massiv verletzt worden. (2) Sie seien unter dem Vorwand der Arbeitserziehung und Ausbildung durch sehr schlecht bezahlte oder unbezahlte Arbeit wirtschaftlich ausgebeutet worden. Beide Vorwürfe münden in einen weiteren Vorwurf, der nicht nur ihre damalige Situation in den Fürsorgeheimen betrifft: (3) Schlechte Behandlung und mangelnde Förderung hätten ihnen Schäden zugefügt, die sie für das gesamte weitere Leben gezeichnet und z.T. massiv beeinträchtigt hätten; dies vor allem begründe die Forderung nach Entschädigung und Schadensersatz.

4 Heimerziehung war vielfach so repressiv, antidemokratisch und schädlich, warum?

Die *zentralen Befunde und Bewertungen* zur Heimerziehung der 1950er und 60er Jahre in Westdeutschland sind inzwischen sogar „amtlich".

So stellt sogar der „Runde Tisch Heimerziehung" in seinem Abschlussbericht[2] einvernehmlich fest:

1. es gab eine „Verantwortungskette" von Institutionen, Organisationen und Personen, die für das konkrete Schicksal junger Menschen in den Heimen zuständig waren;
2. dieses „System Heimerziehung" nahm Kinder und Jugendliche systematisch als Objekte der Besserung und Verwahrung wahr, nicht als Subjekte ihrer Förderung und Bildung;

---

[2] http://www.rundertisch-Heimerziehung.de/documents/RTH_Abschlussbericht.pdf

3. diesem System Heimerziehung waren Kinder und Jugendliche schutzlos ausgeliefert und dadurch vielfach beschädigt und verletzt, insbesondere weil ausreichende interne und staatliche Kontrollen nicht wahrgenommen wurden.

Aktuelle Forschungen stützen und belegen diese Bewertungen deutlich, wie die Arbeiten der Bielefelder Kirchenhistoriker zur „Endstation Freistatt" (Benad, Schmuhl & Stockhecke, 2009) oder unsere Forschungen zum „Landesfürsorgeheim Glückstadt 1949-74" (Schrapper & Johns, 2010; siehe auch www.fürsorge-erziehung.de). Beide Einrichtungen stehen exemplarisch für die „Endstationen" in einer Jugendhilfe, die geprägt war durch das Prinzip der „Abschreckung durch Abschiebung". Das gesellschaftliche Interesse war groß, den abschreckenden Strafcharakter der Heimerziehung zu erhalten. Die Drohung: „Wenn du nicht brav bist, kommst du ins Heim – und wenn's dort nicht reicht, in ein noch strengeres Heim!" sollte als Druckmittel funktionieren, schon in den Familien aber vor allem innerhalb der Jugendwohlfahrt selbst. Um dieses Druckmittel wirksam zu erhalten, musste Heimerziehung zumindest in ihren „Endstationen" glaubhaft als abschreckende Zucht, Drill und Zwang präsentiert werden können. Zumindest diese Formen der Heimerziehung, Fürsorgeerziehung genannt, dienten also weniger der Unterstützung und Förderung von Kindern und Jugendlichen, für ein eigenständiges Lebens gut ausgerüstet zu werden, sondern mehr dem Schutz der Gesellschaft vor sog. verwahrlosten oder unangepassten Kindern und Jugendlichen. Heimerziehung galt dann als erfolgreich, wenn sich die Kinder und Jugendlichen gesellschaftlichen Anforderungen unterordneten und nicht mehr negativ auffielen. Das öffentliche Interesse an den inneren Zuständen in diesen Heimen war denn auch in den 1950er und 1960er Jahren gering. Die Heime führten weitestgehend ein Eigenleben. Heimerziehung fand hinter dicken Mauern statt und erfüllte die Erwartung, die die Gesellschaft an sie stellte: auffällige Minderjährige von der Gesellschaft zu isolieren und sie an das gesellschaftliche Ideal anzupassen; so auch die eindrücklichen Befunde der Bochumer Forschungsgruppe zur konfessionellen Heimerziehung dieser Jahre (vgl. Damberg et al., 2010).

Zusammenfassend sind vier Begründungen für die weitaus überwiegend repressiven, antidemokratischen und schädlichen Zustände der Heimerziehung im Westdeutschland der Nachkriegs- und Wirtschaftswunderjahre zuerkennen:

1. Heimerziehung musste – und muss bis heute – der Ausnahmefall familiärer Versorgung und Erziehung sein. Und diese Ausnahme darf auf keinen Fall die Regel in Frage stellen. Was im Ergebnis heißt, auch diese Stimmung findet sich heute vielfach wieder, „Es darf den Kindern im Heim nicht zu gut gehen; sie könnten ja sonst auf die Idee kommen, dass es im Heim schöner sein kann, als in den Familien, aus denen sie kommen."
2. Jugend wurde als „Gefährdungspotential" begriffen, das „eingedämmt" werden musste. Diese Wahrnehmung hat sich heute verändert; zumindest Kindheit wird spätestens mit Aufkommen des sog. Demografieproblems, eher als ein Zukunftspotenzial geschätzt – sie sollen schließlich unsere Renten bezahlen. Kinder und Jugendliche waren in den 1950er Jahren reichlich vorhanden und so wird Konrad Adenauer der Satz zugeschrieben: „Familienpolitik, so was brauchen wir nicht; Kinder bringen die Menschen immer zur Welt." Insofern wurde vor allem Jugend – und das zieht sich durch viele Arbeitsfelder der Jugendwohlfahrt dieser Jahre – als ein Gefährdungspotenzial wahrgenommen, nicht nur die Jugendlichen in Fürsorgeerziehung, aber die in ganz besonderer Weise.
3. Heimerziehung ist immer schon Abstellplatz und Reservat für die Zurückgebliebenen gewesen. Das galt sowohl für die Kinder und Jugendlichen als auch für die Mitarbeiterinnen und Mitarbeiter. Wir reden über Jahre spätestens ab 1955, also von Wirtschaftswunder und Arbeitskräftemangel in der aufstrebenden Bundesrepublik, von deutlich wachsenden Löhnen gerade in den Ballungszentren. Wer wollte unter diesen Bedingungen in Erziehungsheimen arbeiten, diese schwere Arbeit tun, Arbeit mit oft sehr langen Dienstzeiten und schlecht bezahlt? Zum Exerzierplatz wurden die Heime durch das über allem schwebende Versprechen: „Wenn du dich fügst und anstrengst, kommst du hier raus.", nicht nur aus dem Heim, sondern auch vom Abstellgleis – aber es war eben nur ein Versprechen.
4. Spätestens seit 1953 galt das Jugendwohlfahrtsgesetz in dem eine eindeutige Verantwortung für das "Wohl der Jugend" normiert war. Vor allem aber gilt seit 1949 ein Grundgesetz mit den Artikeln 1 und 2, also zur „unveräußerlichen Menschenwürde" und dem „Recht auf freie Entfaltung der Persönlichkeit" für Jedermann. Auf der einen Seite hat damit die öffentliche Verantwortung für das gesunde Wachstum und die Förderung aller Kinder in einem demokratischen und sozialen Rechtsstaat Verfassungsrang. Auf der anderen Seite bestimmt der Zustand der „öffentliche Kassen" mit einem

ständigen Streit darum, was mit öffentlichem Geld bezahlt werden soll, die öffentlichen und politischen Debatten. Dieser Spagat, wenn man es positiv fasst, diese Spannung ist aus meiner Sicht oft eben auch zu einer Doppelmoral verkommen: In den Sonntagsreden wurde die soziale Verantwortung hochgehalten und von Montag bis Freitag in jeder erdenklichen Weise daran gespart. Die Dokumente und Akten über „die" Heimerziehung der Jahre 1949 bis ca. 1975 sind voll von der ständigen Konfrontation mit den Anforderungen sog. wirtschaftlicher Einsparung, Personaleinsparung, Kosteneinsparung.

Aber was erklären solche Begründungen? Waren die Zustände in den westdeutschen Heimen und Fürsorgeanstalten alternativlos, musste Heimerziehung so repressiv und schädlich und zudem so antidemokratisch sein? An zwei Beispielen aus eigenen Heimerziehungsforschungen will ich exemplarisch zeigen, in welchen Traditionen die so heftig kritisierten und skandalisierten Zustände der Heime in den 1950er und 60er Jahren verstanden werden können. Zuerst am Kalmenhof in Idstein/Ts., der immer wieder als Exempel für Misshandlung von Kindern und Jugendlichen in den Jahren zwischen 1945 und 1975 gezeigt wird (z.B.: Wensierski, 2006, S. 121 ff., zuletzt im Spielfilm „Und alle haben geschwiegen" sowie die anschließende Dokumentation am 4.3.2013 im ZDF). Als zweites am Landesfürsorgeheim in Glückstadt an der Elbe, gegründet als sog. Korrigendenanstalt und Arbeitshaus und nach 1949 bis 1974 weitergeführt als Fürsorgeerziehungsanstalt des Landes Schleswig-Holstein.

4.1 Exempel 1: Der Kalmenhof in Idstein im Taunus

Der Kalmenhof ist Ende des 19. Jahrhunderts entstanden als eine Gründung großbürgerlicher Kreise aus Frankfurt. Es waren wohlhabende Industrielle, ein jüdischer Bankier, der ungeliebte preußische Polizeipräsident, ein bekannter Sozialpolitiker, es war sozusagen die Hautevolee der Frankfurter Gesellschaft, die die „Idiotenanstalt Calmenhof" gründete. Ziel war es behinderten bildbaren Kindern die Möglichkeit zu schulischer und beruflicher Ausbildung zu geben. Nicht aus selbstloser Liebe, sondern aus dem Kalkül, nur Bildung macht diese jungen Menschen zu nützlichen Gliedern der Gesellschaft.

Es ist auch heute noch beeindruckend nachzuvollziehen, wie durch gesellschaftliches Engagement eine sowohl fachlich fortschrittlich als auch wirtschaftlich erfolgreich geführte Einrichtung entstehen konnte, die sich auch über die Wirrnisse des 1. Weltkrieges und der Inflationszeit hinweg in Idstein gehalten hat. An dieses Niveau der „Heilerziehungsanstalt Kalmenhof", wie sie ab den

1920er Jahren hieß, ist zu erinnern und an dieses Niveau konnte nach 1945 in keiner Weise angeschlossen werden.

1933 wurde in dieser Einrichtung „kalt geputscht", d.h. unterstützt sowohl von den örtlichen NSDAP-Größen als auch vom Bezirkskommunalverband aus Wiesbaden, wurde der – wie es dann hieß – „jüdisch durchmischte Verein" liquidiert. Es wird ein Heimleiter eingesetzt, der schon lange auf diese Position spekulierte. Und aus der erfolgreichen und mit fortschrittlichen heilpädagogischen Methoden arbeitenden Heilerziehungsanstalt wurde in einer rasenden Geschwindigkeit eine Einrichtung, in der nachgewiesenermaßen auch Kinder in großer Zahl getötet und ermordet wurden.

Abbildung 1: Die Totensäule

Dieses Bild zeigt die Totensäule; sie stand 1989 im Foyer der Stadthalle in Idstein, in der eine Ausstellung über die 100-jährige Geschichte des Kalmenhof gezeigt wurde. Auf dieser Todessäule sind alle noch nachweisbaren 750 Menschen verzeichnet, die in den Jahren zwischen 1933 und 1945 im Kalmenhof zu Tode gekommen sind. Ob getötet oder gestorben, ob umgebracht oder eines natürlichen Todes gestorben, lässt sich nur noch teilweise nachvollziehen. Aber die Lebensdaten, die kurze Aufenthaltsdauer, sprechen doch bei den allermeisten Toten dafür, dass sie keinen natürlichen Todes gestorben sind.

Nach 1945 wird der Kalmenhof zu einer vernachlässigten und schlecht geführten Fürsorgeanstalt in der Regie des Landeswohlfahrtsverbandes. Die Frage ist an dieser Stelle: Musste es so sein, das junge Menschen in der Weise abgestempelt und behandelt wurden, dass sie in der geschilderten Weise leiden mussten? War es nur der Zeitgeist dieser langen Nachkriegsjahre?

Für die Ausstellung über die 100-jährige Geschichte des Kalmenhofes wurden über die Zeit zwischen 1945 und 1970 umfangreiches Archivmaterial und

Heimerziehung als Exempel für Macht und Missbrauch in Institutionen

Akten sowohl in Kassel als auch im Kalmenhof studiert. Nachfolgend soll anhand dieser Quellen folgender Frage nachgegangen werden: „Wie wurde die Situation der Heimerziehung im Kalmenhof gesehen, wie wurde sie wahrgenommen?" Ist es tatsächlich so, wie es vielfach den Eindruck entstehen lässt, dass es den "Oberen in Kassel" nicht bekannt war, was sich im Kalmenhof abgespielt hat? Über die Lebensverhältnisse im Kalmenhof berichtet z.b. der neue Leiter des Aufnahmeheimes, Karl Böcker, 1958 in ausführlichem Report an die zuständige Hauptverwaltung des Landeswohlfahrtsverbandes:

> "Die Unterbringung von 8 bis 10 und mehr Jugendlichen in einem Schlafraum fördert Streit und Unruhe und gibt kaum die Möglichkeit zur Einzelfallentwicklung. Die langen unfreundlichen Flure reizen allein durch die Schallwirkung zum Toben und Lärmen. Um diesem Übel zu begegnen, muss dem natürlichen Bewegungsdrang der Jugendlichen durch Anordnung und Ermahnung begegnet werden. In dieser wenig erfreulich zu nennenden Umgebung spielt sich das Leben von weit über 100 Jugendlichen ab. [Hier] arbeiten Erzieher, die ihr Möglichstes zu geben bereit und die doch über eine reine Bewahrungs- und Aufsehertätigkeit nicht hinauskommen."
> (Schrapper & Sengling, 1988, S. 166-167).

Der Bericht von Karl Böcker ist nicht der Erste, der die Situation im Kalmenhof in dieser Weise schildert. Schon früher gab es immer wieder Auseinandersetzungen zwischen der Zentrale in Kassel und Direktor Ernst Illge und später auch Direktor Alfred Göschel, z.B. über die Praxis der Einstellung von Personal. So schreibt 1957 Landesdirektor Friedrich Schöffler, damals zuständiger Dezernent, an Direktor Illge:

> "Ich beobachte seit Jahr und Tag die Art, wie Sie die Stellen im Kalmenhof besetzen. Es hat mit Herrn M. angefangen – ob das besagter Herr M. war, ist nicht mehr nachzuvollziehen – der Polizeiwachtmeister gewesen ist und Sie während Ihres letzten Urlaubs vertreten hat. Ihm fehlte jede pädagogische Fortbildung. Sie haben eines Tages die Einstellung eines Drogisten als Erzieher verlangt und haben Ihren Willen durchgesetzt. Hinterher hat sich herausgestellt, dass es sich um eine Gefälligkeitseinstellung handelte, weil Herr K. ein Major war, in dessen Einheit Sie einmal Feldwebel gewesen sind." Dieses ist ein offizieller Bericht und er endet mit den Worten: "Ich distanziere mich von allem, was im Kalmenhof geschieht" (Schrapper & Sengling, 1988, S. 150).

Die Vorstellung es sei der Leitung des als Träger zuständigen Landeswohlfahrtsverband (LWV) mit Sitz in Kassel nichts bekannt gewesen über die Verhältnisse im Kalmenhof und auch die Idee, die "Oberen" ließen sich die schöne Fassade zeigen und würden diese nicht durchblicken, diese Ideen sind nachweislich falsch. Es war „in Kassel" durchaus bekannt, wie es im Kalmenhof zuging, auch in den Details. Und es gab immer wieder heftige Auseinandersetzungen, aber Ernst Illge hat es bis zu seinem Tod 1962 offensichtlich verstanden, sein „Regiment" im Kalmenhof durchzusetzen. Einerseits ließ er sich als deutscher Pestalozzi feiern und andererseits war er der "Diktator". Aber dahinter steht ein „System" und dies lässt sich auch den Belegungsstatistiken entnehmen: Der Kalmenhof war einerseits eine Belegeinrichtung für Fürsorgezöglinge in Hessen. Den hessischen Jugendämtern und insbesondere dem Landeswohlfahrtsverband, als damaligem Hauptkostenträger für die Fürsorgeerziehung, musste an möglichst günstigen Pflegesätzen und hoher Belegung gelegen sein. Nur so ließ sich die Einrichtung wirtschaftlich führen. Wie selbstverständlich ging der Kalmenhof 1945 in den Besitz des damaligen Bezirkskommunalverbandes Wiesbaden über, aus dem 1953 der Landeswohlfahrtsverband wurde. Der Landeswohlfahrtsverband hatte sich den Kalmenhof angeeignet oder als Erbe übernommen, dieses Erbe inhaltlich konzeptionell endgültig zerstört und andererseits in wirtschaftlicher Weise „bis auf's Blut" ausgenutzt. Was aus dem Kalmenhof wirtschaftlich aber auch konzeptionell und in der personellen Besetzung in den Jahren zwischen 1933 und 1945 gemacht worden ist, hätte spätestens ab Anfang der 1950er Jahre erhebliche Investitionen zum Wiederaufbau, im wörtlichen wie im übertragenen Sinne, verlangt, doch dafür waren die finanziellen Mittel nicht da – oder wurden nicht eingesetzt. Die "Oberen in Kassel" mussten damals wie heute ein Interesse daran haben, dass das, was an öffentlichen Aufgaben erledigt werden sollte, so billig wie möglich erledigt wird – auch angesichts der Nachkriegsnot und des zweifellos großen Aufbau- und Wiederaufbaubedarfes, den es gab. Aber es gab auch in Hessen das „Wirtschaftswunder" mit spätestens ab Mitte der 1950er Jahre erheblich steigenden Steuereinnahmen der öffentlichen Kassen.

Die "Oberen in Kassel" wussten um die Zustände im Kalmenhof und auch die Menschen in Idstein wussten darum. Es wurde in der Zeitung darüber berichtet, es wurde in Gerichtsverhandlungen darüber verhandelt. Es war kein Geheimnis, sondern Teil einer durchaus geteilten und bekannten Wirklichkeit bundesrepublikanischer Nachkriegsgeschichte. Die Stimmung war eindeutig, weder Mitleid noch Mitgefühl: "Diese Kriminellen haben es auch nicht besser verdient und sie sollen schön in den Anstalten bleiben, damit sie uns nicht gefährlich werden". Das ist die Stimmung, die in vielen Berichten und Diskussionen über die Heimerziehung der 50er und 60er Jahre deutlich wird. In allen Arbeitsverträgen, in allen öffentlichen Konzepten zur Heimerziehung, schon in den Heimrichtlinien des Landes Hessen von 1946, ist ein ausdrückliches Prügelverbot festgehalten. 1961 wurde im Kalmenhof ernsthaft überlegt, dieses Prügelverbot aus den Arbeitsverträgen für die Mitarbeiter im Kalmenhof wieder herauszunehmen, weil man ansonsten niemanden mehr für diese Arbeit finden würde.

Heimerziehung als Exempel für Macht und Missbrauch in Institutionen 57

Diese Details stehen als ein Zeichen dafür, dass es nicht unbekannt, sondern dass durchaus bekannt war, wie es im Kalmenhof "zuging" – und es gehörte zur akzeptierten Realität dieser Jahre in Deutschland.

4.2 Exempel 2: Das Landesfürsorgeheim Glückstadt an der Elbe

Im Jahr 1874 wurde in einem alten Marinegebäude die sogenannte „Korrigendenanstalt" Glückstadt eingerichtet, in der vor allem die sog. „Korrektionshaft", eine auf unbestimmte Zeit verhängte Arbeitshaft vorwiegend an sog. „Landstreichern" und „Dirnen" vollstreckt werden sollte. Nach gut 40 Jahren intensiver Belegung war die Anstalt Ende des 1. Weltkriegs auch durch eine allgemeine Amnestie weitgehend leer. 1925 wurde sie

Abbildung 2: Das Gebäude der Landesarbeitsanstalt um 1930; aus Köln, Möller & Wilkes, Alt Glückstadt in Bildern 2

in „Landesarbeitshaus" umbenannt und es folgte der Versuch, Ersatzverwendungen zu finden: Zu diesen „Ersatzverwendungen" gehörte ab 1943 – geregelt durch Erlass des Reichsministers des Inneren vom 21.12.1943 betr. die Arbeitserziehung der Jugend – auch die Unterbringung von Fürsorgeerziehungszöglingen zur „Strafe". Da die Anstalt zunächst nur Fürsorgezöglinge als „Ersatzbelegung" aufgenommen hatte, um die Rentabilität der Anstalt zu gewährleisten, überwiegt die Zahl der „anderen Belegungen" wie „Trinker", Verwahrungsbedürftige, Blinde, Gefangene etc. Bis 1952 erreicht der Anteil der Belegung mit Fürsorgezöglingen im Verhältnis zur „anderen Landesarbeitshaus (LAA)-Belegung" höchstens 35 %.

Im Oktober 1949 genehmigte das Sozialministerium die Verwendung des Sammelbegriffes „Landesfürsorgeheim" für die offenen Abteilungen der Anstalt. Die Verantwortlichen des Wohlfahrtsministeriums in Kiel gingen zunächst davon aus, dass als Reaktion auf das 1949 im „Bonner Grundgesetz" verabschiedete Verbot der „Arbeitshaft" die Verabschiedung eines Bewahrungsgesetztes folgen würde, welches den unbestimmten Freiheitsentzug zum Zwecke der

„Besserung" wieder gestattet würde. Wie für viele „Fachleute" war es auch für die Verantwortlichen in Kiel undenkbar, ohne solche „Arbeitshäuser" die großen sozialen Herausforderungen der Nachkriegsjahre bewältigen zu können. Man wollte für diese Zwecke die erprobte Anstalt in Glückstadt – die einzige im Land – nicht vorschnell aufgeben. So wurde auch die Aufnahme von FE-Zöglingen als ein Übergang bis zur Verabschiedung eines Bewahrungsgesetzes betrachtet.

Als jedoch Mitte der 1950er klar wurde, dass ein Bewahrungsgesetz nicht verabschiedet wird, musste sich das Landesfürsorgeheim im Schwerpunkt auf die Belegung mit Fürsorgezöglingen konzentrieren; die Aufnahme „anderer Belegung" nahm dann auch bis zur Schließung 1974 immer mehr ab, auch wenn sie nie völlig aufgegeben wurde.

4.2.1 „Endstation Glückstadt"

Die Anstalt in Glückstadt war äußerlich und innerlich für Aufgaben der Erziehung völlig ungeeignet: das gefängnisartige Gebäude, die weitgehend als Wach-Personal eingestellten Mitarbeiter und die in den gut 70 Jahren entwickelte „Arbeitshaus-Kultur" waren unübersehbar und galten schon den Zeitgenossen als kaum veränderbar. Diese Ungeeignetheit war spätestens 1949 für alle Beteiligten unübersehbar klar und wurde vielfach besprochen und dokumentiert – in den Protokollen von Landtagsausschuss und Landtag. Aber genau dadurch war die Anstalt als glaubhafte Abschreckung, Drohung und „letzte Station" so gut geeignet und damit für weitere 25 Jahre unverzichtbar. In dieser Funktion als Endstation zur Abschreckung wird das Landesfürsorgeheim in Glückstadt auch vom Landesjugendamt in Kiel trotz aller sonstigen Kritik für unverzichtbar gehalten. Das Landesjugendamt ist zuständig für den Betrieb der landeseigenen Erziehungsheime und ab 1961 auch für die Aufsicht über alle Kinder- und Jugendheime im Land.

Die Mehrzahl der Jugendlichen wurden für eine kurze Dauer von bis zu vier bis sechs Wochen aus den großen Landesjugendheimen in Selent, Nütschau, Heiligenstesten oder Schleswig zur Abschreckung und als Strafe nach Glückstadt verlegt. Diese Funktion erfüllte das Landesfürsorgeheim auch in großer Zahl für die Jugendbehörde in Hamburg sowie für nahezu alle anderen „alten" Bundesländer.

4.2.2 Das Erziehungskonzept: Arbeit, Strafe und Isolierung

Das Landesfürsorgeheim sollte die „normalen Erziehungsheime" durch die Möglichkeiten der geschlossenen Unterbringung mit vergitterten Fenstern und „verschärfter Erziehung" ergänzen. Schwerpunkt des Erziehungskonzeptes war daher die Arbeitserziehung nach dem sog. progressiven Erziehungssystem: Die Jugendlichen kamen zunächst in die Aufnahmegruppe, in der sie zwei bis drei Monate verblieben. In dieser wurden sie mit Netzstrickerei für die Hochseefischerei beschäftigt. Bei guter Arbeitsleistung erfolgte die „Aufstufung" der Jugendlichen in die Bewährungsgruppe. Jetzt hatten sie die Möglichkeit, in heimeigenen Werkstätten zu arbeiten. Es gab die Berufsfindungsgruppen Metall, Holz und Bau sowie Arbeitsgruppen in der heimeigenen Landwirtschaft. Bei Bewährung in Stufe 2 konnten die Jugendlichen in die End- oder Ausgangsgruppe „aufgestuft" werden. In dieser dritten Stufe fanden die Jungen alleine oder in Trupps außerhalb des Heimes Beschäftigung (z.B. in der Glückstädter Heringsfischerei oder in der Papierfabrik Temming AG). Eine Rückstufung konnte erfolgen, wenn sich der Jugendliche beharrlich der Erziehung widersetzte oder grob und vorsätzlich gegen die Heimordnung verstieß.

Ordnete sich ein Jugendlicher den in den Haus- bzw. Heimordnungen festgesetzten Bestimmungen nicht unter oder widersetzte er sich, so standen den Erziehern verschiedene Disziplinarmittel zur Verfügung. Die schärfste Sanktionsmaßnahme war die Unterbringung in einem Einzelraum auf der Isolierstation. Die Isolierstation mit mehreren Einzelzellen befand sich im Keller des Gebäudes. Die etwa 7 m² großen Zellen waren ausgestattet mit einer Holzpritsche, die tagsüber hochgeklappt werden konnte, einem Stuhl und einem Toilettenkübel. Die Zellentüren waren mit einem Schloss und starken Schiebern verschlossen. In der Station befand sich zur ständigen Überwachung der renitentesten Jugendlichen zusätzlich ein Einzelraum, der sog. „Käfig" bzw. die „Box", der mit Gitterstäben versehen und somit ständig einsehbar war.

Abbildung 4: Einzelraum auf der Isolierstation

Abbildung 5: Die Boy innerhalb der Isolierstation

Es gab drei Formen der Unterbringung in der Isolierung: In der ersten Stufe musste der Jugendliche nur nachts in der Zelle bleiben, konnte tagsüber aber mit seinen Mitzöglingen auf dem Strickboden arbeiten. In der zweiten, verschärften Stufe musste er sowohl nachts als auch tagsüber in der Zelle bleiben, hatte jedoch die Möglichkeit in der Zelle Netze zu knüpfen. In der dritten Form hatte der Jugendliche keine Möglichkeit in der Zelle zu arbeiten, zu lesen oder Briefe zu schreiben. Für die nicht arbeitenden Jugendlichen wurde zusätzlich die Essensration eingeschränkt. Diese isolierte Unterbringung sollte nach Möglichkeit eine Dauer von bis zu vier Wochen nicht überschreiten. Die Festlegung des Strafmaßes für die verschiedenen Vergehen lag im Ermessen des strafenden Erziehers. Erst Ende 1969 wurde durch ministeriellen Erlass die erlaubte Höchstdauer der Isolierung auf drei Tage und ohne Beschränkung der Essensration festgesetzt.

4.2.3 Das Aufsichts- und Erziehungspersonal des Landesfürsorgeheimes

Das Aufsichts- und Erziehungspersonal des Landesfürsorgeheimes bestand zunächst aus Wachtmeistern, die größtenteils schon vor 1945 in der Landesarbeitsanstalt beschäftigt waren. Einige Bedienstete der Anstalt gehörten während der NS-Zeit der NSDAP, SA, SS oder anderen NS-Organisationen an. Die Wachtmeister, die bereits vor dem Krieg in der Landesarbeitsanstalt Glückstadt tätig waren, wurden zum Teil nach Kriegsende aus der Kriegsgefangenschaft zurückgefordert, da sie für den Erziehungsdienst besonders geeignet und erforderlich galten. Im Zuge der Entnazifizierung erfolgten auch Entlassungen einiger Wachtmeister, die aber größtenteils bis 1948/49 wieder eingestellt wurden.

Die Aufgabe der Mitarbeiter des Aufsichts- und Erziehungspersonals lag zunächst vorrangig in der Beaufsichtigung und Verwahrung der Jugendlichen; so wurden bis weit in die 1950er Jahre Bewerber noch unter der Berufsbezeichnung „Wachtmeister" eingestellt. Der Begriff „Erzieher" wurde erst Ende der 1950er Jahre eingeführt, ohne jedoch das vorhandene Personal nachzuqualifizieren. Auch neue Bewerber mussten bis Mitte der 1960er nicht über eine pädagogische Qualifikation verfügen. So änderte sich auch der Arbeitsweise mit der neuen Berufsbezeichnung „Erzieher" in der Praxis kaum etwas, obwohl dies zunehmend gefordert wurde.

Alle Heimdirektoren des Landesfürsorgeheims kamen bis 1966 aus dem Verwaltungsbereich und nahmen kaum oder gar nicht Einfluss auf die konkrete Erziehungsarbeit.

4.2.4 Wofür steht die Fürsorgeanstalt in Glückstadt?

Nach unseren Recherchen und Befunden ist die Landesarbeitsanstalt, später Landesfürsorgeheim in Glückstadt mindestens in dreifacher Hinsicht exemplarisch:

1. für die *aus der Arbeitshaustradition heraus entwickelte und erprobte Funktion der Abschreckung* durch die äußeren Bedingungen des Anstaltsgebäudes und die inneren Zustände eines repressiven Bewahrungs- und Strafregimes – Zustände die häufig schrecklicher empfunden wurden als in vergleichbaren Justizvollzuganstalten. Kultusministerium, Landesjugendamt, der zuständige Ausschuss des Landtages und auch zahlreiche örtliche Jugendämter beklagen zwar regelmäßig die „unhaltbaren Zustände" der Anstalt in Glückstadt, wollten aber weder die Verantwortung für die Einrichtung übernehmen (das Kultusministerium) noch auf deren Nutzung verzichten, da sie als Abschreckung für die Zöglinge in den „normalen" Fürsorgeheimen unverzichtbar schien. Gemeinsam mit ähnlichen Anstalten in allen anderen Bundesländern organisierten die zuständigen Landesjugendämter „grenzüberschreitende" Verlegungen, die vor allem der Einschüchterung der Jugendlichen und als Ventil für die Einrichtungen dienten. Arbeit als Strafe zu begreifen und auszugestalten anstatt als Ausbildung und Qualifizierung bestimmte in Glückstadt bis zur Schließung, in vergleichbaren Anstalten noch bis weit in die 1970er Jahre hinein Selbstverständnis und Gestaltung der sog. Arbeitserziehung.
2. für die *völlig unzureichende öffentliche Aufsicht und Kontrolle der Praxis öffentlich verantworteter Erziehung.* Beeindruckend und erschreckend zugleich war es für uns, in den Protokollen und Dokumenten nachvollziehen zu können, wie bekannt den Zeitgenossen einerseits die „unhaltbaren Zustände" im Landesfürsorgeheim waren und wie unveränderbar andererseits diese Zustände erschienen. Seit 1949 verliefen Sitzungen des zuständigen Ausschusses des Landesparlamentes nach dem gleichen Muster: Vormittags berieten man über grundsätzliche Fragen der Fürsorgeerziehung und beklagte die wachsende Probleme und das wenige Geld, mittags wurde die Anstalt besichtigt und nach der Mittagspause meist einstimmig die sofortige Schließung beschlossen, so beeindruckt waren die Parlamentarier von den „schrecklichen Zuständen". In den folgenden Jahren setzen sich dann aber immer wieder die „Fachleute" der Ministerien durch, die alle Alternativen für unbezahlbar und daher Glückstadt für unersetzlich halten. Im Anschluss an die „Revolte" vom Mai 1969 kommt es sogar zu einem Eklat im damaligen Kabinett Lemke, da sich der Justizminister Henning Schwarz

aufgebracht durch einen Bericht der Oberstaatsanwaltschaft in Itzehoe, die ihn nach der Vernehmung der „Rädelsführer" über die dabei bekannt gewordenen unhaltbaren Zustände im Landesfürsorgeheim informierte, von seinem Kabinettskollegen Sozialminister Otto Eisenmann die sofortige Schließung, mindestens aber unverzügliche Maßnahmen zur Verbesserung der Situation in Glückstadt, verlangte. Dieser wies die Einmischung in seine Ressortangelegenheiten empört zurück und verlangte vom Ministerpräsidenten eine Zurechtweisung des Justizkollegen. Weder Berichte der örtlichen Jugendämter, noch die zuständigen Vormundschaftsgerichte oder Amtsvormünder, noch das fachzuständige Landesjugendamt und schon gar nicht die zuständigen Vorgesetzten im Sozialministerium kontrollierten die Praxis im Landesfürsorgeheim so, dass immer wieder vorgetragene Beschwerden und Hinweise zu nachvollziehbaren Konsequenzen und zumindest partiellen Verbesserungen führten. Die Jugendlichen in Glückstadt mussten sich dem dortigen Regime völlig ausgeliefert fühlen, und genau so berichten es auch heute die Ehemaligen.

3. Kann das Landesfürsorgeheim in Glückstadt aber auch exemplarisch *für den Prozess der Erinnerung, Aufarbeitung und hoffentlich Anerkennung und Rehabilitierung* der Menschen stehen, die unter der Fürsorgeerziehung in den Gründungs- und Aufbaujahren der Bundesrepublik leiden mussten? Ausgehend von der Initiative Ehemaliger, einer interessiert berichtenden Presse, einer gesprächsbereiten und gesprächsfähigen Sozialministerin und mit Hilfe weiterer, heute für Aufgaben der Jugendhilfe verantwortlicher Menschen in Schleswig-Holstein, kommt ein Prozess in Gang, der soweit bis heute absehbar, eine aktive Erinnerung und Aufarbeitung ermöglicht. Dieser Prozess zeigt auch, mit wie vielen Hindernissen und Widerständen solche Erinnerungsarbeit und Anerkennung konfrontiert ist, aber ebenso, wie diese gelingen kann.

5 „Nur" Vergangenheitsbewältigung oder auch bedeutsam für Gegenwart und Zukunft von Jugendhilfe und Kinderschutz?

Soviel dürfte deutlich geworden sein: Auch die heutige Kinder- und Jugendhilfe und mit ihr verwandte und verbundene Arbeitsfelder müssen sich ihrer Vergangenheit stellen. Heute in der Jugendhilfe und Heimerziehung tätige Menschen sind gefordert diesen selbstkritischen Bezug zur eigenen Geschichte und ihren „Erbschaften" gegenüber Menschen glaubwürdig unter Beweis zu stellen, die Rechenschaft über das einzufordern, was ihnen als Kindern in eben dieser Heimerziehung und Jugendhilfe angetan wurde. Hier darf nicht Vergangenheit

„bewältigt" werden, hier muss mit Respekt und Offenheit das manchmal auch anstrengende Gespräch gesucht werden. Hier sind öffentlich glaubhafte Gesten der Bitte um Entschuldigung, Orte der Erinnerung und Anerkennung und der konkreten Rehabilitierung gefragt. Menschen muss ermöglicht werden, sich aktiv die lange verdrängten Teile ihrer Lebensgeschichte wieder anzueignen, auch als Teil ihrer Selbstachtung und Selbstbestimmung. Wie wichtig solche Prozesse der Selbstaneignung sind, davon verstehen doch gerade die heutigen Fachmenschen in pädagogischen Arbeitsfeldern so viel.

Damit bin ich im anderen Teil der Gegenwart. Auch heute leben viele Kinder in Einrichtungen öffentlicher Erziehung, Behandlung und Betreuung. Nun sind diese Heime, Internate und Kliniken nicht mehr vergleichbar mit den Anstalten der 1950er und 60er Jahre, das ist sicher. Aber Anstalten bleiben Anstalten, auch wenn sie sich erheblich modernisiert haben. Die Wahrung kindlicher Grundrechte, wie sie heute die UN-Kinderrechtskonvention ausführlicher als das Grundgesetz verbindlich vorschreibt, die Transparenz und Nachvollziehbarkeit aller Entscheidungen von Behörden und Fachmenschen, ein garantiertes und wirkungsvolles Beschwerderecht sind Forderungen, denen zwar kaum jemand ernsthaft widerspricht, die aber noch lange nicht hinreichend realisiert sind – ein neues Thema. Die heutigen Geschichten ehemaliger Heimkinder konfrontieren hart damit, was mit Menschen geschieht, denen diese Grundrechte verweigert werden. Der ernsthafte Versuch, solche Beschädigung durch die Arbeit in Jugendhilfe, Kinderschutz und angrenzenden Fachgebieten heute und morgen unbedingt vermeiden zu wollen, ist das mindeste, was wir heute den Heimkindern von gestern schuldig sind.

Zwei Gründe sehe ich, auch jenseits fachhistorischer und jugendhilfepolitischer Interessen und Motive die Befunde der aktuellen Beschäftigung mit dem Thema Heimerziehung der 1950er bis 1970er Jahre für grundlegende Fragen der Jugendhilfe bis hin zum Kinderschutz zu nutzen:

5.1 Fachleute können etwas über die langfristigen Wirkungen ihrer Arbeit und der prägenden Strukturen ihres Arbeitsfeldes erfahren

Wenn auch nicht jedes Heimkind missbraucht und misshandelt wurde, so haben doch viele Kinder und Jugendlichen in den Heimen und Fürsorgeanstalten in den 1950er bis 1970er Jahren vielfach Gewalt, Missbrauch und Misshandlung erlitten. Welche Folgen solche Leidenserfahrungen für junge Menschen haben, darüber können wir heutigen Fachleute viel erfahren. Menschen konfrontieren im Rückblick auf ein gelebtes Leben mit Wirkungen und Folgen von Gewalt, Ohnmacht und Erniedrigung und sie fordern Aufmerksamkeit, Respekt und Anerkennung. So massiv wie jetzt haben es weder die Jugendhilfe noch andere Arbeitsfelder, die betroffen sind, wie die Vormundschaftsgericht oder die Jugendpsychiatrie bisher erlebt, mit konkreten Schadensersatzforderungen konfrontiert zu werden.

So befremdlich mein erstes Argument klingen mag, für die heutige Gestaltung von Jugendhilfe und Kinderschutz etwas lernen zu können aus den Lebens- und Leidensgeschichten, die zum Teil schon 50 Jahre zurück liegen, so überzeugend finde ich die Chance mit einer langjährigen Perspektive auf Wirkungen und Evaluation zu blicken. Auch wenn sich alle betroffenen Arbeitsfelder strukturell, konzeptionell und methodisch in den letzten 30 bis 40 Jahren deutlich entwickelt haben, so sind grundlegende Konflikte und Spannungen gleich geblieben: Bis heute geht es darum, wie viel öffentliche Verantwortung für private Lebensschicksale übernommen werden soll, welche Rechte auf Bildung ebenso wie auf Schutz Kinder haben und ggf. auch gegen ihre Eltern durchsetzen können und vor allem, was diese öffentliche Verantwortung die Gesellschaft kosten darf.

Auswirkungen und Kosten mangelnder öffentlicher Verantwortungsübernahme lassen sich in den Lebens- und Betreuungsgeschichten ehemaliger Heimkinder erkennen und bewerten. Individuelle Verantwortung einzelner Heimerzieher oder JugendamtsmitarbeiterInnen ist dabei kaum noch zu bewerten, sondern vor allem die Strukturen und Denkgebäude der zuständigen Institutionen. Warum konnte es tausendfach geschehen, dass trotz vielfältiger kritischer Hinweise auch schon von Zeitgenossen, die Zustände der Gewalt und Misshandlung so vieler Kinder in den Heimen und Anstalten – nicht aller Kinder und in allen Heimen! – so wenig Widerhall in den für die Aufsicht und Kontrolle zuständigen Instanzen und Behörden gefunden haben? Denn dies ist für mich der Kern des Skandals, mit dem die ehemaligen Heimkinder konfrontieren: Geprügelt, eingesperrt, mit dem vollurinierten Betttuch auf dem Hof stehen gelassen, gezwungen, Erbrochenes erneut zu essen, abgewertet und beschimpft haben konkrete Menschen, Männer und Frauen, die Kinder und Jugendliche versorgen, erziehen und schützen sollten. Aber die meisten von ihnen wussten sich getragen von Kollegen und Vorgesetzten im eigenen Heim ebenso wie im zuständigen Jugendamt.

Die Kinder und Jugendlichen in den Heimen hätten auch nichts anderes verdient, waren doch schon ihre Eltern der lebende Beweis für die verheerenden Folgen mangelnder Disziplin und Strenge – so die in weiten Teilen der deutschen Jugendwohlfahrt, Vormundschaftsgerichtsbarkeit und Jugendpsychiatrie der Nachkriegsjahre geteilte Überzeugung. Angesichts der großen äußeren Zerstörungen und tiefen inneren Verletzungen durch Naziherrschaft und „totalen Krieg" wird der übermächtige Wunsch nach Ordnung und Sicherheit in dieser Zeit verständlich. Beeindruckend nachzulesen ist, wie sehr restriktive und autoritäre Jugendschutzdebatten noch bis weit in die 1950er Jahre hinein die fachlichen Entwicklungen der deutschen Jugendwohlfahrt dominiert haben. Auch in der Jugendpsychiatrie dominierten die Debatten um die „Grenzen der Sozialpädagogik" (siehe dazu Stutte, 1958), das Nachdenken über die Jugendnot und Jugendverwahrlosung der Nachkriegsgesellschaft. Eine rigide staatliche Ordnungsidee verstand sich darüber hinaus hervorragend mit einer ebenso rigiden Sünde und Sühne auslegenden Theologie. (siehe dazu insbesondere Kuhlmann, 2010 oder Damberg, et al., 2010, S. 108 ff.). So verständlich also die „geistigen Wurzeln" dieser vor allem ordnungspolitischen Reaktion auf kindliche Not und jugendliche Überlebensstrategien sind, so bedrängend bleibt die Erkenntnis, dass es weit mehr als zwanzig Jahre gebraucht hat, bis nach Verabschiedung des Grundgesetzes dessen Menschenrechtsgarantien auch für Kinder und Jugendliche in Heimen und Fürsorgeanstalten gelten sollten. Das nahezu vollständige Versagen staatlicher Aufsicht und Kontrolle in den Jahren bis 1970 ebenso wie der fachlichen und organisatorischen Aufsicht durch die Träger, Verbände und Kirchen ist wie gesagt der eigentliche Skandal.

Die Auseinandersetzung mit der Heimerziehung der 1950er bis 1970er Jahre bietet viel Material, im eigenen Hause, Verband oder Träger in Wohlfahrtsverbänden, Kommunen und Bundesländern solche Strukturen und Prozesse kritisch aufzuspüren, die mangelnde Orientierung und Unterstützung ebenso wie Aufsicht und Kontrolle für die Rechte Schwacher hervorbringen und begünstigen. Und an dieser Stelle bin ich mir nicht mehr so sicher, dass heute alles viel besser ist.

5.2 Anerkennung des besonderen Beitrags und der besonderen Belastung ehemaliger Heimkinder und Fürsorgezöglinge für die Durchsetzung eines demokratischen und sozialen Rechtsstaates in (West-)Deutschland nach 1949

Mit Recht wurde 2009 der 60zigste Geburtstag des Deutschen Grundgesetzes gefeiert. Als Provisorium auf den Weg gebracht hat diese deutsche Verfassung wie keine vor ihr erfolgreich die Entwicklung eines deutschen Staatswesens zu einem demokratischen und sozialen Rechtsstaat ermöglicht und befördert. Ein Staat und ein Gemeinwesen, das nach innen und außen auf Frieden und Ausgleich bedacht ist und sich vor allem durch die Verlässlichkeit rechtsstaatlicher Grundsätze, auch in bedrohlichen Krisen, ausgezeichnet hat. Das große Wort vom Verfassungspatriotismus hat Jürgen Habermas, einer der kritischen Vordenker der zweiten deutschen Republik dafür geprägt. Aus dem Blick gerät bei dieser berechtigt positiven Bilanz nach 60 Jahren Grundgesetz, welcher langen und harten Auseinandersetzungen es in diesen 60 Jahren bedurfte, um den Verfassungsversprechen des Grundgesetzes, vor allem der Menschenrechtsgarantien der ersten 19 Artikel des GG, auch weitgehend zur Geltung zu verhelfen.

Dass die in der Verfassung für jede Bürgerin und jeden Bürger garantierten Grundrechte jedoch nicht immer beachtet wurden und besonders bei gesellschaftlichen „Problem"- bzw. Randgruppen – in diesem Falle Heimkinder – häufiger verletzt wurden, darauf hat Friederike Wapler von der Universität Göttingen in ihrer bemerkenswerten Expertise für den Runden Tisch Heimerziehung eindrücklich hingewiesen (Wapler, 2010). Mit dem Erlass des Grundgesetzes 1949 wurden die Grundrechte für alle öffentlichen Gewalten, auch für den Gesetzgeber, bindend. Die in Weimar und der NS-Zeit groß gewordenen Juristen „erfanden" daraufhin die Lehre von den „besonderen Gewaltverhältnissen", wie sie in Gefängnissen oder psychiatrischen Anstalten auch in der Heimerziehung gelten sollten. In diesen „besondere Gewaltverhältnissen" sollte ein Teil der Grundrechte außer Kraft gesetzt werden, da sonst die spezifische Aufgabe dieser Anstalten nicht zu erfüllen sei. Im Falle Öffentlicher Erziehung sei der Zweck einer Erziehung ggf. auch mit Zwangsmittel anders nicht zu erreichen. Obwohl diese bewusste Verletzung der Grundrechte von Heimkindern bereits 1953 in einer Entscheidung des OLG Hamburg als verfassungswidrig befunden worden ist, änderte sich in der Praxis der Heimerziehung lange nichts (Wapler, 2010, S. 63). Ebenso ist das Verfassungsgebot der Verhältnismäßigkeit jeder staatlichen Intervention in Verfahren der Fürsorgeerziehung häufig nicht beachtet worden. Auch für die Heimunterbringung müsse gelten, dass sie ein „verhältnismäßiger" Eingriff ist, d.h. vor allem, dass sie erforderlich und geboten ist (Wapler, 2010, S. 66). Obwohl die Fürsorgeerziehung innerhalb der Heimunterbringung als schärfste und somit als ultima ratio galt, wurde sie auch aus Kostengründen anstelle anderer, auch damals durchaus möglicher Maßnahmen der Förderung, Beratung und Unterstützung z.B. der Erziehung in der Familie allzu oft „unverhältnismäßig" angeordnet. Auch das sogenannte Transparenzgebot für staatliches Handeln und Entscheiden, hier z.B. in Form verbindlich vorgeschriebener Anhörung der Minderjährigen in den Verfahren, wurde in der Praxis nur allzu häufig umgangen. Anstelle eines ordentlichen Verfahrens mit der vorgeschriebenen Anhörung der Betroffenen, ordnete man zunächst die vorläufige Fürsorgeerziehung an, die aufgrund von „Gefahr im Verzuge" eine Anhörung nicht erforderlich machte (Wapler, 2010, S. 58f.). Dies führt dazu, dass die Kinder und Jugendlichen nicht in das Verfahren einbezogen wurden und nicht wussten bzw. z.T. heute noch nicht wissen, warum sie in einem Heim waren.

Erhard Denninger, ein bekannter Frankfurter Verfassungsrechtler, stellte bereits 1969 in einem Rechtsgutachten fest, dass nach § 1 Abs. 1 JWG jedes

Kind ein Recht auf Erziehung hat. Daraus leitete Denninger das Recht des Kindes auf eine autonome Persönlichkeitsentfaltung ab (Art. 2 GG). „Bevormundende Fürsorge" sei somit nur dann erlaubt, wenn sie sich als „Hilfe zur Selbsthilfe", d.h. hier Anleitung des Kindes zur Autonomie, darstelle. Unter diesen Maßstab seien nach Denninger alle Maßnahmen der öffentlichen Jugendfürsorge zu stellen. Verfassungsmäßig sei Erziehung dann, wenn sie eine allmähliche Ablösung der Fremderziehung durch zunehmende Selbsterziehung / Autonomie bedeute. Erziehung zur Autonomie schließe jedoch (auch eindringlichere) Beratung und Ermahnungen nicht aus, sofern sie die Fähigkeiten der Kinder zur selbstverantwortlichen Entscheidung stärkten – nie jedoch durch physischen oder psychischen Zwang oder durch Einschränkungen der persönlichen (Entscheidungs-) Freiheit des Kindes!

Heimkinder und Fürsorgezöglinge sind in vielfacher Weise in ihren Grundrechten verletzt worden, so das zusammenfassende Fazit dieser Bewertungen. Nun gut, nur Schnee von gestern? Nein, bei weitem nicht. Zu den ehernen Grundsätzen eines demokratischen Rechtsstaates gehört auch, dass er Bürgerinnen und Bürger gegenüber, die durch sein Handeln geschädigt wurden, diesen Schaden anerkennt und soweit möglich entschädigt.

Die schwierigste Aufgabe bleibt es, einen gesellschaftspolitisch tragfähigen Vorschlag für den Umgang mit systematischem Unrecht im Rechtsstaat zu machen. Denn dies ist grundsätzlich neu im Vergleich zu bisherigen Entschädigungsdebatten, die sich immer auf die Anerkennung von in Unrechtssystemen begangenem Unrecht bezogen, im NS-Staat ebenso wie in der DDR. Hier aber geht es um die Anerkennung systematischen, und nicht nur im nachzuweisenden Einzelfall erlittenen Unrechts unter den Bedingungen eines „demokratischen und sozialen Rechtsstaats", wie es in unserer Verfassung heißt. Kann es überhaupt „systematisches Unrecht" gegeben haben und welche Konsequenzen hätte die Anerkennung für die Institutionen des Rechtsstaates, die genau dies verhindern sollten?

Prinzipielle Fragen also und folgenreich für die Zukunft unserer Gesellschaft, ihrer Fürsorgeinstitutionen und ihrer Verfassung. Dass ausgerechnet an der Heimerziehung solche Exempel statuiert werden müssen, ist kein Zufall, darauf habe ich hingewiesen. Daher ist eines heute bereits sicher: Die Art und Weise, wie die Debatte um die „ehemaligen Heimkinder" und die Zustände in den (west-)deutschen Fürsorgeerziehungsanstalten der 1950er und 60er Jahren geführt wird, ist ebenso ein neuerlicher Prüfstein für die Glaubwürdigkeit unserer Zivilgesellschaft und ihrer Verfassungsversprechen wie für die Fähigkeit der modernen Sozialpädagogik, ihre gesellschaftliche Funktion kritisch zu begreifen und daraus angemessene Schlüsse für ihre Gegenwart zu ziehen.

Literatur

Benad, M., Schmuhl, H-W., & Stockhecke, K. (Hrsg.) (2009). Endstation Freistatt – Fürsorgeerziehung in den v. Bodelschwinghschen Anstalten Bethel bis in die 1970er Jahre, Bethel.

Colla, H. et al. (Hrsg.) (1999). Handbuch Heimerziehung und Pflegekinderwesen in Europa, Neuwied/Kriftel.

Damberg, W., Frings, B., Jähnichen, T., & Kaminsky, U. (Hrsg.) (2010). Mutter Kirche – Vater Staat? – Geschichte, Praxis und Debatten der konfessionellen Heimerziehung seit 1945, Bochum.

Gabriel, T., & Winkler, M. (Hrsg.) (2003). Heimerziehung. Kontexte und Perspektiven. München.

Henkelmann, A. (2010). Die Entdeckung der Welt – Katholische Diskurse zur religiösen Heimerziehung zwischen Kriegsende und Heimrevolten (1945-1969). In: Damberg, W., Frings, B., Jähnichen, T., & Kaminsky, U. (Hrsg.) (2010). Mutter Kirche – Vater Staat? Geschichte, Praxis und Debatten der konfessionellen Heimerziehung seit 1945, Münster.

Holzner, M. (1978). Treibjagd. Die Geschichte des Benjamin Holberg. Hamburg.

Homes, A. M. (1981). Prügel vom lieben Gott, Frankfurt a. M.

Jähnichen, T. (2010). Von der „Zucht" zur „Selbstverwirklichung"? – Transformationen theologischer und religionspädagogischer Konzeptionen evangelischer Heimerziehung in den 1950er und 1960er Jahren. In: Damberg, W., Frings, B., Jähnichen, T., & Kaminsky, U. (Hrsg.) (2010). Mutter Kirche – Vater Staat? Geschichte, Praxis und Debatten der konfessionellen Heimerziehung seit 1945. Münster.

Kuhlmann, C. (2010). Expertise „Erziehungsvorstellungen in der Heimerziehung der 50er und 60er Jahre", veranlasst durch den Runden Tisch Heimerziehung.

Kuhlmann, C., & Schrapper, C. (2001). Geschichte der Erziehungshilfen von der Armenpflege bis zu den Hilfen zur Erziehung. In: Birtsch, V., Münstermann, K., & Trede, W. (Hrsg.) (2001). Handbuch Erziehungshilfen. Leitfaden für Ausbildung, Praxis und Forschung, Münster, S.299.

Laudien, K., & Sachse, C. (2012). Expertise zu Erziehungsvorstellungen in der Heimerziehung der DDR, In: Aufarbeitung der Heimerziehung in der DDR, Berlin (zu beziehen über: http://www.thueringen.de/imperia/md/content/tmsfg/abteilung3/ referat31/expertisen_aufarbeitung_der_heimerziehung_in_der_ddr.pdf).

Meinhof, U. M. (1994). Bambule. Fürsorge – Sorge für wen? Neuausgabe, Berlin.

Pongratz, L. (1966). Sicherung des Erziehungserfolges nach Beendigung der Heimerziehung, Bericht über die Tagung des Allgemeinen Fürsorgeerziehungstages in Saarbrücken vom 11. bis 13. Mai 1966. (Neue Schriftenreihe des Allgemeinen Fürsorgeerziehungstages. 18, 1966).

Pongratz, L., & Hübner, H-O. (1959). Lebensbewährung nach öffentlicher Erziehung. Eine Hamburger Untersuchung über das Schicksal aus der Fürsorge-Erziehung und der Freiwilligen Erziehungshilfe entlassener Jugendlicher.

Rösler, S., & Hillmeier, H. (2010). Runder Tisch Heimerziehung in den 50er und 60er Jahren – Lehren für die Zukunft. Veröffentlicht im Jahresbericht des ZBFS– Bayerisches Landesjugendamt 2010.

Schrapper, C. (2010). Sozialpädagogik und Heimerziehung in den 1950er und 1960er Jahren. In: Damberg, W., Frings, B., Jähnichen, T., & Kaminsky, U. (Hrsg.) (2010). Mutter Kirche – Vater Staat? Geschichte, Praxis und Debatten der konfessionellen Heimerziehung seit 1945, Münster.
Schrapper, C., & Johns, I. (Hrsg.) (2010). Landesfürsorgeheim Glückstadt 1949-74 – Bewohner, Geschichte, Konzeption, Wachholtz-Verlag Neumünster.
Schrapper, C. & Sengling, D. (Hrsg.) (1988). Die Idee der Bildsamkeit. 100 Jahre sozialpädagogische Praxis in der Heilerziehungsanstalt Kalmenhof, Weinheim und München.
Stutte, H. (1958). Grenzen der Sozialpädagogik. Ergebnisse einer Untersuchung praktisch unerziehbarer Fürsorgezöglinge. Hrsg. im Auftrag des AFET, München.
Wapler, F. (2010). Expertise zu Rechtsfragen der Heimerziehung der 50er und 60er Jahre – Gutachten im Auftrag des Runden Tisch Heimerziehung, Universität Göttingen (zu beziehen über www.rundertisch-heimerziehung.de).
Wapler, F. (2012). Expertise zu Rechtsfragen der Heimerziehung in der DDR. In: Aufarbeitung der Heimerziehung in der DDR, Berlin (zu beziehen über: http://www.thueringen.de/imperia/md/content/tmsfg/abteilung3/referat31/expertisen_aufarbeitung_der_heimerziehung_in_der_ddr.pdf).
Wensierski, P. (2006). "Schläge im Namen des Herrn" Die verdrängte Geschichte der Heimkinder in der Bundesrepublik, Hamburg
Werner, W. (1985). „Vom Waisenhaus ins Zuchthaus". Ein Sozialbericht. Frankfurt/M.
Winkler, M. (1988). Eine Theorie der Sozialpädagogik. Stuttgart.

Internetverzeichnis

www.imheim.de
www.vehev.org
www.rundertisch-heimerziehung.de
http://www.rundertisch-heimerziehung.de/documents/RTH_Abschlussbericht.pdf
www.für-sorge-erziehung.de

Macht und Missbrauch in Familien

Günter Krampen

Übersicht

1 Prävalenz und Phänomenologie von Machtmissbrauch und Gewalt in Familien
   1.1 Prävalenz von häuslicher Gewalt
   1.2 Spezifika von Machtmissbrauch und Gewalt in Familien
   1.3 Definition von häuslicher Gewalt und Erscheinungsformen
   1.4 Machtmotiv und Machtmissbrauch
   1.5 Häusliche Gewalt in der Fachliteratur: Entwicklungstrends und Themen
2 Modelle zu Machtmissbrauch und Gewalt in Familien sowie Risikofaktoren: Ein Abriss
3 Ursachen und aufrechterhaltende Faktoren von Machtmissbrauch und Gewalt in Familien: Ein biopsychosoziales Bedingungsmodell
   3.1 Sozio-ökologische und kulturelle Faktoren
   3.2 Soziale und familienstrukturelle Bedingungen
   3.3 Biologische Faktoren
   3.4 Psychologische Faktoren (inklusive Psychopathologie)
   3.5 Transition und Chronifizierung biopsychosozialer Faktoren im Lebenslauf
   3.6 Zusammenwirken der biopsychosozialen Faktoren: Interaktionistische Verstärkung versus Kompensation
4 Prävention, Familienhilfe und Therapie

1 Prävalenz und Phänomenologie von Machtmissbrauch und Gewalt in Familien

Sowohl in der Öffentlichkeit als auch in der interdisziplinären wissenschaftlichen Forschungs- und Anwendungspraxis ist das Thema der Gewalt und des Missbrauchs in Familien erst im Ausgang des 20. Jahrhunderts verstärkt in den Blickpunkt gerückt. Die Tabuisierung von Machtmissbrauch und Gewalt im engsten, nämlich dem familiären Privatraum basierte und basiert auch heute zum Teil noch auf den nicht zulässigen Übertragungen des gesetzlich gegebenen Schutzes der Privatsphäre auf deviantes, gewalttätiges intrafamiläres Handeln und führt dazu, dass die Thematik in der Öffentlichkeit, im Rechtssystem und in den

Wissenschaften allzu lange heruntergespielt, verdrängt und ignoriert wurde. Die Enttabuisierung konnte beginnen und voran schreiten, weil nicht nur die Leiden der Opfer und die kurz- und langfristigen Auswirkungen bei ihnen (vgl. etwa Hornbach et al., 2008; Maikovich et al. 2008; Morelen & Shaffer, 2012; Teegen & Schriefer, 2002; Roberts et al., 1998), sondern auch zunehmend die sehr hohen Dunkelziffern von Machtmissbrauch und Gewalt in Familien erkannt wurden.

1.1 Prävalenz von häuslicher Gewalt

Die Betroffenheit von Frauen, Kindern und auch Männern durch Gewalt in der Familie ist hoch, ihre Prävalenz wird in Hellfeldstatistiken (wie etwa in polizeilichen Kriminalstatistiken; vgl. etwa Herbers, 2006; Trunk, 2010) *aufgrund eingeschränkter Anzeigebereitschaften und -fähigkeiten der Betroffenen* massiv unterschätzt und ist in Dunkelfeldanalysen von zahlreichen Erhebungsfaktoren (wie Stichprobenwahl, enge versus breite Definition von Gewalt und Machtmissbrauch, Frageformulierungen, retrospektive versus longitudinal Datenerhebung, Antwortverzerrungen etc.; vgl. etwa Hardt & Rutter, 2004) abhängig. Gleichwohl ist Familiengewalt überall ebenso wie in den USA „die Gewaltform mit der höchsten nationalen Auftrittshäufigkeit. Unabhängig vom Alter, ist Gewalt zwischen Familienmitgliedern stärker verbreitet als Gewalt zwischen Bekannten oder Fremden" (Tolan, et al., 2006, S. 559; Übersetzung vom Verf.).

In repräsentativen Erhebungen werden z. B. für Gewalterlebnisse deutscher Kinder und Jugendliche *Ein-Jahres-Prävalenzraten* von ca. 25 % (Schlack & Hölling, 2007), für körperliche elterliche Gewalt gegenüber Kindern *Lebenszeit-Prävalenzraten* von 70-80 % (Pfeiffer & Wetzels, 1997; Pfeiffer et al., 1999) berichtet. Nach neueren Untersuchungsbefunden hat sich zwar die Prävalenz einer gewaltbelasteten Familienerziehung in Ländern, in denen Familiengewalt inzwischen rechtlich geahndet werden kann (wie etwa in Deutschland, Luxemburg, Österreich und Schweden, jedoch weniger in Frankreich und Spanien), in den jüngeren Kohorten auf 54 % reduziert (Bussmann et al., 2011). Festzuhalten bleibt aber, dass immer noch über die Hälfte der Kinder und Jugendlichen wiederholte körperliche elterliche Gewalt erleben muss.

Hohe Prävalenzraten liegen nicht nur vor für:

- familiäre Gewalt gegen Kinder (etwa 50-60 % nach Bussmann et al., 2011; Dietz, 2000), sondern auch
- Gewalt gegen Frauen (etwa 25 % in Deutschland nach Müller & Schröttle, 2005, zwischen 15 % und 71 % in zehn anderen Ländern nach Garcia-Moreno et al., 2006) und
- Gewalt gegen ältere Menschen in Familien (15-25 % nach Görgen et al., 2010; McGarry et al., 2011; Walsh et al., 2007)

Diese Prävalenzschätzungen aus Dunkelfeldstudien umfassen sowohl körperliche Misshandlungen als auch sexuelle und psychische (emotionale) Gewalt (vgl. etwa auch Hornbach et al., 2008, Tolan et al., 2006).

1.2 Spezifika von Machtmissbrauch und Gewalt in Familien

1. Der spezifische Stellenwert familiärer Gewalt ist nicht nur dadurch begründet, dass häusliche Gewalt in der Gesellschaft *die höchste Prävalenz unter allen Gewaltformen* aufweist. Tolan et al. (2006) nennen als weitere Gründe:
2. Im Unterschied zu anderen Formen der Gewaltausübungen (wie Raub, Bandengewalt, Krieg) setzt sie als *Paradoxon eine intensive (intime) persönliche Beziehung zwischen den Involvierten* voraus, in der die Verletzung zielgerichtet auf Personen gerichtet ist, für die zu sorgen ist oder die voneinander abhängig sind.
3. Im Unterschied zu anderen Gewaltformen besteht bei Familiengewalt zudem eine *anhaltende Beziehung zwischen Opfern und Tätern* vor, während und nach dem Auftreten von Gewalt, wobei im Familienzyklus Familienmitglieder sowohl Täter als auch Opfer werden können.
4. Ferner unterscheidet sich die *rechtliche Bedeutung der Familiengewalt* in den meisten Gesellschaften von den anderen Formen der durchgängig strafrechtlich sanktionierten Gewalt, da je nach kulturellem und gesellschaftlichem Kontext manche intrafamiliären Gewaltformen etwa als hilfreich oder gar notwendig (etwa bestimmte „leichtere" körperliche Bestrafungen von Kindern), als typisch oder zu tolerieren (wie etwa Gewalt unter Geschwistern oder emotionale Gewalt gegen Frauen aufgrund der wirtschaftlichen Überlegenheit eines Partners) betrachtet werden und strafrechtlich nicht verfolgt, also weder gesellschaftlich noch sozial geächtet werden.

1.3 Definition von häuslicher Gewalt und Erscheinungsformen

Damit stellen sich für die Definition von Familiengewalt besondere Anforderungen. So ist etwa die pragmatische Definition der Familiendevianz von Gover und Bosick (2011) eng an den staatlichen Rechtsvorschriften der USA orientiert und inkludiert abschließend Polygamie und Bigamie, Kindesmissbrauch und -vernachlässigung, Inzest, häusliche physische Gewalt sowie Alkohol- und Drogenmissbrauch in der Familie. Kursorische Definitionen sind typisch für Gesetze gegen häusliche Gewalt (etwa in Luxemburg; siehe Klein, 2005) oder Gesetze zum Recht auf gewaltfreie Erziehung (etwa in Deutschland; siehe Bussmann, 2005; Wimmer-Puchinger, 1995), bedürfen aber der allgemeineren gesetzlichen Einbettung in die Menschenrechte und Menschenbildannahmen (Anonymus, 2006; Patterson & Malley-Morrison, 2006), um tatsächlich alle potentiellen Formen der Familiengewalt abdecken zu können. Fruzzetti und Lee (2012, S. 345; Übersetzung vom Verf.) schließen etwa aus ihrer ebenfalls kursorischen Definition für häusliche Gewalt explizit „übliche verbale Aggression, die in Beziehungen ohne Geschichte physischer oder sexueller Aggression oder Gewalt auftritt" aus und übersehen dabei (bagatellisierend für das, was „üblich, gewöhnlich, normal oder durchschnittlich" ist [ordinary im Original]), dass verbale Aggression prototypisch für psychische, emotionale Misshandlung und Gewalt steht.

Kontrovers in der Definition von Familiengewalt ist somit ein enger, auf anhaltende körperliche Verletzungen begrenzter versus ein breiterer, auch Vernachlässigung, psychologischen und verbalen Missbrauch sowie Zwangs- und Kontrollmaßnahmen umfassender Gewaltbegriff. Diskutiert wird zudem, in welcher Art und Weise nach einem familienökologischen Ansatz zur Gewalt definitorisch berücksichtigt werden kann und muss, dass häusliche Gewalt aufgrund der wechselseitigen Abhängigkeiten und Machtverhältnisse in Familien unterschiedliche Bedeutungen haben kann (vgl. etwa Markefka & Billen-Klingbeil, 1989; Tolan et al., 2006). Minimal wird daher hier *Familiengewalt bzw. häusliche Gewalt als verletzende körperliche, sexuelle und/oder psychische Kontrolle und Machtausübung einer Person über eine oder mehrere andere in einer intimen (familiären oder familienähnlichen) Beziehung definiert.*

Dieser Definitionsvorschlag umfasst nicht nur

- die Misshandlung von *Kindern, Frauen und Älteren* sowie körperliche, psychische (emotionale) und sexuelle Gewalt im häuslichen Bereich.
- Er umfasst auch Gewalt von Kindern und Jugendlichen gegenüber *Geschwistern* (Kiselica & Morrill-Richards, 2007; Klees, 2010) und
- solche von Kindern und Jugendlichen gegenüber *Elternteilen* (Laurent & Derry, 1999; Paterson et al., 2002).
- Einbezogen sind zudem häusliche Gewalt und Machtmissbrauch in *gleichgeschlechtlichen Partnerschaften* (Prävalenz um 11 % nach Rohrbaugh, 2006),
- solche gegenüber *Stiefgeschwistern* (Linares, 2006), *Männern* (Scheithauer & Dele-Bull, 2009; Stuart et al., 2005),
- solche gegenüber *Behinderten* (Kassebrock & Rühling, 2005; Patterson & Malley-Morrison, 2006) sowie
- die wechselseitige Gewalt in *Paaren* (Prävalenz 10-20 % nach Lupri, 1990; siehe auch Johnson, 1995; Kiesling, 2010).

Auch *multiple Formen häuslicher Gewalt,* die sich auf mehrere Opfer (also etwa Partnerin und Kinder; Prävalenz von 41 % nach Appel & Holden, 1998; Lambert & Firestone, 2000) und/oder Kombinationen körperlichen, sexuellen und/oder emotionalen Missbrauchs und Stalking (Küken et al., 2006; Kurt, 1995) beziehen, deren Prävalenz nach den Befunden von Opferstudien bei etwa 25 % liegt (Lejoyeux et al., 2002), werden beachtet.

1.4 Machtmotiv und Machtmissbrauch

Machtmissbrauch durch körperliche, sexuelle und/oder psychische Kontrolle von anderen, zu denen ein direktes oder indirektes Abhängigkeitsverhältnis besteht, ist ein Definitionskriterium für häusliche Gewalt. Als motivspezifische Ressourcen der Macht, also als *Machtquellen,* die missbraucht werden können, sind nach Raven und Kruglanski (1970; siehe im Überblick Heckhausen, 1989) (1) Belohnungsmacht (etwa Lebensstandard und Geld bei wirtschaftlicher Überlegenheit), (2) Zwangs- oder Bestrafungsmacht (etwa Isolierung oder Schläge bei körperlicher Überlegenheit), (3) legitimierte Macht (etwa „Erziehungsgewalt"), (4) Vorbildmacht (bei Identifikation des Opfers mit dem Täter), (5) Expertenmacht (etwa bei intellektueller und/oder behavioraler Überlegenheit) und/oder (6) Informationsmacht (etwa beim Verschweigen von Unterstützungsangeboten oder Falschinformationen) unterscheidbar. Einflussmittel reichen von

Überredung, Kontrolle, Versprechungen und Belohnungen bis zu Drohungen, Zwang, Schlägen und Umweltänderungen.

Die Machtmotivation ist nach Heckhausen (1989, S. 374) „weit komplexer als Leistungs- und Anschlussmotivation, zumal sie ganz verschiedene Motive bei der Bemühung, sich machtvoll zu fühlen oder andere zu beeinflussen, auf beiden Seiten der sozialen Interaktion einbeziehen kann". Schmalt (1987, S. 102; Übersetzung vom Verf.) definiert das Machtmotiv als „motivationale Tendenz, die durch eine bestehende oder antizipierte Asymmetrie im Status und/oder in den Ressourcen (Machtquellen) zwischen wenigstens zwei Personen aktiviert wird, die das Erleben ausgeübter Kontrolle oder die Bedrohung durch Kontrollverlust erwarten lässt". Von zentraler Bedeutung sind somit die motivationalen Komponenten der Hoffnung auf Macht und Kontrolle sowie der Furcht vor dem Macht- und Kontrollverlust. Nationale und internationale Vergleichsstudien haben gezeigt (vgl. im Überblick Heckhausen, 1989), dass im 20. Jahrhundert im Durchschnitt das Anschlussmotiv ab- und das Machtmotiv (also eine „imperiale Motivkonstellation") zugenommen hat, womit auch seine Missbrauchsmöglichkeiten angestiegen sind.

1.5 Häusliche Gewalt in der Fachliteratur: Entwicklungstrends und Themen

Einleitend wurde oben bereits darauf hingewiesen, dass Familiengewalt erst spät zu einem relevanten Thema in Wissenschaft, Öffentlichkeit und Gesetzgebung geworden ist. Wegen der durch zahlreiche methodische Probleme behafteten Prävalenzschätzungen für häusliche Gewalt und Machtsmissbrauch in der Familie kann ein Blick auf die kurze Geschichte der wissenschaftlichen Behandlung dieses Themas von Interesse sein. Abbildung 1 zeigt die relative Anzahl wissenschaftlicher Fachpublikationen zum Index-Terminus family violence/domestic violence in den wissenschaftlichen Fachliteraturdatenbanken PsycINFO (ca. 95 % angloamerikanische Literatur) und PSYNDEX (Literatur aus dem deutschsprachigen Bereich) für sieben 5-Jahres-Zeiträume von 1977 bis 2011. Wichtig ist, dass beide Fachliteraturdatenbanken nicht nur psychologische, sondern auch einschlägige soziologische, juristische/kriminologische, medizinische und sozialpädagogische Literatur umfassen. Bibliometrisch bestätigt wird die Feststellung von Tolan et al. (2006, S. 558; Übersetzung vom Verf.), dass „Familiengewalt in den vergangenen zehn Jahren als ein bedeutendes Thema des öffentlichen Gesundheitssystems mit wichtigen psychologischen Komponenten und Verzweigungen erkannt worden ist". Während Fachliteratur zu diesem Thema in den 1970er Jahren so gut wie nicht dokumentiert wurde, stieg ihre relative Häufigkeit in den 1980er bis Mitte der 1990er Jahre auf etwa 2 ‰, ab 1997 bis

Macht und Missbrauch in Familien

2011 auf 3-4 ‰ (deutschsprachige Fachliteratur) bzw. 5 ‰ (angloamerikanische Fachliteratur) an (siehe Abbildung 1). Absolut wurden in PsycINFO zwischen 1977 und 2011 insgesamt 8.056 und in PSYNDEX insgesamt 539 wissenschaftlichen Publikationen dokumentiert, in denen das Thema Machtmissbrauch und Gewalt in Familien eindeutig im Vordergrund steht.

Abbildung 1: Relative Häufigkeit von Fachpublikationen zu Familiengewalt nach PsycINFO und PSYNDEX

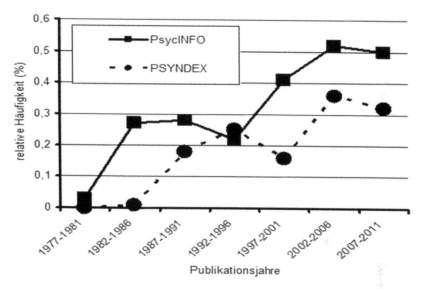

In Tabelle 1 sind zusätzlich neben den gesamten absoluten Häufigkeiten von Index-Termini zu Opferstatus, Art des Missbrauchs, familienstrukturellen Merkmalen und psychischen Störungen in PsycINFO und PSYNDEX (1977-2011) auch die absoluten und relativen Häufigkeiten zu deren Verwendung im Kontext von Familiengewalt aufgeführt. Für den *Status der Opfer* zeigt sich, dass die Fachbegriffe „Partnermisshandlung" und „misshandelte Frauen" (mit nur ca. 15 % Überlappung) überproportional häufig im Kontext häuslicher Gewalt auftreten. Die Misshandlung älterer Menschen und die von Kindern werden dagegen relativ betrachtet in der Fachliteratur häufiger in außerfamiliären institutionellen Kontexten (wie etwa Heimen, Schulen, Vereinen etc.) thematisiert. Häusliche Gewalt unter Geschwistern, gegen Elternteile, gegen Behinderte oder solche in gleichgeschlechtlichen Partnerschaften (siehe oben) sind bislang selten ein Hauptthema wissenschaftlicher Publikationen.

Für die *Art des Missbrauchs* zeigt sich, dass alle drei in der Dokumentation unterschiedenen Missbrauchsformen in anderen als familiären Kontexten häufiger wissenschaftlich behandelt werden. Für Machtmissbrauch und Gewalt in Familien führt relativ betrachtet die körperliche Misshandlung vor der psychischen und der sexuellen die Rangreihe an. In den absoluten Publikationshäufigkeiten liegt allerdings die sexuelle Gewalt höher als die bzw. etwas unter der körperlichen Misshandlung, der die emotionale folgt. Familienstrukturelle Merkmale und psychische Störungen sind nach diesen bibliometrischen Befunden bislang relativ selten ein Hauptthema wissenschaftlicher Beiträge zu Machtmissbrauch und Gewalt in Familien, das in der dokumentarischen Verschlagwortung kaum Berücksichtigung findet (siehe Tabelle 1 auf der folgenden Seite).

Tabelle 1: Absolute Häufigkeit (f) psychologischer Index-Begriffe zu Macht/Missbrauch, familienstrukturellen Merkmalen und ausgewählten psychischen Störungen sowie absolute und relative Häufigkeiten (%) zu ihrer Verwendung im Kontext von Gewalt in Familien nach den Fachliteraturdatenbanken PSYNDEX und PsycINFO (1977 bis 2011)

Index-Term Deskriptor	PSYNDEX insg. f	bei Familiengewalt f	%	PsycINFO insg. f	bei Familiengewalt f	%
nach Status des Opfers						
Partnermisshandlung	131	92	70.2 %	4.694	1752	37.3%
misshandelte Frauen	133	87	65.4 %	2.640	899	34.1%
Kindesmisshandlung	1.777	200	11.3 %	19.979	862	4.3 %
Misshandlung Älterer	78	29	37.2 %	1.002	155	15.5%
nach Art des Missbrauchs						
psychische Misshandlung	116	19	16.4 %	1.695	179	10.6 %
körperliche Misshandlung	336	102	30.4 %	4.191	552	13.2 %
sexuelle Gewalt	2.057	142	6.9 %	14.424	400	2.8 %
bezogen auf familienstrukturelle Merkmale						
Familienstruktur allg.	1.280	8	0.6 %	5.303	45	0.9 %
Familiengröße	147	1	0.7 %	1.048	3	0.3 %
sozioökonomischer Status	323	4	1.2 %	1.295	9	0.7 %
Bildungsstand der Eltern	153	3	2.0 %	1.176	3	0.3 %
Migration	1.812	19	1.0 %	2.874	26	0.9 %
Alleinerziehende Eltern	213	2	0.9 %	1.340	10	0.7 %
Familie-Beruf-Koordination	469	1	0.2 %	2.837	9	0.3 %
Scheidung/Trennung	1.283	13	0.1 %	6.704	91	1.4 %
bezogen auf psychische Störungen						
antisoziale Persönlichkeitsstörung	330	2	0.6 %	4.064	22	0.5 %
intermitt. explosible Störung	9	0	0.0 %	91	1	1.1 %
Störung der Impulskontrolle	117	0	0.0 %	371	4	1.1 %
Störung des Sozialverhaltens	255	0	0.0 %	2.980	11	0.4 %
Zwangsstörung	1.014	0	0.0 %	8.887	0	0.0 %

2 Modelle zu Machtmissbrauch und Gewalt in Familien sowie Risikofaktoren: Ein Abriss

In empirischen, konzeptuellen und angewandten Beiträgen zu Machtmissbrauch und Gewalt in Familien dominieren bislang explizit, häufig nur implizit unterschiedliche theoretische Ansätze:

1. In *sozialstrukturellen, soziologischen Modellvorstellungen* stehen familienstrukturelle Merkmale (wie etwa Wohnverhältnisse, Schichtzugehörigkeit bzw. sozioökonomischer Status, Einkommen und seine intrafamiliäre Verteilung, Arbeitslosigkeit, Familiengröße, Scheidung/Trennung, Alleinerziehende, Wohnortwechsel, Migrationshintergrund etc.; vgl. etwa Sampson & Laub, 1994) im Vordergrund. Zum Teil wird dabei auch auf Korrelate sozialstruktureller Merkmale wie etwa höhere Lebensbelastungen, familiären Stress und schwächere soziale Unterstützungssysteme in sozioökonomisch benachteiligten Familien zurückgegriffen.
2. Im *kriminologischen Gewaltmodell* steht die Identifikation von Gewalt als Abweichung von der Gesetzesnorm im Vordergrund, wobei neben Hellfeldanalysen nach polizeilichen Kriminalstatistiken Fragen der Gesetzgebung sowie der Tataufdeckung, Beweisführung und Aussagenbereitschaft und -fähigkeit behandelt werden (vgl. etwa Herbers, 2006; Trunk, 2010).
3. *Sozialpsychologische, situationistische Erklärungsmodelle* rekurrieren quasi-behavioristisch auf die situativen Auslöse- und Eskalierungsbedingungen häuslicher Gewalt wie etwa die Frustrations-Aggressions-Hypothese und andere Theorien zu situativer Aggression (vgl. im Überblick etwa Heckhausen, 1989; Rauchfleisch, 1992), auf Alkoholabusus oder eskalierende Machtkämpfe zwischen Partnern bzw. zwischen Eltern und Kindern.
4. Im *psychopathologischen Erklärungsansatz* werden vor allem psychische Störungen (primär von Eltern) für häusliche Gewalt verantwortlich gemacht, wobei vor allem Alkohol- und Drogenabhängigkeit, Persönlichkeitsstörungen sowie Selbstwertprobleme und Narzissmus genannt werden.
5. Im *Transmissions-Modell* wedren die intergenerative Kontinuität und damit das Modell-Lernen pointiert (vgl. Mayer et al.; 2005; Schulz et al., 2011; Strauss et.al., 1980). Erwachsene, die ihre Kinder und/oder Partner misshandeln, mussten demnach als Kind häufig selbst Misshandlungen, elterliche Ablehnung und/oder Vernachlässigung erleben oder waren Zeuge häuslicher Gewalt.

6. *Familienökologische Modellvorstellungen* betonen die multiplen sozioökologischen Determinanten von Machtmissbrauch und Gewalt in Familien und versuchen damit zu erklären, warum bei Vorliegen einer Missbrauchsform die Wahrscheinlichkeit weiterer Missbrauchsformen (sowohl bezogen auf weitere Opfer als auch bezogen auf andere Missbrauchsarten) erhöht ist, warum also multipler Missbrauch so häufig ist (Patterson & Malley-Morrison, 2006; Tolan et al., 2006). Zurückgegriffen wird u.a. auf die Merkmale des familiären Umfelds (Wohngegend, Nachbarschaft) und des familiären sozialen Netzwerkes, die (sub-)kulturelle und gesellschaftliche Einbindung sowie darauf bezogene (traditionelle) normative Geschlechtsrollen-Orientierungen und erziehungsleitende Vorstellungen (vgl. etwa Sugarman & Frankel, 1996).

Trotz aller Forderungen nach und Appellen an Interdisziplinarität ist bei allen Ansätzen zur Erklärung von häuslicher Gewalt ihre Herkunft und Verankerung in einer bestimmten Einzelwissenschaft (Mikro- und Makrosoziologie, Kriminologie, Sozialpsychologie, Klinische Psychologie und Psychiatrie sowie Lerntheorie) deutlich. Interdisziplinarität wird dadurch erreicht, dass diese Ansätze inzwischen in empirisch mehr oder weniger fundierte, z.T. sehr facettenreiche und zumeist additiv ausgerichtete *Risikofaktoren-Modelle der häuslichen Gewalt* gemündet sind (vgl. etwa Bender & Lösel, 2005; Tolan et al., 2006; Trunk, 2010). Induktiv an der empirischen Befundlage ausgerichtet werden die Korrelate häuslicher Gewalt (oftmals begrenzt auf eine Form wie Kindesmisshandlung; siehe Bender & Lösel, 2005; Trunk, 2010) zusammengestellt, ohne dabei aber zu einer theoretisch fundierten (transdisziplinären) Integration zu kommen. Übersehen wird oft, dass in sehr vielen Familien, in denen mehrere Risikofaktoren für häusliche Gewalt vorliegen, keineswegs häusliche Gewalt auftritt. Das Gleiche gilt dafür, dass in Familien, in denen eine Missbrauchsform gegeben ist oder war, nicht ohne weiteres auch andere Gewaltformen auftreten (müssen). Tolan et al. (2006) machen daher zu Recht darauf aufmerksam, dass diese Modelle wenig zum Verständnis von Variationen und Diskontinuitäten von häuslicher Gewalt bzw. der Risikomuster beitragen. Sowohl für die Anwendungs- als auch für die Forschungspraxis werden integrative Theorien gefordert, für die Straka und Montminy (2008) eine konzeptuelle Orientierung an der Komplexität von Machtdynamiken, also an Macht und Kontrolle sowie deren Missbrauch für heuristisch wertvoll halten.

3 Ursachen und aufrechterhaltende Faktoren von Machtmissbrauch und Gewalt in Familien: Ein biopsychosoziales Bedingungsmodell

Als theoretische, transdisziplinär ausgerichtete Perspektive wird ein biopsychologisches Bedingungsmodell zu Machtmissbrauch und Gewalt in Familien favorisiert, das sich dezidiert sowohl auf deren *Ursachenfaktoren* als auch auf deren *aufrechterhaltenden Faktoren* bezieht (vgl. Krampen, 2009). Im Sinne eines probabilistischen Diathese-Stress-Modells umfasst es neben Risikofaktoren, deren Vorliegen häusliche Gewalt wahrscheinlicher macht, Schutzfaktoren, die diese Wahrscheinlichkeit reduzieren. Ausgegangen wird davon, dass sowohl die Bedingungsfaktoren als auch die Variablen des Machtmissbrauchs und der damit verbundenen Formen auf Kontinua von „nicht vorhanden" bis „stark ausgeprägt" (etwa bei multiplem Missbrauch) angesiedelt sind. Die möglichen Ursachenfaktoren und aufrechterhaltenden Faktoren für häusliche Gewalt beziehen sich auf soziale (d.h. sozialstrukturelle, sozio-ökologische und kulturelle), psychologische und psychopathologische sowie (bislang weitgehend vernachlässigte) biologische Komponenten.

Für Prävention, Beratung und Therapie stehen nach diesem biopsychologischen Bedingungsmodell zu Machtmissbrauch und Gewalt in Familien zahlreiche Ansatzpunkte zur Verfügung, deren individuelle Bedeutung nach dem Prinzip der differentiellen Indikation familiendiagnostisch umfassend abzuklären ist. Für die ontogenetische, sowohl auf die Familien- als auch die Individualentwicklung bezogene Perspektive werden an Stelle der „Transmissions-Hypothese", deren Bezeichnung auch als Metapher wenig passend ist (Transmission = Kraftübertragung und -verteilung auf mehrere Maschinen oder Durchlassung von Strahlung ohne Frequenzänderung), die Termini der Transition (=Übergang; auch mit Bezug zu „transitorisch" = vorübergehend) und der Chronifizierung präferiert. Dieses biopsychologische Bedingungsmodell zu Machtmissbrauch und Gewalt in Familien ist in Abbildung 2 graphisch zusammenfassend illustriert (vgl. Krampen, 2009), wobei die aufgeführten Risikofaktoren bei ihrem Wegfall (z.B. kein Modell-Lernen von Machtmissbrauch und Gewalt in der Herkunftsfamilie) oder bei positiver Ausprägung (z.B. elterliche Wertschätzung; Empathie) zu Schutzfaktoren werden.

Abbildung 2: Biopsychosoziales Diathese-Stress-Modell zur Ätiologie und zu aufrechterhaltenden Faktoren von Gewalt und Aggressivität (erweitert nach Krampen, 2009, S. 216).

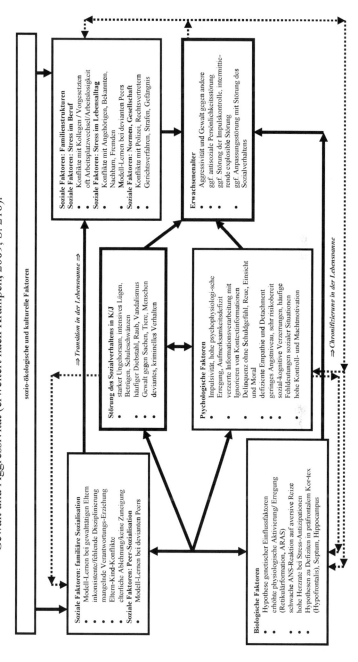

3.1 Sozio-ökologische und kulturelle Faktoren

Kulturelle und gesellschaftliche Faktoren des Makrosystems betreffen vor allem (traditionelle versus liberale) *normative Geschlechtsrollen-Orientierungen und erziehungsleitende Vorstellungen* (siehe Abbildung 2 oben). Beides wird vor allem in Studien an Familien mit Migrationshintergrund deutlich (vgl. etwa Pfeiffer & Wetzels, 2000; Wendler, 2005; Yilmaz & Battegay, 1997). Dies vor allem bei solchen, in denen Akkulturationsdiskrepanzen zwischen der Herkunfts- und der Migrationskultur bestehen. Problematisch wird dies vor allem dann, wenn die Diskrepanzen von verschiedenen Familienmitgliedern mit divergierendem innerfamiliären Status (etwa aufgrund von ökonomischer, körperlicher und/oder psychischer Über- bzw. Unterlegenheit) in unterschiedlicher Form (etwa separatistisch, integrativ, assimilativ oder marginalisierend; vgl. hierzu Berry, 1995) bewältigt werden.

Migrationsfamilien können damit ein Beispiel für den radikalen *Wandel in erzieherischen, geschlechtsbezogenen und interpersonalen* Werthaltungen und Einstellungen sein, der aber auch aufgrund entsprechender Veränderungen in der Öffentlichkeit und im Recht innerhalb einer Kultur auftritt und sich in Familien bzw. bei einzelnen Familienmitgliedern nicht simultan, sondern sukzessive (oder bei einigen auch gar nicht) entwickeln kann. Dies betrifft auch die in einem Staat gegebene *Gesetzgebung in den Bereichen der Gleichberechtigung, der Kindererziehung und der häuslicher Gewalt* sowie deren gesellschaftliche und öffentliche (Nicht-)Sanktionierung.

3.2 Soziale und familienstrukturelle Bedingungen

Mit dem *Migrationsstatus* wurde bereits ein häufig empirisch bestätigter potentieller sozialer und familienstruktureller Risikofaktor benannt. Für andere Familienstrukturmerkmale hat sich die ältere Befundlage deutlich verschoben: Wurde z.B. bis in die 1990er Jahre ein geringer *sozioökonomischer Status* als allgemeiner Risikofaktor betrachtet, so hat sich in der Zwischenzeit gezeigt, dass Kindes- und Frauenmisshandlung in allen sozioökonomischen Schichten auftreten, allerdings in Familien, die in absoluter Armut leben müssen, überproportional häufig auftritt (Fiol & Pérez, 2004; Tolan et al., 2006). Ähnliches gilt für andere familiäre Strukturmerkmale: Fiol und Pérez (2004, S. 12; Übersetzung vom Verf.) schlussfolgern, dass „Missbrauch ein universelles Phänomen ist, das unabhängig von sozialer Schicht, ökonomischen Lebensumständen, Bildungsniveau etc. auftritt".

In den Blickpunkt geraten damit soziale Faktoren, die sich auf Spezifika der *familiären Sozialisation und die durch Gleichaltrige* beziehen (siehe Abbildung 2). Neben dem Modell-Lernen in Familien mit häuslicher Gewalt und von devianten, gewalttätigen Gleichaltrigen mit subjektiv hohem Status und stellvertretendem Belohnungserleben im familiären Umfeld (Wohngegend, Nachbarschaft) sind vor allem eine fehlende oder inkonsistente Disziplinierung des Kindes, eine mangelnde Erziehung zu Verantwortung und Empathie, viele und intensive Eltern-Kind- und ggf. auch Geschwister-Konflikte sowie elterliche bzw. wechselseitige emotionale Ablehnung, mangelnde Zuneigung und Feindseligkeit, ggf. verbunden mit Neid und/oder Missgunst zu nennen (siehe Abbildung 2). Transitionen dieser sozialen und strukturellen Faktoren in der Lebensspanne können sich nicht nur auf die Kontinuität ungünstiger Familienstrukturen im Erwachsenenalter in der eigenen Familie (etwa durch Trennung/Scheidung; familiäres Umfeld) zeigen, sondern zudem auf *Ausbildung und Beruf* (häufige Konflikte mit Kollegen und/oder Vorgesetzten/Lehrern; häufige Ausbildungs- bzw. Arbeitsplatzwechsel, Arbeitslosigkeit), *das sozialen Umfeld* (häufige Konflikte mit Angehörigen, Bekannten, Nachbarn und Fremden; engere Kontakte zu devianten Peers) und Konflikte mit den *Normen und Gesetzen der Gesellschaft* generalisieren. Nicht selten scheint auch ein „work-family spillover" von Gewalt zu sein, der durch Strukturmerkmale von Berufstätigkeiten (mit-)bedingt ist (Johnson et al., 2005; Melzer, 2002).

3.3 Biologische Faktoren

In der Forschung zu häuslicher Gewalt und Machtmissbrauch blieben biologische Faktoren als Korrelate bislang nahezu unberücksichtigt. In der Aggressionsforschung ist dies anders (siehe hierzu etwa Heckhausen, 1989; Krampen, 2009; siehe Abbildung 2).

Biologische Diathesen erhöhter (pathologischer) Aggressivität beziehen sich nicht nur auf die schwache Hypothese möglicher genetischer Einflüsse, sondern vielmehr insbesondere auf die *erhöhte allgemeine Aktivierung und Erregung der Retikulärformation* (Allgemeines Retikuläres Aktivierungssystem, ARAS) sowie elektroenzephalographisch und anhand bildgebender Methoden empirisch relativ gut belegte Hypothesen zu *defizitären Entwicklungen des präfrontalen Kortex (Hypofrontalis), des Septum und des Hippocampus*. Hinzu treten experimentelle Befunde, nach denen erhöhte Aggressivität einerseits mit schwachen *Reaktion des Autonomen Nervensystems* (ANS) auf aversive Reize und andererseits mit markant *erhöhten Herzraten bei der Antizipation von Stress* kovariiert.

3.4 Psychologische Faktoren (inklusive Psychopathologie)

Bilden die genannten sozialen und biologischen Faktoren in ihrer wechselseitigen Interaktion bereits Risikomuster für die Entwicklung von *Störungen des Sozialverhaltens* mit Beginn in Kindheit und Jugend, die mit erhöhter Aggressivität und Gewalt gegen Sachen, Tiere und Menschen verbunden sind, so werden – damit kovariierend oder auch ohne Manifestation einer Störung des Sozialverhaltens – weitere psychologische Prozesse relevant (siehe Abbildung 2): Eine erhöhte psychophysiologische Erregbarkeit ist mit *Impulsivität und Aufmerksamkeitsdefiziten* (ggf. mit einer hyperkinetischen Störung) verbunden, die mit einer *verzerrten Informationsverarbeitung* durch das Ignorieren relevanter (sozialer) Kontextinformationen einhergeht. Dies betrifft vor allem auch sozial-kognitive Verzerrungen, die sich in häufigen *Fehlinterpretationen sozialer Situationen* äußern. *Empathie und soziale Bindung* sind defizitär, soziales *Detachment und Anomi*e gegenüber gesellschaftlichen Normen sind dominant, und die übersteigerte Aggressivität und Delinquenz wird weitgehend unabhängig von *Schuldgefühlen, Reue, Einsicht oder Moral* manifest. Hohe *Risikobereitschaft* geht mit einem allgemein niedrigen *Angstniveau* einher. Demgegenüber ist allerdings die *Angst vor Macht- und Kontrollverlust* sehr stark ausgeprägt und überwiegt im Machtmotiv deutliche die (ambivalente, selbstunsichere) Hoffnung auf Einfluss und Kontrolle anderer.

Pathologische Aggressivität und Gewalt gegen Andere können sodann in generalisierter Form in vielen Lebensbereichen oder aber in ausgewählten Lebensbereichen (wie etwa häusliche Gewalt) manifest werden (siehe Abbildung 2). Verbunden sein kann dies mit *einer spezifischen Persönlichkeitsstörung* (etwa der antisozialen Persönlichkeitsstörung oder bestimmten Persönlichkeitsprofilen; vgl. etwa Dutton, 1988; Holtzworth-Munroe et al., 2000, 2003; Kraus, 2003; Swogger et al., 2007), die stets mit Narzissmus und Selbst-(wert)unsicherheiten kovariieren, einer *Störung der Impulskontrolle,* einer *intermittierenden explosiblen Störung* oder einer *Anpassungsstörung mit Störung des Sozialverhaltens* (siehe hierzu etwa Krampen, 2009). *Alkohol- und/oder Drogenabhängigkeit* sind häufiger komorbide (vgl. etwa Fals-Stewart et al., 2005; Zobel, 2005), und/oder situativer Alkohol- und/oder Drogenabusus treten gehäuft auf (Klostermann & Fals-Stewart, 2006).

3.5 Transition und Chronifizierung biopsychosozialer Faktoren im Lebenslauf

Transitionen können die Kontinuität sozialer und struktureller Risiko- und Schutzfaktoren von der Kindheit über das Jugendalter bis in das Erwachsenenalter, also die gesamte Lebensspanne betreffen. Dazu gehört der Übergang von Störungen des Sozialverhaltens mit Beginn in Kindheit und Jugend zu spezifischen Persönlichkeitsstörungen oder anderen psychopathologischen Manifestationen im Erwachsenenalter sowie die intergenerationale Kontinuität von Alkohol- und/oder Drogenmissbrauch (Corvo & Carpenter, 2000). Auch ein „workfamily spillover" von Gewalt (Johnson et al., 2005; Melzer, 2002) kann ein durch die Berufswahl mitbedingter Transitionseffekt sein, der dann durch Strukturmerkmale von Berufstätigkeiten verstärkt werden kann.

Im Unterschied zu Transitionen beziehen sich Chronifizierungen auf biologische Korrelate erhöhter, pathologischer Aggressivität. Auch die psychologischen sowie psychodynamischen Prozesse, die mit Aggressivität und Gewalt gegen Andere einhergehen, können einer zunehmenden Verhärtung zu Gewohnheiten und damit einer Chronifizierung unterliegen (siehe Abbildung 2). Auch die intergenerationale Weitergabe von häuslicher Gewalterfahrungen zu Gewaltausübungen, die nach dem empirischen Theorienvergleich von Schulz et al. (2011) angemessener mit der sozialen Lerntheorie als mit der Selbstkontrolltheorie erklärt werden kann, ist ausgehend vom Modell-Lernen an Status-hohen, mächtigeren Personen über eigene Erprobungen und Habitualisierungen besser als Chronifizierung einzuordnen. Ähnliches gilt für bindungstheoretische Erklärungsversuche für Gewalt und Machtsmissbrauch in Familien (siehe Grossmann, 2000).

3.6 Zusammenwirken der biopsychosozialen Faktoren: Interaktionistische Verstärkung versus Kompensation

Das biopsychosoziale Bedingungsmodell zu Ursachen und aufrechterhaltende Faktoren von pathologischer Aggressivität, Machtmissbrauch und Gewalt in Familien impliziert als ein probabilistisches Diathese-Stress-Modell für die gesamte Lebensspanne sowohl Möglichkeiten der interaktionistischen Verstärkung als auch solche der interaktionistischen Kompensation der sozio-ökologischen und kulturellen, der sozialen und strukturellen, der biologischen sowie der psychologischen und psychopathologischen Faktoren. Damit liegt eine Heuristik von Risiko- und Schutzfaktoren für häusliche Gewalt vor, nach der die systematische Analyse und Identifikation von *Risiko- und Schutzfaktoren-*

Mustern in der interdisziplinären Forschungs- und Anwendungspraxis befördert wird.

Für die Anwendungs- und Forschungspraxis zu häuslicher Gewalt und Machtmissbrauch in Familien relevante Leitfragen beziehen sich etwa darauf, welche Schutzfaktoren dazu führen, dass trotz des Vorliegens von Risikofaktoren in vielen Familien keine häusliche Gewalt auftritt, welche einzelnen Risikofaktoren ggf. alleine dazu ausreichen können, bestimmte Missbrauchsformen und Opferarten zu begünstigen, welche Opfermerkmale bei welchen Mustern von Risiko- und Schutzfaktoren entscheidend sind, welche Muster von Risiko- und Schutzfaktoren multiple Täterschaft begünstigen etc. Auch Grundfragen der Prävention, Familienhilfe und Therapie lassen sich adäquater auf Risiko- und Schutzfaktoren-Mustern als auf einzelne Risikofaktoren oder deren kursorische und additive Zusammenstellung beziehen.

4 Prävention, Familienhilfe und Therapie

Sowohl für die Prävention als auch für die Behandlung von Machtmissbrauch in Familien *sind gesetzliche Regelungen für das Akuteingreifen und die Sanktionierung* unabdingbar notwendig (Bussmann, 2005; Klein, 2005; Tolan et al., 2006), wegen des komplexen Bedingungsgefüges aber auf keinen Fall hinreichend. Entsprechendes gilt für Notfallinstitutionen (wie Frauenhäuser, *Shelter*, Notfall-Telefone etc.; vgl. etwa Lempert, 2006; Wagner-Wies et al., 2005), wobei ihr Wert außer Frage steht und auch Einwänden deutlich überwiegt, nach denen durch sie die Opfer (zumeist Frauen und/oder Kinder) im doppelten Sinne Opfer werden, da sie als Gewaltopfer auch noch zusätzlich die eigene Wohnung (zumindest zeitweise) aufgeben müssen, wogegen Täter in ihrer gewohnten Umgebung bleiben können und so zumindest indirekt verstärkt werden. Der „Platzverweis" für Täter durch Ordnungs- und Rechtskräfte ist eine Alternative, die sinnvoll erscheint, aber nicht immer nachhaltig kontrollierbar und damit durchsetzbar ist.

Die Fülle von *Beratungs- und Therapieeinrichtungen* bei familiärer Gewalt sowie Präventionsmodelle gegen sie ist etwa für die Tradition des Kinderschutzes exemplarisch bei Wimmer-Puchinger (1995) zusammengestellt. Diese Angebote sind ein typisches Beispiel dafür, dass sich die meisten Interventionen auf eine ausgewählte, eine spezifische Form der häuslichen Gewalt und deren Opfer konzentrieren (vgl. etwa Dugan & Hock, 2008; Hartmann, 2010; Kirsch et al., 2011). Nur selten werden die Überlappung von Risikofaktoren-Mustern und Missbrauchsformen sowie der Bezug zur lebenslangen Entwicklung von

Personen und Familien (der Familienzyklus) beachtet. Auch sind empirische Nachweise ihrer Effektivität immer noch rar (vgl. hierzu Tolan et al., 2006). Die empirische *Befundlage zur Behandlung von Tätern* ist nach Tolan et al. (2006) gemischt. Gelingt es, die häufig anzutreffende Selbstpräsentation der Täter als nicht-aggressive, pflichtbewusste und rationale Menschen (vgl. hierzu etwa Anderson & Umberson, 2001; Krampen, 2009) zu reflektieren und reduzieren, so manifestieren sich Therapieerfolge mittel- und längerfristig im Aufbau von Empathie, Kommunikationsfertigkeiten und Verantwortungsübernahme für die eigenen Taten und deren Folgen sowie in einer Abnahme der oftmals zyklisch überhöhten emotionalen, unsicher-ambivalenten Bindung zu und Abhängigkeit von den Partner(innen) bzw. Kindern (Grossmann, 2000; Scott & Wolfe, 2000).

Befunde einer empirischen Praxisstudie zu Verlauf und Effekten ambulanter Einzelpsychotherapien nach dem Ansatz der Allgemeinen und Differentiellen Psychotherapie bei Männern, die psychische Störungen mit dem Leitsymptom einer stark erhöhten Aggressivität aufwiesen, weisen auf mittelfristige Therapieerfolge, die katamnestisch für fünf Jahre stabil blieben (Krampen, 2009). Neben klärungs-, problem- und ressourcen-orientierten Einzelsitzungen mit systematischen Variationen der Sitzungsfrequentierung und Therapeutenwechsel wurden Entspannungsverfahren (Autogenes Training bzw. Progressive Relaxation) vermittelt und von den Patienten im Lebensalltag eingesetzt. Die Methoden und Techniken aller Therapien waren an dem in Abbildung 2 dargestellten biopsychosozialen Bedingungsmodell zur Ätiologie und zu aufrechterhaltenden Faktoren von Gewalt und Aggressivität ausgerichtet und umfassten u.a. biographische Realnalysen und Problem-/Verhaltensanalysen, moralische Dilemmatechniken, freies Assoziieren und angeleitete Imaginationen, kognitives Umstrukturieren, Selbstkontrolltechniken, therapeutische Hausaufgaben, Rollenspiele und den Aufbau sozialer Fertigkeiten (siehe Krampen, 2009). Als günstig für den Therapieerfolg erwies sich vor allem auch der Einbezug einer nicht-devianten persönlichen Bezugsperson des Patienten. Bezugspersonen waren sowohl Freunde, Bewährungshelfer und Anwälte als auch Lebenspartnerinnen und (andere) Familienangehörige. Damit konnte zumindest zum Teil der Bezug zu einem familientherapeutischen Vorgehen bei Gewalttätern (vgl. hierzu etwa Jungbauer, 2009; Tolan et al., 2006) hergestellt und für die Behandlung genutzt werden.

Literatur

Anderson, K. L., & Umberson, D. (2001). Gendering violence: Masculinity and power in men's accounts of domestic violence. Gender and Society, 15, 358-380.

Anonymus (2006). Tackling violence against women and children. Lancet, 368(9543), 1393.

Appel, A. E., & Holden, G. W. (1998). The co-occurrence of spouse and physical child abuse. Journal of Family Psychology, 12, 578-599.

Bender, D., & Lösel, F. (2005). Misshandlung von Kindern: Risikofaktoren und Schutzfaktoren. In Deegener & W. Körner (Hrsg.), Kindesmisshandlung und Vernachlässigung (S. 680-708). Göttingen: Hogrefe.

Berry, J. W. (1995). Psychology of acculturation. In N. R. Goldberger & J. B. Veroff (Hrsg.), The culture and psychology reader (S. 457-488). New York, NY: New York University Press.

Bussmann, K.-D. (2005). Verbot elterlicher Gewalt gegen Kinder. In G. Deegener & W. Körner (Hrsg.), Kindesmisshandlung und Vernachlässigung (S. 243-258). Göttingen: Hogrefe.

Bussmann, K.-D., Erthal, C., & Schroth, A. (2011). Effects of banning corporal punishment in Europe. In J. Durrant & A. B. Smith (Hrsg.), Global pathways to abolishing physical punishment (S. 299-322). London: Sage.

Corvo, K., & Carpenter, E. H. (2000). Effects of parental substance abuse on current levels of domestic violence. Journal of Family Violence, 15, 123-135.

Dietz, T. L. (2000). Disciplining children. Child Abuse and Neglect, 24, 1529-1542.

Dugan, M. K., & Hock, R. R. (2008). Neu anfangen nach einer Misshandlungsbeziehung. Bern: Huber.

Dutton, D. G. (1988). Profiling wife assaulters: Preliminary evidence for a trimodal analysis. Violence and Victims, 3, 5-29.

Fals-Stewart, W., Leonard, K. E., & Birchler, G. R. (2005). The occurrence of male-to-female intimate partner violence on days of men's drinking: The moderating effect of antisocial personality disorder. Journal of Consulting and Clinical Psychology, 73, 239-248.

Fiol, E. B., & Pérez, V. A. F. (2004). Battered women: Analysis of demographic, relationship and domestic violence characteristics. Psychology in Spain, 8, 3-15.

Fruzzetti, A. E., & Lee, J. e. (2012). Multiple experiences of domestic violence and associated relationship features. In M. P. Duckworth (Ed.), Retraumatization (S. 345-378). New York, NY: Routledge.

Garcia-Moreno, C., Jansen, H. A., Ellsberg, M., Heise, L., & Watts, C. H. (2006). Prevalence of intimate partner violence: Findings from the WHO multi-country study on women's health and domestic violence. Lancet, 368(9563), 1260-1269.

Görgen, T., Kotlenga, S., Nägele, B., Rauchert, K., & Rabold, S. (2010). Sicher leben im Alter? Ergebnisse einer Studie und Konzept eines Aktionsprogramms zur Förderung der Sicherheit älterer Menschen. Kriminalistik, 11, 644-651.

Gover, A. R., & Bosick, S. J. (2011). Family deviance. In C. D. Bryant (Ed.), The Routledge handbook of deviant behavior (S. 329-336). New York, NY: Routledge.

Grossmann, K. (2000). Praktische Anwendungen der Bindungstheorie. In M. Endres & S. Hauser (Hrsg.), Bindungstheorie in der Psychotherapie (S. 54-80). München: Reinhardt.

Hardt, J., & Rutter, M. (2004). Validity of adult retrospective reports of adverse childhood experiences: Review of the evidence. Journal of Child Psychology and Psychiatry, 45, 260-273.

Hartmann, J. (Hrsg.). (2010). Perspektiven professioneller Opferhilfe. Wiesbaden: VS Verlag für Sozialwissenschaften Springer.

Heckhausen, H. (1989). Motivation und Handeln (2. Aufl.). Berlin: Springer.

Herbers, K. (2006). Macht, Nähe, Gewalt: (Sexuelle) Gewalt- und Tötungsdelikte im sozialen Nahraum. Kriminalistik, 60, 367-372.

Hightower, J. (2010). Abuse in later life. In G. Gutman & C. Spencer (Hrsg.), Aging, ageism, and abuse (S. 17-29). San Diego, CA: Elsevier.

Holtzworth-Munroe, A., Meehan, J. C., Herron, K., Rehman, U., & Stuart, G. L. (2000). Testing the Holtzworth-Munroe and Stuart (1994) batterer typology. Journal of Consulting and Clinical Psychology, 68, 1000-1019.

Holtzworth-Munroe, A., Meehan, J. C., Herron, K., Rehman, U., & Stuart, G. L. (2003). Do subtypes of maritally violent men continue to differ over time? Journal of Consulting and Clinical Psychology, 71, 728-740.

Hornbach, C., Schröttle, M., Khelaifat, N., Pauli, A., & Bohne, S. (2008). Gesundheitliche Folgen von Gewalt unter besonderer Berücksichtigung häuslicher Gewalt gegen Frauen. Gesundheitsberichterstattung des Bundes, Heft 42 (www.gbe-bund.de; Zugriff: 12.05.2012).

Johnson, M. P. (1995). Patriarchal terrorism and common couple violence. Journal of Marriage and the Family, 57, 283-294.

Johnson, L. B., Todd, M., & Subramanian, G. (2005). Violence in police families: Work-family spillover. Journal of Family Violence, 20, 3-12.

Jungbauer, J. (2009). Familienpsychologie kompakt. Weinheim: Beltz PVU.

Kassebrock, F., & Rühling, H. (2005). Individuelle und strukturelle Gewalt gegen Kinder und Jugendliche mit einer Behinderung. In G. Deegener & W. Körner (Hrsg.), Kindesmisshandlung und Vernachlässigung (S. 171-185). Göttingen: Hogrefe.

Kiesling, B. (2010). Sie küssen und sie schlagen sich. Gießen: Psychosozial-Verlag.

Kirsch, V., Fegert, J. M., Seitz, D. C., & Goldbeck, L. (2011). Traumafokussierte Verhaltenstherapie (Tf-KVT) bei Kindern und Jugendlichen nach Missbrauch und Misshandlung. Kindheit und Entwicklung, 20, 49-59.

Kiselica, M. S., & Morrill-Richards, M. (2007). Silbing maltreatment. Journal of Counseling and Development, 85, 148-160.

Klees, E. (2010). Prävention innerfamiliären sexuellen Missbrauchs unter Geschwistern. In R. Rychlik, W. Kirch, M. Middeke, & E. Klees (Hrsg.), Aspekte der Prävention (S. 111-117). Stuttgart: Thieme.

Klein, I. (2005). Das Gesetz gegen häusliche Gewalt: Luxemburg. In H. Kury & J. Obergfell-Fuchs (Hrsg.), Gewalt in der Familie (S. 111-114). Freiburg i. Br.: Lambertus.

Klostermann, K. C., & Fals-Stewart, W. (2006). Intimate partner violence and alcohol use. Aggression and Violent Behavior, 11, 587-597.

Krampen, G. (2009). Psychotherapeutic processes and outcomes in outpatient treatment of antisocial behavior: An integrative psychotherapy approach. Journal of Psychotherapy Integration, 19, 213-230.

Kraus, H. (2003). Psychopathologie als diskriminierende Variable zwischen Männern, die gegenüber ihren Partnerinnen körperliche Gewalt ausübten: Zwei unterschiedliche MMPI Profilcluster. Psychotherapie Forum, 11, 113-120.

Küken, H., Hoffmann, J., & Voß, H.-G. (2006). Die Beziehung zwischen Stalking und häuslicher Gewalt. In J. Hoffmann & H.-G. Voß (Hrsg.), Psychologie des Stalking (S. 177-191). Frankfurt a. M.: Verlag für Polizeiwissenschaft.

Kurt, J. L. (1995). Stalking as a variant of domestic violence. Journal of the American Academy of Psychiatry and the Law, 23, 219-230.

Lambert, L. C., & Firestone, J. M. (2000). Economic context and multiple abuse techniques. Violence Against Women, 6, 49-67.

Laurent, A., & Derry, A. (1999). Violence of French adolescents toward their parents. Journal of Adolescent Health, 25, 21-26.

Lejoyeux, M., Zillhardt, P., Chieze, F., Fichelle, A., McLoughlin, M., Poujade, A., & Ades, J. (2002). Screening for domestic violence among patients admitted to French emergency service. European Psychiatry, 17, 479-483.

Lempert, J. (2006). Gewaltberatung und Tätertherapie. In F. M. Stemmler & R. Merten (Hrsg.), Aggression, Selbstbehauptung, Zivilcourage (S. 192-213). Köln: Edition Humanistische Psychologie.

Linares, L. O. (2006). An understudied from of intra-family violence: Silbing-to-silbing aggression among foster children. Aggression and Violent Behavior, 11, 95-109.

Lupri, E. (1990). Harmonie und Aggression: Über die Dialektik ehelicher Gewalt. Kölner Zeitschrift für Soziologie und Sozialpsychologie, 42, 474-501.

Maikovich, A. K., Jaffee, S. R., Odgers, C. L., & Gallop, R. (2008). Effects of family violence on psychopathology symptoms in children previously exposed to maltreatment. Child Development, 79, 1498-1512.

Markefka, M., & Billen-Klingbeil, I. (1989). Machtverhältnisse in der Ehe und ihre Folgen. In R. Nave-Herz & I. Billen-Klingbeil (Hrsg.), Handbuch der Familien- und Jugendforschung (Bd. 1, S. 345-360). Neuwied: Luchterhand.

Mayer, S., Fuhrer, U., & Uslucan, H. H. (2005). Akkulturation und intergenerationale Transmission in Familien türkischer Herkunft. Psychologie in Erziehung und Unterricht, 52, 168-185.

McGarry, J., Simpson, C., & Hinchliff-Smith, K. (2011). The impact of domestic abuse for older women. Health & Social Care in the Community, 19, 3-14.

Melzer, S. A. (2002). Gender, work, and intimate violence: Men's occupational violence spillover and compensatory violence. Journal of Marriage and Family, 64, 820-832.

Morelen, D., & Shaffer, A. (2012). Understanding clinical, legal, and ethical issues in child emotional maltreatment. Journal of Aggression, Maltreatment & Trauma, 21, 188-201.

Müller, U. & Schröttle, M. (2005). Lebenssituation, Sicherheit und Gesundheit von Frauen in Deutschland. Berlin: Bundesministerium für Familien, Senioren, Frauen und Jugend (www.bmfsfj.de/BMFSFJ/Service/Publikationen/; Zugriff: 12.05.2012).

Paterson, R., Luntz, H., Perlesz, A., & Cotton, S. (2002). Adolescent violence towards parents. Australian and New Zealand Journal of Family Therapy, 23, 90-100.

Patterson, M., & Malley-Morrison, K. (2006). A cognitive-ecological approach to elder abuse in five cultures: Human Rights and education. Educational Gerontology, 32, 73-82.

Pfeiffer, C., & Wetzels, P. (1997). Kinder als Täter und Opfer. KFN-Forschungsbericht Nr. 68 (www.kfn.de/Publikationen; Zugriff: 11.05.2012).

Pfeiffer, C., & Wetzels, P. (2000). Junge Türken als Täter und Opfer von Gewalt. KFN-Forschungsbericht Nr. 81 (www.kfn.de/Publikationen; Zugriff: 11.05.2012).

Pfeiffer, C., Wetzels, P., & Enzmann, D. (1999). Innerfamiliäre Gewalt gegen Kinder und Jugendliche und ihre Auswirkungen. KFN-Forschungsbericht Nr. 80 (www.kfn.de/Publikationen; Zugriff: 11.05.2012).

Rauchfleisch, U. (1992). Allgegenwart von Gewalt. Göttingen: Vandenhoeck & Ruprecht.

Raven, B. H., & Kruglanski, A. W. (1970). Conflict and power. In P. Swingle (Ed.), The structure of conflict (S. 69-109). New York, NY: Academic Press.

Roberts, G. L., Williams, G. M., Lawrence, J. M., & Raphael, B. (1998). How does domestic violence affect women's mental health? Women and Health, 28, 117-129.

Rohrbaugh, J. B. (2006). Domestic violence in same-gender relationships. Family Court Review, 44, 287-299.

Sampson, R. J., & Laub, J. H. (1994). Urban poverty and the family context of delinquency. Child Development, 65, 523-540.

Scheithauer, H., & Dele-Bull, H. (2009). Männer als Opfer von Gewalt. In N. Knoll, D. Kleiber, S. Grüsser & E. Brähler (Hrsg.), Tabuzonen der Frauen- und Männergesundheit (S. 189-208). Gießen: Psychosozial-Verlag.

Schlack, R., & Hölling, H. (2007). Gewalterfahrungen von Kindern und Jugendlichen im subjektiven Selbstbericht: Erste Ergebnisse aus dem Kinder- und Jugendgesundheitssurvey (KiGGS). Bundesgesundheitsblatt, Gesundheitsforschung, Gesundheitsschutz, 50 (5/6), 819-826.

Schmalt, H.-D. (1987). Power motivation and the perception of control. In F. Halisch & J. Kuhl (Hrsg.), Motivation, intention, and volition (S. 101-113). Berlin (Germany): Springer.

Schulz, S., Eifler, S., & Baier, D. (2011). Wer Wind sät, wird Sturm ernten: Die Transmission von Gewalt im empirischen Theorienvergleich. Kölner Zeitschrift für Soziologie und Sozialpsychologie, 63, 111-145.

Scott, K. L., & Wolfe, D. A. (2000). Change among batterers: Examining men's success stories. Journal of Interpersonal Violence, 15, 827-842.

Straka, S. M., & Montminy, L. (2008). Family violence: Through the lens of power and control. Journal of Emotional Abuse, 8, 255-279.

Strauss, M. A., Gelles, R. J., & Steinmetz, S. K. (1980). Behind closed doors: Violence in the American families. New York, NY: Anchor.

Stuart, G. L., Moore, T. M., Kahler, C. W., Ramsey, S. E., & Strong, D. (2005). Cigarette smoking, alcohol use and psychiatric functioning among women arrested for domestic violence. The American Journal of Addictions, 14, 188-190.

Surgarman, D. B., & Frankel, S. L. (1996). Patriarchal ideology and wife-assault: A meta-analytic review. Journal of Family Violence, 11, 13-40.

Swogger, M. T., Walsh, Z., & Kosson, D. S. (2007). Domestic violence and psychopathic traits. Aggressive Behavior, 33, 253-260.

Teegen, F., & Schriefer, J. (2002). Beziehungsgewalt: Posttraumatische Belastungsstörungen misshandelter Frauen. Psychotherapeut, 47, 90-97.

Tolan, P., Groman-Smith, D., & Henry, D. (2006). Family violence. Annual Review of Psychology, 57, 557-583.

Trunk, D. (2010). Kindesmisshandlung: Ein Abriss. Verhaltenstherapie, 20, 11-18.

Wagner-Wies, V., Ronkar, C., Strasser, O., & Blitgen, M. (2005). Service d'Assistance aux victimes de Violence Domestique in Luxemburg: Konzeption und erste Erfahrungen. In H. Kury & J. Obergfell-Fuchs (Hrsg.), Gewalt in der Familie (S. 115-120). Freiburg i. Br.: Lambertus.

Walsh, C. A., Ploeg, J., Lohfeld, L., Horne, J., MacMillan, H., & Lai, D. (2007). Violence across the lifespan. British Journal of Social Work, 37, 491-514.

Wimmer-Puchinger, B. (1995). Erziehungsgewalt: Die Schlüsselrolle der Familie. In K. Hurrelmann, W. Wilken & C. Palentien (Hrsg.), Anti-Gewalt-Report (S. 79-93). Weinheim: Beltz.

Wendler, E. (2005). Kindesmisshandlung und Vernachlässigung in Migrantenfamilien. In G. Deegener & W. Körner (Hrsg.), Kindesmisshandlung und Vernachlässigung (S. 186-197). Göttingen: Hogrefe.

Yilmaz, A. T., & Battegay, R. (1997). Gewalt in der Partnerschaft bei Immigrantinnen aus der Türkei. Der Nervenarzt, 68, 884-887.

Zobel, M. (2005). Misshandlung und Vernachlässigung durch süchtige Eltern. In G. Deegener & W. Körner (Hrsg.), Kindesmisshandlung und Vernachlässigung (S. 155-170). Göttingen: Hogrefe.

Aspekte des Machtmissbrauchs in Pflegeheimen

Pflege zwischen Fürsorge und Gewalt

Wolfgang Billen

Übersicht

1 Was ist Gewalt?
2 Konkrete Formen von Gewalt in der institutionellen Altenpflege
3 Ansätze zur Gewaltreduktion
4 Elektronische Hilfsmittel und totale Überwachung
5 Luxemburger Studie zu freiheitsentziehenden Maßnahmen (FEM)
6 Aufdecken von Machtmissbrauch und Gewalt

> Die Gewalt
>
> Die Gewalt fängt nicht an,
> wenn Kranke getötet werden.
> Sie fängt an, wenn einer sagt: „Du bist krank.
> Du musst tun, was ich sage."
>
> Erich Fried (1985)

Altenpflegeeinrichtungen sind (leider) immer wieder klassische Beispiele für Macht und deren Missbrauch in Institutionen. Gerade angesichts der demographischen Entwicklung und der damit fast zwangsläufig verbundenen Zunahme von Menschen mit dementiellen Erkrankungen, wird das Thema Macht und die vielfältigen Arten des personellen wie strukturellen Missbrauchs, die sich in unterschiedlichsten Anwendungen von Gewalt und Freiheitseinschränkungen zeigen, verstärkt gesamtgesellschaftlich diskutiert werden müssen.

Macht und Gewalt in der Pflege sind bisher leider selten Thema der öffentlichen Debatte. Einzelne „Skandale" bestimmten ab und zu für einige Tage die Schlagzeilen der Medien, aber insgesamt ist das öffentliche Interesse gering und die Problematik wird nach wie vor tabuisiert. Dabei ist Macht und Gewalt Alltag, sowohl in der häuslichen Pflege, als auch im institutionellen Bereich. Die Dunkelziffer ist hoch und erkennbar ist sicherlich nur die Spitze des Eisberges. Es gibt Gewalt, die als solche erkannt und geahndet wird. Es gibt aber auch Gewalt, die subtil ist, oder die nicht einmal als solche bewertet wird. Es gibt Gewalt, die Bestandteil alltäglicher, gesellschaftlich tolerierter und teilweise auch geforderter Pflege ist. Pflegekräfte sind oft in der Zwickmühle Gewalt anwenden zu müssen, um ihrem Pflegeauftrag und den Anforderungen des medizinischen Dienstes der Krankenkassen gerecht werden zu können. Dabei soll Kranken- und Altenpflege doch Gutes tun. So ist es idealtypisch, verkörpert in Bildern einer Mutter Theresa oder Florence Nightingale[1].

In diesem Beitrag wird aufgezeigt, wo Gewalt in der Pflege auftritt, wie sich Macht und Missbrauch in der Altenpflege zeigt und was das Spannungsfeld zwischen Fürsorge und Gewalt für Pfleger und Gepflegte bedeutet. Ergänzend werden einzelne Ergebnisse der Studie „Freiheitsentziehende Maßnahmen in Luxemburger Altenpflegeheimen" (Billen, 2010, 2012) erläutert.

Man stelle sich einmal vor, in einem Kindergarten oder in einer Schule würden die Erzieherinnen oder Lehrerinnen die Kinder jeden Tag über Stunden einsperren, sie demütigen, mit Missachtung strafen, ihnen Beruhigungsmittel verabreichen, damit sie nicht so viel durch die Gegend laufen, sie sozial isolieren, eine eingekotete Hose nicht direkt wechseln usw.

Ein Aufschrei würde durch das Land hallen, die Titelseiten der Zeitungen würden in großen Lettern den Missstand anprangern, über Fernsehen und Internet würden sich besorgte Bürgerinnen und Bürger zu Wort melden und sofortige Konsequenzen fordern.

Wie aber sieht es in Institutionen aus, in denen die dort betreuten Menschen siebzig, achtzig oder noch mehr Jahre alt sind?

Noch vor zehn oder zwanzig Jahren waren solche Missstände in der institutionellen Altenpflege an der Tagesordnung. Es hat zwar in den vergangenen Jahren ein Paradigmenwechsel stattgefunden, es gilt nicht mehr nur „Warm-Satt-Sauber" als Hauptziele einer professionellen Altenpflege. Die Ziele haben sich geändert, aber es haben sich auch die Rahmenbedingungen geändert. Die Zahl alter Menschen, die in einer Altenpflegeeinrichtung versorgt werden müssen, steigt stetig an. Gleichzeitig wächst der ökonomische Druck auf die Einrichtungen und es mangelt an qualifiziertem Personal. Vor allem bei der Arbeit mit Menschen mit Demenz zeigt sich, wie wichtig gut ausgebildetes Personal ist. Diese Arbeit ist Facharbeit und sie erfordert Facharbeiter.

---

[1] Florence Nightingale (1820-1910) gilt als Begründerin der modernen westlichen Krankenpflege

Macht und Gewalt sind auch heute immer noch an der Tagesordnung, wie am Beispiel von freiheitsentziehenden Maßnahmen gut dokumentiert werden kann. Unter dem Titel: „Fesselnde Fürsorge" zur Redufix-Kampagne[2] werden die Auswirkungen von freiheitsentziehenden Maßnahmen folgendermaßen beschrieben: „Eine ganze Nacht auf dem Rücken liegend, mit sehr eingeschränkter Möglichkeit sich seitlich zu drehen, sich wenn nötig am Fuß zu kratzen oder die Beine anzuwinkeln, für die meisten Menschen ist das der Alptraum. Etwa 50.000 Menschen in der Bundesrepublik erleben ihn Nacht für Nacht: Durch einen Bauchgurt an der Matratze angeschnallt, bei Bedarf zusätzlich an Armen und Beinen fixiert. Nicht für Minuten oder ausnahmsweise. Vielmehr: Über Stunden und Jahre." Das bedeutet in der Altenpflege konkret: Bis zum Lebensende!

Diese Praxis zeigt die totale Macht der Institution in der Altenpflege. Hier werden Menschen mit brachialer Gewalt in ihrem natürlichen Bewegungsdrang behindert. Es wird zwar das Argument des Selbstschutzes vorgeschoben, aber dass diese Fixierungen selbst schwerste Verletzungen bis hin zur Strangulation mit Todesfolge nach sich führen können, wird nicht zur Kenntnis genommen. Langzeitfolgen und psychische Traumata werden ignoriert.

Es gibt zwar in Deutschland gesetzliche Regelungen, wann und wie solche Maßnahmen angewandt werden dürfen. Die Unterschiede in der Anwendungspraxis sind aber sehr groß. In Deutschland geht man von einer Fixierungsrate von 26- 42 % in Pflegeheimen aus (Köpke & Meyer, 2008, Klie et al., 2005), international von 41-64 % (nach einer Analyse von Studien zwischen 1999 und 2004 von Hamers & Huizing, 2005).

Es gibt oft nicht einmal die Erkenntnis, dass hier Gewalt ausgeübt und Opfer geschaffen werden. Dies zeigt sich auch im Sprachgebrauch im Pflegealltag. So wird aus einer Fixierdecke eine „Kuscheldecke", aus freiheitsentziehenden Maßnahmen werden „selbstschützende Maßnahmen", elektronische Überwachungssysteme werden vom Hersteller als „Schutzengelsysteme" angepriesen und verkauft. Sicherlich dienen diese Euphemismen auch dazu das Aufkommen von Schuldgefühlen zu vermeiden. In der Regel möchte niemand bewusst dem alten Menschen Gewalt antun, schließlich hat man einen sozialen Beruf ergriffen, um zu helfen.

Vielfach wird fehlenden finanziellen und personellen Ressourcen die Schuld an den herrschenden Zuständen in der Altenpflege gegeben. Dies ist aber nur bedingt richtig, wie der Blick auf andere Länder zeigt. In Luxemburg stehen den Altenpflegeeinrichtungen aufgrund einer finanziell besser ausgestatteten Pflegeversicherung wesentlich mehr Mittel zur Verfügung. Trotzdem finden sich die gleichen Mechanismen wie in Deutschland. In puncto freiheitsentziehende

---

[2] Redufix ist ein Projekt der Ev. Fachhochschule Freiburg und des Robert-Bosch Krankenhauses Stuttgart mit dem Ziel der Reduktion körpernaher Fixierungen in Altenpflegeheimen

Maßnahmen ist die Prävalenzrate sogar noch höher, obwohl wesentlich mehr qualifiziertes Personal in den Einrichtungen arbeitet, wie die Luxemburger Studie zeigen konnte.

Wenn es um Macht und Missbrauch in Institutionen der Altenpflege geht, dann geht es vor allem um die Frage nach unser aller Bild des alten Menschen und unserem Verständnis von Gewalt. Wie geht unsere Gesellschaft mit alten Menschen um, was sind sie uns noch „wert", was billigen wir ihnen zu, wenn sie nicht nur alt, sondern vielleicht auch krank sind, an Demenz leiden und zunehmend ihre Autonomie und Selbstständigkeit verlieren. Deshalb wäre es auch falsch, den Pflegerinnen und Pflegern alleine die Schuld an diesen Formen von Gewalt zuzusprechen. Sie bewegen sich tagtäglich auf dem schmalen Grat zwischen pflegerischen Notwendigkeiten, den Anforderungen der Vorgesetzten, den Erwartungen der Familien, den Anordnungen der Ärzte und letztendlich den Wünschen des Menschen, um den es eigentlich geht. Oft wird das Bedürfnis des betroffenen Menschen als Letztes in Betracht gezogen. Weil, und das ist das perfide daran, er oder sie sich nicht mehr äußern oder gar wehren kann.

1 Was ist Gewalt?

Was mit dem Begriff in diesem Zusammenhang gemeint ist kann durch folgende Definitionen verdeutlicht werden:

1. Bei Gewalt gegen ältere Menschen handelt es sich um eine einmalige oder wiederholte Handlung im Rahmen einer Vertrauensbeziehung oder um die Unterlassung geeigneter Maßnahmen, die älteren Menschen Schaden oder Leid zufügen. (WHO, 2003)
2. Gewalt ist jedes Handeln, welches potentiell realisierbare grundlegende menschliche Bedürfnisse (Überleben, Wohlbefinden, Entwicklungsmöglichkeit, Identität und Freiheit) durch personelle, strukturelle oder kulturelle Determinanten beeinträchtigt, einschränkt oder deren Befriedigung verhindert. (Galtung, 1975)
3. Gewalt ist eine vermeidbare Beeinträchtigung menschlicher Grundbedürfnisse mit multifaktoriellen Entstehungsbedingungen, die veränderbar sind und zum Handeln auffordern. (Hirsch, 2009)

Es gibt viele Möglichkeiten (alten) Menschen Gewalt anzutun. Galtung (1975) unterscheidet diesbezüglich drei Ebenen auf denen sich Gewalt abspielen kann: Strukturell (prozesshaft), Kulturell (invariant) und Personell (aktuell). Monique Weissenberger- Leduc und Anja Weiberg (2011) formulieren treffenderweise:

Aspekte des Machtmissbrauchs in Pflegeheimen

„…besteht ein weiterer Unterschied zwischen personeller und struktureller Gewalt in der Dynamik: Personale Gewalt steht für Veränderung und Dynamik – sie ist nicht nur eine sanfte Bewegung der Wellen, sondern bewegt selbst die sonst stillen Wasser. Strukturelle Gewalt ist geräuschlos, sie zeigt sich nicht – sie ist im Grunde statisch, sie ist das stille Wasser."

Die meisten Übergriffe gegen alte Menschen ereignen sich im sog. sozialen Nahraum, d.h. Opfer und Täter kennen sich meist, stehen in einer familiären oder pflegerischen Beziehung.

2 Konkrete Formen von Gewalt in der institutionellen Altenpflege

Im Rahmen der alltäglichen Pflege kann sich Gewalt in folgenden Pflegesituationen entwickeln:

- *Kommunikation:* Über den Kopf des Patienten hinweg reden, schimpfen, ignorieren, nicht antworten, bevormunden, duzen, „Babytalk"
- *Bewegung:* Fixieren oder gegen den Willen mobilisieren, falsche Hilfestellungen, unangemessenes Anfassen, den ganzen Tag sitzen lassen
- *Körperpflege:* Körperpflege gegen den Willen, ruppiges Handeln, bei der Körperpflege zu kaltes oder zu heißes Wasser verwenden, unangemessene Berührungen im Intimbereich, unangemessen langes Belassen in unbekleidetem Zustand
- *Ausscheidung:* Unnötige Katheterisierung oder nicht notwendiges Anlegen einer Windelhose, „Liegen lassen" im Urin oder Kot, zu lange auf der Toilette warten lassen, Thematisierung der Inkontinenz im Beisein anderer Bewohner oder Besucher
- *Essen und Trinken:* Einflößen von Essen und Trinken unter Zwang, zu rasches Anreichen des Essens, Mahlzeiten vergessen, Vorenthalten von notwendigen Hilfsmitteln oder auch unnötiges Aufdrängen von Hilfsmitteln, unangemessene Kostformen (Brei), zu langer Zeitraum zwischen Abendessen (z.B. 17.00 Uhr) und Frühstück (10.00 Uhr)
- *Soziales Leben:* Personen nicht wahrnehmen, Kontakte zu anderen unterbinden, Radio oder Fernseher ungefragt an- oder ausschalten, nicht an Aktivitäten teilhaben lassen, isolierte Sitzposition im Aufenthaltsraum
- *Ruhe und Schlafen:* Störungen im Tag-Nacht-Rhythmus, zu frühes Wecken und Waschen, medikamentöse Ruhigstellung ohne medizinische Indikation, unnötige Störungen der Nachtruhe (Kontrollgänge, Wechseln des Inkontinenzmaterials)

Diese potentiellen „Tatfelder" machen deutlich, wie alltäglich Gewalt in der Pflege vorkommen kann. Es sind Alltagssituationen, in denen Pflegekräfte ihrem Arbeitsauftrag gerecht werden müssen. Zum Beispiel:

- Es soll Essen angereicht werden, damit der Betroffene nicht weiter an Gewicht verliert, obwohl der alte Mensch vielleicht keine Lust zum Essen hat
- Der Arzt verlangt, dass der alte Mensch mindestens 1500ml am Tag trinken soll, der Betroffene schiebt das Glas aber immer wieder zur Seite
- Die Angehörigen erwarten, dass der alte Mensch „sicher aufgehoben" ist, der Betroffene möchte andauernd aufstehen, obwohl er nicht mehr gehen kann und stürzt
- Eine Inkontinenzeinlage („Pampers") müsste dringend gewechselt werden, da der alte Mensch eingekotet hat. Er wehrt sich aber gegen die pflegerische Maßnahme
- Mitbewohner und Angehörige beschweren sich über den penetranten Geruch eines Bewohners. Dieser will sich aber partout nicht waschen und die Kleidung wechseln.

Manchmal gelingt es den Pflegekräften nach einiger Zeit eine „sanfte" Lösung zu finden: Vertrauen schaffen, Vorlieben bzw. Abneigungen erkennen, den richtigen Moment wählen, das Ziel oder die Maßnahme zu überdenken usw. Aber es kommt häufig vor, dass Pflegekräfte „sanfte" oder auch rabiatere Gewalt anwenden, um das (manchmal scheinbar) Notwendige tun zu können.

Es gibt erst wenige Untersuchen und kaum genaue Zahlen über das Vorkommen von Gewalt in der Pflege. Die Dunkelziffer wird groß sein. Allerdings lässt eine Studie von Görgen (2011) ahnen, wie häufig Gewalt gegen alte Menschen vorkommt. In dieser Studie wurden qualitative Interviews mit 80 Pflegenden aus acht stationären Einrichtungen geführt. Davon gaben 80 % an, in den letzten 12 Monaten Misshandlungen oder Vernachlässigungen begangen zu haben. Verbale Aggression und Vernachlässigung sind dabei die am häufigsten genannten Gewaltformen. Bewohner werden ignoriert, angeschrien, zurückgewiesen. 66 % der Befragten gaben an Zeuge von Gewalthandlungen gewesen zu sein. 19,8 % der Interviewten gaben an selbst körperlich misshandelt zu haben, 21 % waren Beobachter einer körperlichen Misshandlung durch einen Kollegen. 37 % haben selbst psychische Misshandlung oder verbale Aggression ausgeübt, 56,8 % waren Beobachter solcher Übergriffe. 14,8 % haben mechanische Freiheitseinschränkungen bewusst missbräuchlich eingesetzt, 11,1 % haben es beobachtet. 12,3 % der Pflegekräfte haben missbräuchlich Medikamente zur Freiheitseinschränkung, sprich Sedierung, gegeben, 21 % haben dies beobachtet.

Jeweils ca. 30-40 % haben selbst oder als Beobachter pflegerische oder psychosoziale Vernachlässigungen begangen bzw. beobachtet. Über die Hälfte der Befragten (56,8 %) sind paternalistisch oder infantilisierend mit den Bewohnern umgegangen, 77,8 % haben es bei Kollegen erlebt.

Eine US-amerikanische Befragung von Pflegekräften Ende der 80er Jahre ergab eine hohe Prävalenzrate von seelischer und körperlicher Misshandlung. Dabei zeigte sich, dass diejenigen, die gewalttätig geworden waren, unzufriedener mit ihrem Beruf und ihren Arbeitsbedingungen waren. Sie neigten dazu die Heimbewohner wie Kinder zu behandeln, mit ihnen in Quasi-Babysprache zu sprechen, sie als unmündig zu betrachten, und sie zeigten stärkere Symptome des sog. Burnout mit den Leitsymptomen eines verringerten Leistungsvermögens, der Arbeitsunzufriedenheit und einer Tendenz zur starken Abgrenzung gegenüber den Patienten

Einige Erklärungsansätze für Gewalt in der Pflege gehen davon aus, dass gegenwärtige Veränderungen der Zusammensetzung der Bewohnerschaft stationärer Einrichtungen (höheres Eintrittsalter, stärkere körperliche wie geistige Beeinträchtigung) die Belastungen der Pflegenden bei gleichzeitig erhöhter Opferanfälligkeit der Pflegebedürftigen verstärken.

Neben der Überlastung der Pflegenden können laut Görgen (2011) folgende Faktoren als gewaltfördernd genannt werden: die Misshandlung und Vernachlässigung alter Menschen als in Persönlichkeit und die Biographie der jeweiligen Täter wurzelnde Delikte, die in professionelle und institutionelle Subkulturen eingebettete Handlungsmuster als Ausdruck des Machtgefälles zwischen Pflegebedürftigen und Pflegenden und der gleichzeitigen Dialektik von Macht und Ohnmacht, sowie als Ergebnis mangelnder formeller und informeller Kontrolle.

3   Aufdecken von Machtmissbrauch und Gewalt

Es ist davon auszugehen, dass die Dunkelziffer von Gewaltanwendungen in Altenpflegeeinrichtungen sehr hoch ist. Es ist dabei sehr von der Kommunikations- und Fehlerkultur einer Einrichtung abhängig, ob z.B. Mitarbeiter ihre Vorgesetzte über Gewaltanwendungen von Kollegen informieren. Viele Mitarbeiter möchten ihre Kollegen nicht denunzieren, auch aus Angst vor Mobbing.

Noch schwieriger haben es alte Menschen selbst, ihre am eigenen Körper erlebte Gewalt mitzuteilen. Görgen (2011) nennt Faktoren, die eine Mitteilung bzw. Aufdeckung erschweren:

Erinnerungen und wahnhafte Vorstellungen überlagern und vermischen sich bei demenzkranken Bewohnern. Viele können sich schlecht oder gar nicht differenziert artikulieren. „Erinnerungen an Ereignisse, deren Zeuge die Person wurde, sind infolge geistiger Abbauprozesse nicht vorhanden oder nicht mehr verfügbar. Sofern es sich um Angehörige des Pflegepersonals als Täter handelt, sind die alten Menschen als Zeugen infolge ihrer Abhängigkeit von den Pflegekräften leicht einzuschüchtern und zu manipulieren. Pflegebedürftigen Heimbewohnern wird in der Regel eine geringe Glaubwürdigkeit zugesprochen."

Darin liegt eines der Hauptprobleme für die betroffenen alten Menschen. Ihre Aussagen werden schnell in Frage gestellt. Nicht nur bei offenen gewalttätigen Übergriffen. Das Vorliegen dementieller Abbauprozesse reduziert die ohnehin schon minimierte Selbstbestimmung des alten Menschen im Pflegeheim gegen Null. Zu leichtfertig wird diesen Menschen abgesprochen für sich selbst entscheiden zu können. Egal ob es um die Nahrungsaufnahme geht, die Einnahme von Medikamenten oder den Wunsch sich frei bewegen zu können, trotz möglicher Risiken. Dabei bedeutet die Diagnose „Demenz" nicht zwangsläufig, dass der Mensch nicht mehr entscheidungsfähig ist. Eine Demenz ist ein schleichender Prozess mit Höhen und Tiefen, die Formen von Demenz sind vielfältig und zeigen sich bei jedem Menschen anders. Es ist auch eine Form von Machtmissbrauch und Gewalt, wenn Menschen mit Demenz prinzipiell ein Selbstbestimmungsrecht verwehrt wird. Menschen, die an Demenz erkrankt sind, können je nach Krankheitsausprägung durchaus noch Entscheidungen treffen. Sie haben auch das Recht sich anders zu entscheiden, als z.B. Ärzte oder Pfleger es für richtig halten. Auch Menschen ohne Demenz treffen falsche Entscheidungen, riskieren ihre Gesundheit oder nehmen nicht alle Medikamente, die der Arzt ihnen verschrieben hat. Es gibt kein Leben ohne Risiko.

4 Luxemburger Studie zu freiheitsentziehenden Maßnahmen (FEM)

In dieser 2009 durchgeführten Studie wurden etwa 900 Pflegekräfte in Luxemburger Altenpflegeheimen zum Umgang mit freiheitsentziehenden Maßnahmen befragt. Ca. 250 Pflegekräfte haben geantwortet und somit eine statistisch relevante Basis für die Auswertung der Daten geliefert.

Man spricht in diesem Zusammenhang von freiheitsentziehenden Maßnahmen, wenn ein Mensch gegen seinen natürlichen Willen durch mechanische Vorrichtungen (Bettgitter, Gurte, verschlossene Türen u.a.), Medikamente (Neuroleptika, Sedativa) oder auf andere Weise in seiner Fortbewegungsfreiheit behindert wird.

Begründet wird dies meist mit dem angeblichen Schutz vor Stürzen oder sonstiger Eigen- oder Fremdgefährdung. Betroffen sind in der Regel Menschen mit Demenz. Unbeachtet bleiben in dieser Abwägung zwischen Schutz und Freiheitseinschränkung aber die enormen Gefahren, die von den zur Anwendung kommenden Mitteln selbst ausgehen: körperliche Schäden (Strangulation und Ersticken, Hautabschürfungen), Folgen der Immobilisation (Inkontinenz, Druckgeschwüre, Verschlucken und folgender Lungenentzündung, Kontrakturen und vollkommene Immobilität) und nicht zu vergessen psychische Schäden. Menschen mit Demenz haben meist nicht die rationale Einsicht in die angeblich notwendigen Fixierungsmaßnahmen, sie „verstehen die Welt nicht mehr", sie verzweifeln, sie wehren sich oder flüchten in Apathie, werden depressiv. Ein Teufelskreislauf, aus dem sie kaum noch ausbrechen können.

Im Unterschied zu vielen anderen Ländern gibt es in Luxemburg keinen rechtlichen Rahmen für die Anwendung von freiheitsentziehenden Maßnahmen in der Altenpflege. Interessant ist die Tatsache, dass die Pflegekräfte in Luxemburg zu je einem Drittel aus Luxemburg selbst, bzw. aus Deutschland und Frankreich kommen. Sie haben unterschiedliche Ausbildungen und kommen aus verschiedenen „Pflegekulturen".

In Luxemburg sind 56 % der Pflegeheimbewohner freiheitsentziehenden Maßnahmen ausgesetzt (Deutschland 25-45 %). Dabei ist die Schwankungsbreite zwischen verschiedenen Institutionen bzw. Wohnbereichen in Pflegeheimen enorm groß: zwischen 11 % und nahezu 100 % (nur auf Gurte und Bettgitter bezogen). Allein 42 % (n=465) der Pflegeheimbewohner waren in geschlossenen Bereichen untergebracht. Dies, obwohl viele dieser Menschen nicht unter Vormundschaft sind oder es gar eine richterliche Anordnung hierzu gäbe, wie dies z.B. in Deutschland erforderlich ist. Diese Situation ist rechtlich wie menschlich nicht haltbar.

Die in dieser Studie gewonnenen Ergebnisse zur Situation der Mitarbeiter belegen das hohe psychische Belastungspotential, das freiheitsentziehende Maßnahmen für die Mitarbeiter bedeuten. Die Entscheidung für oder wider den Einsatz von freiheitsentziehenden Maßnahmen und das Erleben der Reaktionen des betroffenen alten Menschen (Versuche sich zu „befreien", Hilferufe, Panikattacken usw.) belasten die Pflegekräfte enorm.

Bemerkenswert ist in diesem Zusammenhang auch die Einschätzung der Mitarbeiter, was überhaupt eine freiheitsentziehende Maßnahme ist. Für viele Pflegekräfte stellen eindeutige Freiheitsbeschränkungen keine freiheitsentziehende Maßnahme dar. Wenn es aber für diese Pflegekräfte keine freiheitsentziehende Maßnahme ist, ist es für sie möglicherweise auch keine Gewalt und kein Missbrauch. Diese Zahlen sind mit die alarmierendsten Ergebnisse dieser Studie. Die Tatsache, dass z.B. 22,8 % der Mitarbeiter im Einschließen eines Bewohners in seinem Zimmer keine freiheitsentziehende Maßnahmen sehen, wirft die Frage nach dem Grundverständnis von Menschenwürde und Freiheit dieser Pflegekräfte und den Institutionen, wie der Gesellschaft insgesamt auf. Für die anderen Arten von freiheitsentziehenden Maßnahmen gilt Ähnliches.

In vielen Fällen wird also Gewalt und Missbrauch von den Akteuren überhaupt nicht als solches gewertet. Dies mag u.U. ein Schutzreflex sein, um selbst nicht „schuldig" zu werden, kann aber auch in der Interpretation des Pflegeauftrages bedingt sein. Die meisten freiheitsentziehenden Maßnahmen werden, folgt man den expliziten Gründen die zur Anwendung genannt werden, aus Fürsorge für den betroffenen alten Menschen angewandt oder um den betreffenden Menschen vor konkretem Schaden zu bewahren (Sturzprophylaxe, Selbstgefährdung u.a.).

Es gibt aber noch andere, implizitere Motive. 33,3 % der Mitarbeiter geben an freiheitsentziehende Maßnahmen anzuwenden *„weil der Bewohner mir keine andere Wahl lässt"*. Hier wird der Bewohner zum Schuldigen gemacht, er ist selber schuld, wenn er jetzt fixiert werden muss. Dies ist eine geradezu klassische Schuldzuweisung, wenn es darum geht Gewalt an „Schutzbefohlenen" zu rechtfertigen. Es zeigt aber auch, wie hilflos die Pflegenden in diesen Situationen sind. Dies wird auch deutlich in der Aussage, dass 16,6 % als Grund für die Anwendung von freiheitsentziehenden Maßnahmen angeben: *„weil ich mich manchmal überlastet fühle"*. Oder wenn 20,9 % sagen *„weil es manchmal die einfachere Lösung ist"*.

Der Vergleich der Aussagen von Mitarbeitern und Leitungskräften von Wohnbereichen zeigte, dass die Fixierungsrate in der Praxis wesentlich höher ist, als von den Leitungskräften angegeben. So haben z.B. alle Leitungskräfte (n=18) angegeben, dass auf ihren Wohnbereichen niemand im Zimmer eingeschlossen wird. Dagegen gaben 20 % der befragten Pflegekräfte an, innerhalb der letzten vier Wochen diese Fixierungsmaßnahme angewandt zu haben.

Die Entwicklung eines Burnouts ist einer der größten Risikofaktoren zur Anwendung von Gewalt. Die mit einem Burnout einhergehende Deshumanisierung des alten Menschen, die oft mit Babytalk und anderen Ageism einhergeht, senkt die Schwelle zur offenen oder verdeckten Gewaltanwendung in den vielfältigsten Arten, auch im Zusammenhang mit freiheitsentziehenden Maßnahmen.

Pflegende sind großen psychischen wie auch physischen Belastungen ausgesetzt. In den Institutionen hat sich außerdem in den vergangenen Jahren ein Populationswandel vollzogen. Die alten Menschen sind bei Eintritt in die Institution immer älter, immer multimorbider und leiden immer öfter an dementiellen Erkrankungen.

Die Pflege von Menschen mit Demenz stellt höchste Ansprüche und Anforderungen an das Pflegepersonal. Viele dieser Menschen sehen keinen Sinn in den gutgemeinten pflegerischen Arbeiten. Sie betrachten sie als Angriff auf sich und reagieren entsprechend mit Abwehrverhalten. Der Pflegende, der eigentlich etwas Gutes tun will, erhält in dieser Situation nicht, wie im Sinne der Austauschtheorie für eine Balance notwendig, positive Rückmeldung. Im Gegenteil:

die Pflegekraft wird nicht selten gekratzt, getreten oder geschlagen. Wenn dann noch Zeitknappheit und fehlendes oder schlecht ausgebildetes Personal dazu kommt und es keine Möglichkeiten zum Stressabbau und Burnoutprophylaxe gibt, dann ist die Anwendung von Gewalt vorprogrammiert. Auch die schlechte Bezahlung von Pflegekräften und die gesellschaftlich geringe Wertschätzung tragen zum Burnout bei. Wobei in Luxemburg sowohl die Bezahlung wesentlich besser ist als in den Nachbarländern, was besonders den Grenzgängern, also den Mitarbeitern aus Frankreich, Belgien und Deutschland, sehr hohe Gehälter beschert, als auch die Personalsituation viel besser ist als in den Nachbarländern.

Pflegekräfte, die dauerhaft überlastet sind und keine Hilfe erhalten, reagieren oft mit schweren Störungen, wie eben Aggression, Gewalttätigkeit, Misshandlung, Depression, psychosomatischen Erkrankungen, Alkohol- oder Medikamentenmissbrauch.

5 Elektronische Hilfsmittel und totale Überwachung

Auf der Suche nach Alternativen zu freiheitsentziehenden Maßnahmen kommen zunehmend elektronische Mittel zum Einsatz. Unter dem Begriff „assistive technology" werden im angloamerikanischen Sprachraum alle technischen Hilfsmittel zusammengefasst, die Menschen ermöglichen Dinge und Handlungen zu tun, die sie ohne diese Hilfsmittel nicht mehr machen könnten, aufgrund kognitiver, physischer oder kommunikativer Funktionseinschränkungen. Ziel ist es vielfach Autonomie zu erhalten und das Leben in der eigenen Wohnung zu ermöglichen. Man kann diese Hilfsmittel grob in folgende Bereiche aufteilen: Erinnerungshilfen, Kommunikationshilfen, Freizeit, Unterhaltung und Sicherheit.

Unter den Punkt „Sicherheit" fallen auch die Mittel, die zur Bewegungs- und Sturzkontrolle eingesetzt werden. Diese kann man grob unterteilen in Mittel zur Ortung (Locating), Bewegungskontrolle (Tracking) und Aufenthaltszonenüberwachung (Tagging). Abgleich, Organisation und Ortung der Überwachung erfolgt zunehmend über GIS (Geographic Information Systems). Oft lässt sich die Bewegungskontrolle von einzelnen Personen, auch über RFID-Chips, GPS (Global Positioning Systems), intelligente ID-Ausweise/Personalausweise, Transponder oder die Funksignale von Handys bzw. tragbaren Computern durchführen, wie z.B. heute schon üblich bei der Strafverfolgung, Grenzkontrolle oder am Arbeitsplatz (Ball & Wood, 2006).

In der konkreten Praxis in der Altenpflege handelt es sich dabei um z.B. Sensormatten (im Bett, vor dem Bett, auf dem Stuhl), Türkontakte, Bewegungsmelder, GPS- Systeme (anhand der Daten kann der Standort festgestellt werden),

Transponder-RFID-Systeme (ein Chip „antwortet" beim Anfunken auf einer bestimmten Frequenz), elektronische Chips (an der Kleidung, in den Schuhen, im Armband) und sonstige Zutrittskontrollen.

Eine besondere Form der Nutzung von Transpondertechnik (RFID) ist die Implantation von RFID-Sendern unter die Haut. Die US-amerikanische Firma PositiveID-Coporation (früher „VeriChip-Corporation"), bietet seit 2004 den ersten zur Implantation freigegebenen RFID-Transponder an und zwar explizit für die Implantation bei Menschen mit Demenz . Der Transponder befindet sich in einem etwa 12 mm langen und 2 mm dicken Glaszylinder, der beim Menschen üblicherweise oberhalb des Trizeps unter die Haut des rechten Armes eingepflanzt wird.

Es wird dabei gerne und leicht übersehen, dass auch die elektronische Kontrolle einen schweren Eingriff in die Menschenwürde des Individuums darstellt. Nicht umsonst wird im Strafvollzug von der elektronischen „Fußfessel" gesprochen. Diese elektronische Fußfessel bedarf einer juristischen Legitimierung. Um nichts anderes aber handelt es sich auch bei den entsprechenden Systemen zur Überwachung von Menschen mit Demenz.

Festzustellen ist allerdings, dass die Mitarbeiter in den Altenpflegeheimen den Einsatz dieser Mittel in dem meisten Fällen nicht als freiheitsentziehenden Maßnahmen betrachten. So haben in der Luxemburger Studie 65,7 % der Befragten angegeben, dass Weglaufsender und Chips für sie keine freiheitsentziehenden Maßnahmen darstellen. Gleiches gilt für 64,9 % der Befragten in Bezug auf Kontaktmatten und immerhin 38,9 % für Videoüberwachung und 48,6 % für akustische Überwachung.

Für diese Beurteilung elektronischer Hilfsmittel gibt es zwei Erklärungen. Erstens: die Sensibilität für die Bedeutung der Eingriffe dieser Mittel in die Privatsphäre und die Menschenrechte der betroffenen Menschen ist gering, da auch im Übrigen öffentlichen Raum die Akzeptanz von Überwachung und Datenkontrolle gewachsen ist, bzw. überhaupt nicht als Problem wahrgenommen wird (Zunehmende Videoüberwachung, elektronischer Personalausweis, Ganzkörperscanner an Flughäfen, Telefondatenspeicherung usw.). Dies ist sicherlich ein gesamtgesellschaftliches Phänomen, in dem sich auch kulturelle Unterschiede bemerkbar machen. In einer Literaturübersicht über ethische und praktische Bedeutungen von Überwachungstechnologien in Pflegeheimen für Menschen mit Demenz (Niemeyer et al., 2010) kommen die Autoren zu dem Ergebnis, dass es bemerkenswerte Unterschiede zwischen der amerikanischen Literatur und der europäischen Literatur gibt. In Großbritannien wird eher eine ethische Debatte geführt als in den USA.

Der zweite Grund für die Einschätzung des Pflegepersonals könnte sein, dass man die Maßnahme als Alternative für körpernahe freiheitsentziehende

Maßnahmen sieht und als „kleineres Übel" betrachtet. Die Nicht-Wertung als freiheitsentziehende Maßnahmen entbindet von einer kritischen Auseinandersetzung mit den Folgen der Anwendung dieser Hilfsmittel.

In der Debatte um den Einsatz von assistive technology in der Betreuung von Menschen mit Demenz werden in der anglo-amerikanischen Literatur vier Punkte als ethische Rahmenbedingungen genannt. Diese Rahmenbedingungen wurden erstmals von Beauchamp und Childress (1994) definiert und in der Folge von einer Reihe weiterer Autoren (Marshall, 2000; Bjorneby et al., 2004) in Verbindung mit der Nutzung neuerer technischer Mittel zur Unterstützung von Menschen mit Demenz gebraucht. Perry et al. (2010) führen diese Grundgedanken weiter aus.

- *Autonomie* (der Mensch muss eine Wahl haben): er muss entscheiden können, der Einsatz von assistiven Technologien kann Autonomie drastisch einschränken.
- *Beneficence* (es muss für den Menschen gut sein): es muss Schaden abgewendet werden, es muss Sicherheit vermitteln
- *Non-maleficence* (es darf dem Menschen nicht schaden): die Eingriffe in die Privatsphäre müssen im angemessenen Verhältnis zu den Vorteilen stehen
- *Justice* (Gerechtigkeit): die Belange des Einzelnen und der Gesellschaft müssen gleichermaßen berücksichtigt werden. Niemand darf zu Lasten des Anderen bevorteilt werden.

Im Bereich elektronischer Überwachung kommen folgende Punkte hinzu:

- *Privatsphäre, Ethik, Menschenrechte:* selbstverständlich hat auch der Mensch mit Demenz ein Recht z.B. auf Privatsphäre. Wie weit darf die Überwachung dann gehen? Wer wägt ab über die Grenzen? Muss ein Mensch mit Demenz immer und überall kontrollierbar sein?
- *Gesellschaftliche Ausgrenzung, Diskriminierung:* Was bedeutet es für einen Menschen sich mit einem Transponder-Medaillon oder Armband in der Öffentlichkeit zu bewegen? Wer entscheidet, welcher Mensch mit Demenz wohin gehen darf? Wie groß ist der „Auslauf" für diese Menschen? Wo dürfen sie sich beteiligen und wo sorgt der Chip für verschlossene Türen?
- *Wahlfreiheit, Macht und Ermächtigung:* Wer entscheidet den Einsatz dieser Mittel? Kann der Mensch mit beginnender Demenz wählen, ob er so etwas will oder nicht? Bis wann wird der Wille respektiert? Wer hat die Macht über den Einsatz und deren Rahmen?

- *Transparenz, Verantwortlichkeit:* Was geschieht mit den Daten? Wie wird Datenmissbrauch vermieden? Wer hat Zugang zu den Daten?

Dies sind nur einige wenige Fragen, die im Zusammenhang mit der Nutzung und Entwicklung elektronischer Systeme im Zusammenhang mit Menschen mit Demenz gestellt werden müssen.

Bredthauer skizziert auf der Tagung: „Technikeinsatz in der Pflege – ein Ausweg aus dem Spannungsfeld Sicherheit und Freiheit" am 26.5.2011 einen Entscheidungspfad, modifiziert nach The Norwegian Centre for Dementia Research (1999): „TeD" (Technology, Ethics and Dementia; EU Projekt).

Dieser Entscheidungsprozeß sieht folgende Schritte vor in der Frage des Einsatzes assistiver Technologien: Analyse der Lebenssituation der Person (z.B. mit Demenz), Analyse der Bedürfnisse und Bedarfe (Assessment), aktuelle Problemanalyse, Identifizierung potentieller Technologien, Abwägen der ethischen und rechtlichen Dilemmata, Beratung über konkrete technische Hilfen, eingebettet in Versorgungskonzept, Maßnahmenplan und Entscheidung („informed consent"), Schaffen der Rechtsgrundlage, Implementierung sowie Monitoring und Evaluation.

Auch „Alzheimer Europe" hat 2010 einen umfangreichen Report herausgegeben, der sich mit den ethischen Gesichtspunkten des Einsatzes assistiver Technologien beschäftigt und Rahmenempfehlungen und Handlungshilfen aufzeigt.

Es geht nicht darum den Einsatz moderner Technologien im Rahmen von Betreuung und dem Schutz von Menschen mit Demenz grundsätzlich zu verdammen. Es geht aber darum diese Mittel nicht unreflektiert anzuwenden, nur weil sie nicht nach einer freiheitsentziehenden Maßnahme aussehen und möglicherweise manches Risiko mindern.

Dies ändert aber nichts an dem prinzipiellen Eingriff in grundlegende Menschenrechte, die einer ethischen und juristischen Legitimation bedürfen. Früher war ein Fixiergurt aus Leder, heute steckt er in einem kleinen Sender.

6 Ansätze zur Gewaltreduktion

Es ergeben sich vier Haupteinflussfaktoren für die Anwendung bzw. Reduktion von Gewalt und freiheitsentziehenden Maßnahmen in der Altenpflege.

Die persönlichen Einstellungen der Pflegekraft, wie z.B. das eigene Verständnis zur Arbeit, Wertvorstellungen, Stereotype vom alten Menschen, Selbstreflektion, eigene Erfahrungen und Vorbilder, Umgang mit Stress sind relevante Prädiktoren. Hier können Fortbildung und Supervision wichtige Beiträge leisten.

Die Institution beeinflusst durch ihr Verständnis und ihre Vorgaben das Verhalten der Mitarbeiter. Macht sie ihre Position nach außen deutlich? Zeigt sie Möglichkeiten zur Vermeidung von Gewalt und freiheitsentziehenden Maßnahmen auf und stellt sie Alternativen zur Verfügung? Haben die Mitarbeiter Handlungssicherheit und werden die Rechte der Menschen mit Demenz geachtet?

Wichtig ist, dass die Institution durch Offenheit und Transparenz die Entstehung von subkulturellen Erscheinungen verhindert, in denen Gewalt toleriert oder gar gefördert wird.

Auf gesellschaftlicher Ebene wirken das Altersbild, dass in der Öffentlichkeit propagiert wird und die Frage, wie die Gesellschaft mit Menschen mit Demenz umgeht, auf das Verhalten der Pflegekräfte ein. Was investiert die Gesellschaft in die Versorgung alter Menschen? Welche Risiken „gestattet" man einem alten, vielleicht verwirrten Menschen?

Schließlich kommt juristischen Regelungen eine bedeutsame Rolle zu. Welche Rechte hat der alte (demente) Mensch? Wer vertritt seine Rechte, wenn er selbst nicht mehr in der Lage dazu ist? Wer kontrolliert die Anwendungen in der Praxis?

All dies wirkt sich unmittelbar auf den Pflegealltag und vor allem auf die Lebensqualität von den Mitmenschen aus, die den Mitarbeitern in den Pflegeeinrichtungen aufgrund von Krankheit vollkommen ausgeliefert sind.

Momentan sind unsere Altenpflegeeinrichtungen immer noch totale Institutionen im Sinne von Goffman. Nicht der alte Mensch steht im Mittelpunkt, sondern das Funktionieren der Arbeitsabläufe. Elektronische Hilfsmittel ermöglichen die totale Kontrolle über die Bewohner.

Der Grundsatz: „Die Würde des Menschen ist unantastbar", darf nicht durch Alter oder Demenz eingeschränkt werden. Dieser Herausforderung muss sich die Gesellschaft stellen. Wir werden alle älter.

Freiheit:

Notwendig ist die Sorge
aller für die Freiheit . . .
Sie kann nur bewahrt werden,
wo sie zu Bewusstsein gekommen
und in die Verantwortung
aufgenommen ist.
Karl Jaspers

Literatur

Alzheimer Europe (2010). The ethical issues linked tot he use of assistive technology in dementia care.

Ball, K., & Wood, D. M., (Hrsg.) (2006). Report on the surveillance society for the Information Commissioner, by the Surveillance Studies Network: Summary report, September 2006. http://www. privacyconference2006.co.uk/files/report eng.pdf (auch in deutscher Sprache downloadbar: http://www.privacyconference 2006.co.uk/files/report_ger.pdf, gelesen am 9.8.2011).

Beauchamp, T.L., & Childress, J.F. (1994). Principles of biomedical ethics, Oxford: Oxford University Press.

Billen, W. (2010). Freiheitsentziehende Maßnahmen in Luxemburger Alten pflegeheimen Teil 1. Diplomarbeit, Universität Luxemburg.

Billen, W. (2012). Freiheitsentziehende Maßnahmen in Luxemburger Alten pflegeheimen Teil 2. Masterarbeit, Universität Luxemburg.

Bjorneby, S., Topo, P., Cahill, S., Begley, E., Jones, K., Hagen, I., Macijauskiene, J., & Holthe, T. (2004). 'Ethical considerations in the ENABLE Project', Dementia, 3 (3), 297–312.

Galtung, J., (1975). Strukturelle Gewalt, Reinbek.

Görgen, Th. (2011). Gewalt gegen ältere Menschen im stationären Bereich, http://www.bibb.de/redaktion/altenpflege_saarland/literatur/pdfs/gewalt_03.pdf, gelesen am 21.9.2011.

Hamers, J. P. H., & Huizing, A. R (2005). Why do we use physical restraints in the elderly. Gerontol Geriat 38: 19-25.

Hirsch, R.D. (2009). Keine Gewalt gegen Niemand? Thema 6, Wien.

Klie, T., Pfundstein, T., Stoffer, F-J. (2005). Pflege ohne Gewalt. Köln: Kuratorium Deutsche Altershilfe.

Köpke, S., & Meyer, G. (2008). Freiheitseinschränkende Maßnahmen in Alten- und Pflegeheimen: Zwickmühle der Altenpflege. Pflegezeitschrift, 10/2008, 556-559.

Marshall, M. (Hrsg.) (2000). ASTRID: A guide to using technology within de mentia care. London: Hawker Publications.

Niemeyer, A.R., Frederiks, B.J., Riphagen, I.I., Legemaate, J., Eefsting, J.A., & Hertogh, C.M. (2010). Ethical and pracitcal concerns of surveillance technologies in residential care for people with dementia or intellectual disabilities: an overview of the literature. International Psychogeriatrics/IPA, 22 (7), 1129-1142.

Perry, J., Beyer, S., Francis, J., Holmes, P. (2010). Ethical issues in the use of telecare. Social Care Institute for Exellence. www.scie.org.uk/publications/reports/report30.pdf, gelesen am 8.8.2011.

Weissenberger-Leduc, M., & Weiberg. A. (2011). Gewalt und Demenz. Ursachen und Lösungsansätze für ein Tabuthema in der Pflege, Wien New York, Springer.

World Health Organization (2003). Weltbericht Gewalt und Gesundheit, Kapitel 5: Abuse of the elderly. World Health Organization, Genf.

Sexuelle Übergriffe in Schulen

Heinz Kindler

Übersicht

1 Einleitung
2 In Schulen bekannt werdende Verdachtsfälle auf sexuelle Gewalt gegen Kinder und Jugendliche
3 Dunkelfeldforschung: Angaben von Kindern bzw. Jugendlichen zu sexuellen Übergriffen in Schulen
4 Ausblick: Merkmale von Schulen und sexuelle Übergriffe

1 Einleitung

In der Europäischen Union besuchen etwa 93 Millionen Kinder und Jugendliche eine Schule. Deutschland zählt nahezu 14 Millionen Schülerinnen und Schüler (EACEA, 2012). In bestimmten Altersgruppen stellt der Besuch einer Schule eine normative Erfahrung dar. So besuchen 98,5 % der sechsjährigen Kinder in Europa eine Schule. Auch bei den siebzehnjährigen Jugendlichen sind es noch nahezu 90 %. Im Durchschnitt halten sich Kinder und Jugendliche in Europa an Schultagen 5-7 Stunden dort auf (Alsaker & Flammer, 1999), wobei die durchschnittlich in der Schule verbrachte Zeit mit Ausbreitung der Ganztagsschule noch zunimmt. Entsprechend der großen Anzahl an Kindern und Jugendlichen, die eine Schule besuchen, arbeiteten in diesem institutionellen Bereich allein in Deutschland 2010 nahezu 1,5 Millionen Lehrkräfte voll- oder teilzeit. Werden die überwiegend deutschsprachigen Länder, also insbesondere Deutschland, Österreich, Schweiz und Luxemburg, gemeinsam betrachtet, sind es mehr als 1,8 Millionen Lehrkräfte (OECD stat, 2013). Hinzu kommen weitere Erwachsene, die als Hausmeister, Sekretariatsangestellte oder als Beschäftigte in der Kantine bzw. Cafeteria mit Kindern in Kontakt kommen.

Trotz einer teilweisen Engführung in der Fremd- und Selbstwahrnehmung auf die Vermittlung von Wissen hat vor allem die ethnographische Schulforschung (z.B. Krappmann & Oswald, 1995, de Boer & Deckert-Peaceman,

2009, Brake & Bremmer, 2010) seit langem gezeigt, dass Schulen ein wichtiges soziales Erfahrungsfeld für Kinder darstellen. Auf der positiven Seite können etwa unterstützende Beziehungen zu Lehrkräften (Pianta, 1999) sowie das Erleben von Zusammenhalt und Freundschaft unter Kindern bzw. Jugendlichen stehen (Howe, 2010; Ryan & Ladd, 2012), wodurch Lernwege und –erfolge erheblich positiv beeinflusst werden können (Wentzel, 2009, Roorda et al., 2011). Auf der Seite negativer sozialer Erfahrungen in der Schule hat in den letzten drei Jahrzehnten vor allem das Phänomen von Bullying in der Schule, also das systematische und länger anhaltende Attackieren und Demütigen schwächerer Schüler durch stärkere Schüler, Aufmerksamkeit auf sich gezogen (Smith, 2011, Thornberg, 2011, Schäfer, 2008). Obwohl es für Deutschland Hinweise darauf gibt, dass die Prävalenz von Bullying abnimmt (Melzer et al., 2012), ist das Interesse für dieses Phänomen auch im deutschsprachigen Raum nicht nur deshalb gerechtfertigt, weil die Rechte derjenigen Kinder verletzt werden, gegen die sich Bullying richtet, sondern auch, weil sich Hinweise auf langfristig schädliche Folgen für Bullies wie Opfer verdichtet haben (Copeland et al. in press, Ttofi et al., 2012). Neben Bullying als Muster psychischer Gewalt wurden in vielen Ländern großangelegte Surveys zur Häufigkeit, teilweise auch den Hintergründen, einer Viktimisierung von Kindern in der Schule durch körperliche Gewalt seitens anderer Schüler bzw. Schülerinnen durchgeführt, wobei mittlerweile mehrere ländervergleichende Analysen vorliegen, in denen aus dem deutschsprachigen Bereich mindestens Deutschland und Österreich vertreten sind (Pickett et al., 2013, Akiba et al., 2002). Im Vergleich zu den beiden angesprochenen Formen von Gewalt unter Schülern bzw. Schülerinnen haben andere Formen von Gewalt in Schulen, insbesondere körperliche oder psychische Gewalt von Lehrkräften gegen Kinder bzw. Jugendliche, deutlich weniger Beachtung erfahren. Auch wenn es sich nur um ein Rinnsal handelt, existiert aber doch eine Tradition entsprechender Studien, die für den deutschen Sprachraum unter anderem von Schmitz et al. (2006) sowie Varbelow und Bull (2008) nachgezeichnet wird, während Lewis und Riley (2009) einen Überblick über den internationalen Forschungsstand geben.

Mit Wurzeln in Forschungstraditionen, die das Geschlecht als wichtige Kategorie für das Verständnis schulischer Interaktionen und Beziehungen begreifen (für eine Einführung siehe Arnot, 2013), wurde bereits früh in einzelnen Untersuchungen auf sexuelle Übergriffe in Schulen fokussiert (z.B. Duncan, 1999). Im Mainstream der Studien zu schulischer Gewalt wurde zwar keinesfalls regelhaft, aber doch mehrfach, wenngleich meist am Rande, nach sexuellen Grenzverletzungen gefragt. So beinhaltet beispielsweise der in den USA regelmäßig erstellte Bericht zu „School Crime and Safety" unter einer Vielzahl anderer Indikatoren mittlerweile auch Zahlen zu angezeigten Sexualstraftaten in

Schulen, zu auftretenden sexuellen Belästigungen aus der Sicht von Schulleitungen und zu Erfahrungen, mit sexuell konnotierten Schimpfwörtern belegt zu werden, aus der Sicht von Schülerinnen und Schülern (Robers et al., 2012). Im Zuge einer massiven öffentlichen Debatte um bekannt gewordene sexuelle Übergriffe in Kirchen, Heimeinrichtungen und Internatsschulen (für eine Beschreibung und Analyse der Diskussion in Deutschland siehe Behnisch & Rose, 2011) ist zuletzt jedoch ein breit getragenes wissenschaftliches Interesse an einem besseren Verständnis der Merkmale von sexueller Gewalt gegen Kinder und Jugendliche in Schulen entstanden. In Deutschland werden entsprechende Forschungsvorhaben derzeit durch ein Förderprogramm des Bundesministeriums für Bildung und Forschung unterstützt.

Nachfolgend werden zunächst Befunde zum institutionellen Hellfeld sexueller Übergriffe in Schulen berichtet, die einer vom Deutschen Jugendinstitut (DJI) durchgeführten repräsentativen Untersuchung im Auftrag der damaligen Unabhängigen Beauftragten zur Aufarbeitung des sexuellen Kindesmissbrauchs, Frau Dr. Bergmann, entstammen (Helming et al., 2011). In einem zweiten Schritt wird dann die Befundlage zum Dunkelfeld sexueller Grenzverletzungen in Schulen diskutiert. Im Schlussteil des Kapitels werden dann Perspektiven und Anforderungen bezüglich Prävention und Intervention in Schule erörtert.

2 In Schulen bekannt werdende Verdachtsfälle auf sexuelle Gewalt gegen Kinder und Jugendliche

Als schulisches Hellfeld werden nachfolgend Verdachtsfälle auf sexuelle Gewalt gegen Kinder und Jugendliche definiert, die Lehrkräften bzw. Schulleitungen bekannt werden. Das schulische Hellfeld ist nur ein, wenn auch aufgrund des alltäglichen Kontaktes zu Kindern bzw. Jugendlichen und vielfach bestehender Vertrauensbeziehungen privilegierter Ausschnitt aus der Gesamtheit aller relevanten, bei Behörden bzw. Fachkräften bekannt werdenden sexuellen Übergriffe. Zu dieser Gesamtheit zählen ebenfalls Anzeigen bei der Polizei oder Mitteilungen gegenüber Beratungsstellen, Ärztinnen und Ärzten sowie dem Jugendamt, die der Schule vielfach, aber nicht notwendigerweise bekannt werden, insbesondere dann nicht wenn Fachkräfte, denen gegenüber ein Kind sich äußert, der Schweigepflicht unterliegen und betroffene Kinder keine Angaben gegenüber weiteren Personen machen möchten. Umgekehrt war es zunächst auch als offene Frage anzusehen, inwieweit in Schulen bekannt werdende Verdachtsfälle auf sexuelle Übergriffe eine Einschaltung von Strafverfolgung und Jugendamt nach sich ziehen. International zeigen so genannte Sentinel-Studien, bei denen lokal professionsübergreifend möglichst viele Fachkräfte gebeten werden, ihnen bekannt gewordene Fälle von Kindeswohlgefährdung zu beschreiben, die dann miteinander und mit lokalen Kinderschutzstatistiken abgeglichen werden, dass selbst in stark verregelten Systemen mit Mitteilungspflichten die Einschaltung anderer Behörden häufig unterlassen wird. In einer repräsentativen Studie aus den USA konnten vor diesem Hintergrund nahezu die Hälfte der Verdachtsfälle auf sexuellen Missbrauch, die Sentinels bekannt wurden, nicht vertieft untersucht werden (Sedlak et al. 2010, S. 270). Genauere Studien mit Lehrkräften zeigen darüber hinaus, dass Furcht vor den Folgen von Falschbeschuldigungen oder ein fehlendes Vertrauen in das Handeln von Jugendamt bzw. Polizei der Weitergabe von Verdachtsfällen entgegenstehen können (z.B. Walsh et al., 2012)

Ähnlich wie bei Strafanzeigen, die meist als Grundlage für die Erfassung des polizeilichen Hellfeldes dienen, ist mit dem Entstehen eines Verdachtsfalls in einer Schule im Einzelfall noch nicht gesagt, dass sich ein Geschehen genauso, wie bekannt geworden, zugetragen hat. Trotzdem ist es aus mehreren Gründen sinnvoll, Verdachtsfälle als Anfangsgröße einer empirischen Untersuchung zu bekannt werdenden Fällen zu nutzen. Zum ersten ermöglicht dies institutionelle Klärungsschritte und Umgangsweisen mit den Verdachtsfällen in den Blick zu nehmen. Zum zweiten sind Schulleitungen und Lehrkräfte in der Bewertung von Verdachtsfällen nicht geschult, so dass keine einheitlichen und validen Bewertungskriterien unterstellt werden können, was eine Beschränkung auf erhärtete Fälle erschwert. Auch kann nicht sicher davon ausgegangen werden, dass Schulen über Klärungsergebnisse anderer Institutionen (z.B. Gerichtsurteile) informiert werden, die zudem häufig erst längere Zeit nach einem zugrunde liegenden Ereignis vorliegen dürften. Schließlich sind Verdächtigungen auch dann von Interesse, wenn sie sich als haltlos oder nicht zu klären erweisen, da sie trotzdem von der Schule gehandhabt werden müssen.

Hinausgehend über das Ziel, in Schulen bekannt werdende Verdachtsfälle auf sexuelle Übergriffe durch Beschäftigte und unter Schülerinnen bzw. Schülern zu beschreiben und ihre Handhabung zu untersuchen, wurde für die DJI-Studie entschieden, zusätzlich solche in Schulen bekannt werdenden Verdachtsfälle einzubeziehen, bei denen sich der sexuelle Missbrauch außerhalb des schulischen Umfeldes ereignet haben soll. Ausschlaggebend hierfür war die Überlegung, dass auch diese Fälle Schulen vor fachliche Herausforderungen stellen, deren Untersuchung lohnenswert ist. Zudem hat es sich in der Forschung unter der Überschrift „Disclosure" als ein wichtiges Problem beim Kampf gegen sexuelle Gewalt erwiesen, dass die Mehrzahl betroffener Kinder davor zurückschreckt, zeitnah einer erwachsenen Person von ihren Erfahrungen zu berichten (für eine Forschungsübersicht siehe Lyon, 2007). Vor diesem Hintergrund war es wünschenswert möglichst viele Informationen darüber zu sammeln, unter welchen

Umständen und wem gegenüber Kinder in Schulen Missbrauchserfahrungen anvertrauen.

Die aus verschiedenen Gründen (z.B. Scham, Furcht vor Strafe, vor Stigmatisierung oder davor, dass den Angaben kein Glaube geschenkt wird) eingeschränkte Bereitschaft von sexueller Gewalt betroffener Kinder und Jugendlicher, Fachkräfte in ihre Erfahrungen einzuweihen, ist zugleich der Hauptgrund, warum aus Studien zum Hellfeld nicht auf die Prävalenz von sexuellen Übergriffen gegen Kinder bzw. Jugendliche in Schulen geschlossen werden kann. Im nächsten Unterkapitel wird die Befundlage zum Dunkelfeld sexueller Übergriffe in Schulen zusammengefasst. Studien im Hellfeld liefern hingegen, sofern nicht parallel Daten zum Dunkelfeld erhoben werden, die es erlauben Determinanten von Disclosure zu bestimmen, vor allem Daten dazu, wie häufig sich Schulen mit Verdachtsfällen auseinandersetzen müssen. Kommt dies häufig vor, kann argumentiert werden, dass es sehr vernünftig ist, wenn Schulen auf solche Situationen vorbereitet sind. Darüber hinaus erlauben Hellfeldstudien eine Untersuchung gegenwärtiger institutioneller Praktiken im Umgang mit Verdachtsfällen, woraus sich eventuell Ansatzpunkte für fachliche Weiterentwicklungen ableiten lassen.

An der angesprochenen DJI-Studie (Helming et al., 2011) nahmen in Deutschland alle Bundesländer mit Ausnahme Bayerns teil. Aus den Adressen aller allgemeinbildenden Schulen wurde eine nach Bundesländern geschichtete Stichprobe von über 3.000 Schulen gezogen und mit der Bitte um Teilnahme an der Befragung kontaktiert. Mit 40,5 % beteiligten sich verhältnismäßig viele Schulen an der Studie, wobei sich die Rücklaufquoten nach Bundesland und Trägerschaft (öffentlich vs. privat) nicht unterschieden. Unter den Schulformen beteiligten sich Förderschulen überdurchschnittlich häufig. Im Durchschnitt wurden pro Schule etwas mehr als 300 Schüler und Schülerinnen unterrichtet. Von 32 % der teilnehmenden Schulen lagen sowohl schriftliche oder telefonische Angaben der Schulleitung als auch einer Lehrkraft, häufig einer Beratungslehrkraft, vor. Ansonsten wurden die Fragen überwiegend (49 %) von der Schulleitung beantwortet. Gefragt wurde nach Verdachtsfällen auf sexuelle Übergriffe in den letzten drei Jahren und zwar gesondert bezüglich dreier Kategorien: Verdachtsfälle auf sexuelle Übergriffe durch Beschäftigte, unter Schülerinnen bzw. Schülern und durch Personen außerhalb der Schule. Falls Verdachtsfälle in einer oder mehrerer der drei Kategorien angegeben wurden, wurden detaillierte Nachfragen zu den jeweils aktuellsten Vorfällen gestellt, die sich sowohl auf Merkmale und beteiligte Personen, als auch den weiteren Ablauf bezogen. Zusätzlich wurden an der Schule etablierte Kooperationen, Hilfestellungen und Präventionsanstrengungen gegen sexuellen Missbrauch abgefragt. Das Befragungsinstrument ist im Internet einsehbar (www.dji.de/sgmj). Parallel durchgeführte Studien an Internaten und stationären Einrichtungen der Jugendhilfe lieferten Vergleichszahlen für andere Arten von Institutionen.

Insgesamt erinnerten sich 43 % der befragten Schulleitungen und 40 % der befragten Lehrkräfte an mindestens einen Verdachtsfall auf sexuelle Gewalt in den letzten drei Jahren. Tabelle 1 zeigt die Ergebnisse differenziert nach der Art des im Raum stehenden Übergriffs und der Informationsquelle.

Tabelle 2: Raten an Schulen mit mindestens einem berichteten Verdachtsfall in den letzten drei Jahren auf einen sexuellen Übergriff

	Schulleitung (n=1128)	Lehrkraft (n=702)
durch beschäftigte Person	4 %	4 %
unter Kindern	16 %	17 %
außerhalb der Schule	32 %	31 %
Insgesamt	43 %	40 %

Werden nur die Schulen herangezogen, für die sowohl Angaben der Schulleitung als auch einer Lehrkraft vorliegen, ergibt sich kein wesentlich anderes Bild. Zwar stimmen die Angaben nicht bei jeder Schule überein, Schulleitungen berichten verglichen mit Lehrkräften aber nicht systematisch weniger oder mehr Verdachtsfälle. Entsprechend erhöht sich der Anteil betroffener Schulen nur sehr moderat, wenn gezählt wird, ob von wenigstens einer der beiden Informationsquellen ein Verdachtsfall geschildert wird. 5 % der Schulen weisen dann einen Verdachtsfall auf sexuelle Übergriffe durch eine an der Schule tätige erwachsene Person auf, 18 % der Schulen schildern mindestens einen sexuellen Übergriff unter Kindern bzw. Jugendlichen und 39 % der Schulen mussten sich mit mindestens einem Verdachtsfall auf sexuelle Gewalt gegen eine Schülerin bzw. einen Schüler außerhalb der Schule auseinandersetzen.

Erstaunlicherweise hatte die Größe der Schule keinen statistisch nachweisbaren Einfluss auf die Wahrscheinlichkeit, mit der mindestens ein Verdachtsfall geschildert wurde. Vielleicht ist dieser Befund durch zwei gegenläufige Prozesse erklärbar. Denkbar wäre, dass in größeren Schulen mit mehr Schülern und Lehrkräften zwar die Wahrscheinlichkeit von Übergriffen steigt, zugleich aber in kleineren Schulen die Wahrscheinlichkeit, dass geschehene sexuelle Gewaltvorfälle bekannt werden, größer ist. Überprüfbar wäre diese Annahme nur in einer Untersuchung, die die Schulgröße ins Verhältnis setzt mit dem Abstand zwischen Hell- und Dunkelfeld sexueller Gewalt in Schulen. Alter, Geschlecht und Dienstalter der interviewten Personen blieben ebenfalls ohne nachweisbaren Einfluss. Im Hinblick auf die Schulform zeigte sich – wenig überraschend – eine geringere berichtete Betroffenheit von Grundschulen im Verhältnis zu allen anderen Schulformen in der Häufigkeit mit der Verdachtsfälle auf sexuelle Übergriffe berichtet wurden. Privatschulen berichteten im Vergleich zu Schulen in öffentlicher Trägerschaft nicht häufiger über Verdachtsfälle auf sexuelle Gewalt.

Die Auswertung der genauer abgefragten aktuellsten Fälle führte im Hinblick auf mögliche sexuelle Übergriffe von schulischen Bediensteten gegen Schülerinnen bzw. Schüler zu insgesamt 68 Fallschilderungen. Insoweit bei manchen Schulen die Schulleitung und eine Lehrkraft Auskunft gaben, ist nicht auszuschließen, dass manchmal ein realer Fall durch zwei Falldarstellungen repräsentiert ist. Da keine eindeutigen Fallidentifikationsmerkmale erfragt wurden, war es nicht möglich die kombinierte Stichprobe zu bereinigen. Nachfolgend werden daher nur solche Aussagen getroffen, die auch dann noch gelten, wenn die Fallschilderungen von Schulleitungen und Lehrkräften isoliert betrachtet werden. So lässt sich beispielsweise feststellen, dass zu mehr als zwei Drittel von einzelnen als Opfer betroffenen Kindern berichtet wurde, wobei die Spannweite bis zu zehn mutmaßlich betroffenen Schülern bzw. Schülerinnen reichte. Bei mehr als vier Fünftel der vermutlichen Opfer handelte es sich um Mädchen. Kinder über und unter einem Alter von 14 Jahren schienen in etwa gleichverteilt. Der Verdacht richtete sich zu über 80 % gegen eine männliche Lehrkraft. An zweiter Stelle standen andere männliche Erwachsene, die an der Schule tätig waren (z.B. Hausmeister). Frauen wurden nur in Einzelfällen als Personen genannt, die verdächtigt wurden, sich sexuell grenzverletzend verhalten zu haben. Nach den Angaben der befragten Schulleitungen und Lehrkräfte standen bei den Verdachtsfällen mehrheitlich strafrechtlich schwer fassbare sexuelle getönte Berührungen und sexuell grenzverletzende Bemerkungen im Mittelpunkt. Zu etwa einem Drittel standen weitergehende sexuelle Übergriffe im Raum. Bei den von Schulleitungen geschilderten Fällen wurden etwa zur Hälfte mehrfache Vorkommnisse vermutet. Bei den von Lehrkräften geschilderten Fällen traf dies zu zwei Drittel zu.

Ein teilweise deutlich anderes Profil wurde von den insgesamt etwa 300 genauer analysierten Verdachtsfällen auf sexuelle Übergriffe unter Schülern bzw. Schülerinnen gezeigt. Zwar wurde auch hier angegeben, dass überwiegend einzelne Kinder, meist Mädchen, sexuelle Übergriffe erleben mussten. Jedoch wurden deutlich häufig jüngere, d.h. noch nicht vierzehnjährige, Kinder als mutmaßliche Opfer genannt. Auch die Schüler, von denen vermutet wurde, sie hätten sich sexuell grenzverletzend verhalten, waren mehrheitlich noch keine 14 Jahre alt und damit nicht strafmündig. Bei etwa einem Drittel der Verdachtsfälle wurde ein gemeinsames Handeln mehrerer Kinder bzw. Jugendlicher angenommen. Mit circa einem Fünftel war der Mädchenanteil unter den so beschuldigten Kindern bzw. Jugendlichen nicht zu vernachlässigen. Bei mehr als 40 % der

Verdachtsfälle wurden Berührungen der Geschlechtsteile vermutet und bei etwa einem Fünftel der Fälle noch weiter gehende sexuelle Übergriffe mit Körperkontakt (z.B. versuchte Penetration). Der Anteil der Fälle mit vermuteten mehrfachen Vorkommnissen war mit einem Drittel eher gering. Da Vergleichsuntersuchungen fehlen, ist die Robustheit dieses Befundes unsicher. Wird unterstellt, dass es sich um ein belastbares Ergebnis handelt, spricht die eher geringe Anzahl wiederholt viktimisierter Kinder dafür, dass sexuelle Übergriffe unter Kindern bzw. Jugendlichen seltener Teil eines Beziehungsmusters sind, möglicherweise weil Schüler und Schülerinnen, die sexuelle Übergriffe begehen, vergleichsweise weniger als erwachsene Täter daran interessiert oder dazu in der Lage sind, Opfer so in ein Missbrauchsgeschehen zu verstricken, dass ein wirksames Schweigegebot entsteht. Hierfür spricht, dass nach den Angaben der Schulleitungen und Lehrkräfte in mehr als einem Drittel der Fälle nicht nur psychischer, sondern auch körperlicher Zwang ausgeübt wurde, während bei sexuellen Übergriffen durch Beschäftigte nahezu ausschließlich von psychischem Druck des vermutlichen Täters berichtet wurde.

Zu Verdachtsfällen auf einen in der Schule zwar bekannt gewordenen sexuellen Missbrauch, der sich aber außerhalb des Bereichs der Schule ereignet haben soll, wurden insgesamt mehr als 500 Fallschilderungen abgegeben. Im etwas größeren Teil der Fälle wurde die Schule durch sorgerechtlich verantwortliche Erwachsene (z.B. die Eltern) oder andere Behörden (z.B. die Polizei) informiert. In etwas mehr als 200 Fallschilderungen wurde aber angegeben, dass sich ein direkt betroffenes oder ein als Freundin bzw. Freund eingeweihtes Kind in der Schule gegenüber einer Fachkraft geäußert hatte. Diese Fälle wurden näher betrachtet, da unter diesen Umständen in der Schule regelmäßig eine Gesprächssituation mit dem oder den Kindern gestaltet werden muss und häufig zudem abgeklärt werden muss, inwieweit sich aus den Äußerungen ein Handlungsbedarf für die Schule ergibt. In den auf diese Weise ausgewählten Fallschilderungen wurde zu ungefähr vier Fünftel von einem Mädchen als mutmaßlichem Opfer berichtet. Zu etwa 60 % wurde angegeben, das vermutlich betroffene Kind sei jünger als 14 Jahre gewesen. Unter den Personen, gegen die sich ein Verdacht richtete, stellten Erwachsene aus der Familie oder dem familiären Umfeld und andere Kinder bzw. Jugendliche außerhalb der Schule mit jeweils etwa 40 % die größten Gruppen. Fremdtäter wurden seltener als Geschwister und annähernd gleich häufig wie Erwachsene aus anderen Institutionen genannt. Da davon auszugehen war, dass Schulen bei einem möglichen sexuellen Missbrauch außerhalb der Schule keine Rechtfertigung dafür sehen, detaillierter mit dem Kind über seine Erlebnisse zu sprechen, wurde im Rahmen der DJI-Untersuchung nicht genauer nach den im Raum stehenden Missbrauchshandlungen gefragt.

Im Hinblick auf die Frage, wie die geschilderten Verdachtsfälle entstanden sind, war den Angaben der Schulleitungen und Lehrkräfte zu entnehmen, dass Äußerungen von Kindern hierbei eine zentrale Rolle spielten. Sowohl was mögliche sexuelle Übergriffe durch Beschäftigte an der Schule als auch was mögliche sexuelle Übergriffe unter Schülern bzw. Schülerinnen anging, wurden in mehr als zwei Drittel der Fälle Angaben eines betroffenen oder eingeweihten Kindes gegenüber einer Lehrkraft, meist der Klassenlehrkraft, als wichtig für das Bekanntwerden des Verdachts genannt. Angaben der Eltern als wichtigsten Bezugspersonen waren an zweiter Stelle von Bedeutung, während kindliche Verhaltensauffälligkeiten ohne begleitende oder nachfolgende klare Äußerungen des Kindes selten in einen Verdachtsfall mündeten. Selbst bei den Verdachtsfällen auf einen möglichen sexuellen Missbrauch außerhalb der Schule lag in ungefähr 40 % der Fälle die direkte Äußerung eines Kindes gegenüber einer Vertrauensperson in der Schule zugrunde. Die große Bedeutung kindlicher Äußerungen gegenüber einer Lehrkraft korrespondiert mit Befunden in der Kinderschutzforschung, wonach Hinweise auf sexuellen Missbrauch meist nur durch qualitativ gute Angaben betroffener Kinder geklärt werden können (Unterstaller, 2006). Vor allem aber lassen diese Ergebnisse vermuten, dass die Vertrauenswürdigkeit und Ansprechbarkeit von Fachkräften, insbesondere Klassenlehrkräften, für Kinder von großer Bedeutung ist, wenn Schulen sichere Orte darstellen sollen.

Bezüglich der Befunde zum institutionellen Umgang mit den geschilderten Verdachtsfällen auf sexuelle Grenzverletzungen stechen drei Ergebnisse heraus. Zum ersten berichteten nahezu dreiviertel der befragten Schulleitungen, sie hätten sich bei möglichen sexuellen Übergriffen in ihrer Schule verpflichtet gefühlt, mit den verdächtigten Erwachsenen bzw. Schülern und Schülerinnen zu sprechen und ihnen Gelegenheit zur Stellungnahme zu geben. Dies ist auf der einen Seite gut nachvollziehbar und auch kaum vermeidbar, auf der anderen Seite aber nicht risikolos. Zumindest ist unklar, ob solche Gespräche nicht unter Umständen negative Auswirkungen auf spätere Ermittlungsverfahren haben können, die anfänglich in manchen Fällen nicht auszuschließen sein dürften. Weiterhin ist anzunehmen, dass kaum eine Schulleitung für solche Gesprächssituationen geschult ist, da – außerhalb der polizeipsychologischen Literatur – nahezu keine Forschung zu diesem Gesprächstyp vorliegt. Als zweiter wichtiger Befund ist anzuführen, dass Verdachtsfälle auf sexuelle Übergriffe durch Beschäftigte in einem Viertel (Schulleitungen) bzw. in einem Drittel (Lehrkräfte) der Fälle als dauerhaft ungeklärt angesehen wurden. In mindestens einem weiteren Drittel gingen die Informanten davon aus, der Verdacht habe sich klar nicht bestätigt, obwohl es in manchen Fällen trotzdem zu erheblichen negativen Konsequenzen für Beschuldigte gekommen war. Dies bedeutet, fachliche Weiterentwicklungen mit dem Ziel eines besseren Schutzes von Kindern in Einrichtungen sollten sich auch der Frage zuwenden, wie Schulen mit dauerhaft ungeklärten oder rückblickend haltlosen Vorwürfen umgehen sollten. Bislang sind hier, mit Ausnahme einzelner internationaler Beiträge (Sikes & Piper, 2010), wenige Ansätze für eine Diskussion erkennbar. Bei Verdachtsfällen auf sexuelle Übergriffe unter Schülern und Schülerinnen stellten sich diese Problem nicht in vergleichbarem Umfang. Weniger als ein Fünftel aller Fälle wurden als ungeklärt oder haltlos eingestuft, was verschiedene Gründe haben kann (z.b. häufig schwerwiegendere und damit greifbarere Vorfälle, öfter eine größere Anzahl Beteiligter). Drittens zeigte sich, dass über alle Fallkategorien hinweg nur in vergleichsweise wenigen Fällen strafrechtliche Sanktionen erfolgten bzw. die Strafermittlungsbehörden von der Schule einbezogen wurden. Bei Vorwürfen gegen Beschäftigte und Mitschüler lagen die Raten für bereits erfolgte strafrechtliche Sanktionen im einstelligen Prozentbereich. Selbst wenn noch laufende Verfahren hinzuaddiert werden, ist nur ein kleiner Teil der Verdachtsfälle betroffen. Dies könnte im Hinblick auf Verdachtsmomente gegen Beschäftige vor allem mit der strafrechtlich oft schwer greifbaren Natur der geschilderten Vorfälle zu tun haben, im Fall möglicher sexueller Übergriffe unter Schülern zusätzlich mit der häufig noch nicht gegebenen Strafmündigkeit der beschuldigten Schüler und Schülerinnen. Auch bei Verdachtsfällen auf einen sexuellen Missbrauch außerhalb der Schule wurde in weniger als 15 % der Fälle berichtet, die Polizei informiert zu haben. Angesichts politischer Forderungen in Deutschland, in Fällen möglicher institutioneller Übergriffe regelhaft die Strafermittlungsbehörden einzubeziehen (Runder Tisch, 2012, S. 131ff.), werfen diese Befunde die Frage auf, ob solche Empfehlungen an der Realität der Verdachtsfälle, mit denen sich Schulen auseinandersetzen müssen, nicht überwiegend vorbeigehen und ihrerseits teilweise das Risiko bergen, Kinder in wenig aussichtsreiche Ermittlungsverfahren zu verstricken und dadurch vermeidbar zu belasten. Zumindest ist die Strafverfolgung nicht an das Kindeswohl gebunden und empirisch ist belegbar (Quas & Sumaroka, 2011), dass Ermittlungs- und Strafverfahren unter bestimmten Umständen langanhaltend belastend wirken können (z.B. keine oder aus Sicht der Opfer unverhältnismäßig niedrige Strafe). Bei möglichen sexuellen Übergriffen unter Kindern bzw. Jugendlichen oder Hinweisen auf einen sexuellen Missbrauch durch Personen außerhalb der Schule stellt der Einbezug des Jugendamtes eine, von den Schulen in der Mehrheit der Fälle genutzte Alternative dar. Bezüglich vermuteter sexueller Übergriffe durch Beschäftigte stellt sich jedoch die Frage, wie hier eine Unterstützung betroffener Schulen organisiert werden könnte. Denkbar wäre hier etwa Beratungskompetenzen bei den Schulaufsichtsbehörden anzusiedeln oder entsprechende Vereinbarungen mit spezialisierten Beratungsstellen zu schließen.

In der Gesamtschau lässt sich als Hauptbefund der DJI-Schulbefragung hervorheben, dass verschiedene Arten von Verdachtsfällen auf sexuelle Übergriffe häufig genug auftreten um es zu rechtfertigen, dass Schulen auf solche Situationen vorbereitet sein sollten. Eine besondere Rolle bei Aufdeckungsprozessen scheint die Vertrauenswürdigkeit und Ansprechbarkeit der Lehrkräfte für Kinder zu spielen. Grundregeln für Gespräche mit Kindern über Belastungsereignisse sollten daher in der Fläche bei Lehrkräften vorhanden sein.

3 Dunkelfeldforschung: Angaben von Kindern bzw. Jugendlichen zu sexuellen Übergriffen in Schulen

Obwohl aus den meisten europäischen Ländern, einschließlich aller deutschsprachigen Länder, repräsentative Studien mit Angaben von Kindern und Jugendlichen über selbst erlebte oder miterlebte sexuelle Übergriffe in Schulen fehlen, liegen zumindest vereinzelt relevante Befunde vor. Einen relativ aktuellen Überblick zur weltweiten Forschungslage bietet Strauss (2010).

Für Europa lassen sich zunächst aus zwei repräsentativen rückblickenden Befragungen von Erwachsenen Zahlen zur Häufigkeit berichteten sexuellen Kindesmissbrauchs in institutionellen Kontexten ableiten. In einer englischen Studie gaben 0,6 % junger Erwachsener zwischen 18 und 24 Jahren an, von sexuellem Missbrauch durch eine erwachsene Person in der Schule, einem Sportverein oder einer Jugendorganisation betroffen gewesen zu sein (Radford et al., 2011). Aus einer aktuellen deutschen repräsentativen Befragungsstudie (Stadler et al., 2012) errechnet sich eine Prävalenz institutionellen sexuellen Missbrauchs von 0,38 % (Bieneck, 2012). Beiden Untersuchungen ist gemeinsam, dass Schulen als institutioneller Kontext von Missbrauch nicht gesondert ausgewiesen werden und darüber hinaus erlebte sexuelle Übergriffe unter Gleichaltrigen und strafrechtlich schwerer greifbare Formen leichterer sexueller Grenzverletzungen nicht einbezogen wurden. Rückblickende Befragungen Erwachsener haben zudem immer den methodischen Nachteil, dass sie nur beschränkt über die aktuelle Situation in Schulen Auskunft geben können. Trotzdem sind beide Studien ein wichtiger erster Anhaltspunkt, wonach Schulen bezüglich schwerwiegender sexueller Übergriffe durch Erwachsene zwar relativ sichere Orte darstellen, angesichts der Anzahl der Kinder, die Schulen besuchen, aber bereits kleine Prozentzahlen ausreichen um notwendige weitere Anstrengungen zu einem verbesserten Schutz anzuzeigen.

Repräsentative oder zumindest größere empirische Befragungen von Kindern und Jugendlichen in Schulen, bei denen auch sexuelle Übergriffe unter Mitschülern und strafrechtlich schwer greifbare Formen einbezogen wurden, liegen in Europa zumindest aus Holland, Schweden und Finnland vor. In Holland befragte Timmerman (2003) ungefähr 2.800 Jugendliche von 15 bis 16 Jahren, die 22 verschiedene Schulen besuchten. Insgesamt 0,9 % der Mädchen und 0,4 % der Jungen berichteten von einer versuchten oder vollzogenen Vergewaltigung in der Schule. Diese Zahlen ähneln den Ergebnissen aus den beiden angeführten rückblickenden Bevölkerungsbefragungen. Darüber hinaus schilderten aber 24 % der Mädchen und 11 % der Jungen sexuelle Grenzverletzungen unterhalb der Schwelle zur versuchten oder vollendeten Vergewaltigung im vergangenen Jahr in der Schule, wobei es sich in mindestens einem Fünftel der Fälle um ungewollte sexuelle Berührungen gehandelt hatte und circa ein Viertel der geschilderten Vorfälle eine, ganz überwiegend männliche, Lehrkraft betraf. Im Vergleich zu anderen Befragungsstudien ist hervorzuheben, dass in der holländischen Untersuchung nur dann von erfahrenen sexuellen Übergriffen gesprochen wurde, wenn diese nicht nur bejaht, sondern auch beschrieben wurden, wodurch vermutlich eine Einengung auf hervorgehobene Vorfälle erfolgte und die Antwortbereitschaft insgesamt herabgesetzt wurde. In einer ähnlichen finnischen Studie (Sunnari, 2009), in der ebenfalls Beschreibungen angegebener Vorfälle erbeten wurden, schilderten 18 % der Mädchen und 3 % der Jungen sexuelle Belästigungen mit ungewollten Berührungen. Insgesamt wurden in dieser Studie etwas über 600 Jugendliche im Alter von 11 bis 12 Jahren befragt, die 36 Schulklassen verschiedener Schulen besuchten. In einer schwedischen Zufallsstichprobe wurden schließlich annähernd eintausend 17- bis 18-jährigen Schülerinnen und Schülern zu erlebten sexuellen Übergriffen im laufenden Schuljahr befragt (Witkowska, 2005). Sexuell konnotierte Schimpfwörter und Bemerkungen waren dabei ubiquitär. Ungewolltes angefasst werden an den Geschlechtsteilen berichteten 17 % der Befragten. Erzwungener Sex wurde von etwas weniger als einem Prozent angegeben. In gesonderten Fragen zu sexuellen Übergriffen durch Lehrkräfte berichteten 8 % der Schülerinnen und Schüler über sexuell getönte Berührungen und 2 % über sexuelle Angebote im Schuljahr.

Aus Deutschland stammen bislang kaum Untersuchungen, die aus der Sicht von Schülerinnen und Schüler über die Häufigkeit sexueller Grenzverletzungen in Schulen Auskunft geben. Allerdings liegt mit dem Kinder- und Jugendgesundheitssurvey (kiggs) eine repräsentative Studie vor, in der bei 11- bis 17-Jährigen auch nach Erfahrungen mit sexueller Belästigung gefragt wurde (Hapke et al., 2008), allerdings ohne Bezug zum Kontext. Dieser fehlt auch in Studien von Krahé et al. (1999) und dem Kriminologischen Forschungsinstitut Niedersachsen (z.B. Baier et al., 2009), in denen Jugendliche zu Opfererfahrungen, einschließlich erfahrener sexueller Gewalt, befragt wurden. Der Bezug zur Schule ist allerdings in einer Lokalstudie aus Bremen gegeben. Hier wurden mehr als 4.000 Schülerinnen und Schüler von der 7. Jahrgangsstufe aufwärts zu erfahrener verbaler und körperlicher sexueller „Anmache" befragt (Leithäuser & Meng, 2003). Erlebte verbale sexuelle „Anmache" wurde von ungefähr einem Drittel, körperliche sexuelle Anmache von ungefähr 15 % der Befragten bejaht, wobei Geschlechtsunterschiede nicht ausgewiesen wurden. Die Besprechung von Studien zu Prävalenzen verschiedener Formen von sexuellen Übergriffen in Schulen aus der Sicht von Kindern und Jugendlichen trägt wesentlich dazu bei, den gesellschaftlichen Handlungsbedarf besser einschätzen zu können, vermittelt darüber hinaus aber kaum Erkenntnisse darüber, wie betroffene Kinder und Jugendliche ihre Erfahrungen erleben und deuten, wie sich erfahrene sexuelle Übergriffe in Lebenswege und Lebenswelten einfügen und welche Auswirkungen solcher Erfahrungen zeitigen. Obwohl diese Fragen nicht im Mittelpunkt des Beitrages stehen, soll doch zumindest auf die weiterführende Literatur hingewiesen werden. Verständnis und Erleben sexueller Übergriffe in der Schule wird in einzelnen Fragebogenstudien zwar angerissen (z.B. Witkowska, 2005), überwiegend werden aber Interviewmethoden an dieser Stelle als geeigneter angesehen. Eine noch sehr beschränkte Anzahl solcher Studien liegt vor (z.b. Lahelma, 2002; Thornberg, 2011) und es ist zu hoffen, dass der generelle Aufschwung qualitativer Forschungsansätze im Bereich der Bullying-Forschung (für eine Forschungsübersicht siehe Hong & Espelage, 2012) hier weitere Arbeiten anstößt. Für das Nachzeichnen von lebensgeschichtlichen Risikofaktoren und Folgen des Erlebens sexueller Übergriffe in der Schule werden Längsschnittstudien benötigt, die gleichfalls erst in beschränkter, wenngleich wachsender Anzahl vorliegen (z.B. Chiodo et al., 2009; Petersen & Hyde, 2009, Lunde & Frisén, 2011).

4 Ausblick: Merkmale von Schulen und sexuelle Übergriffe

Zu den wichtigen Perspektivenwechseln in der aktuellen Fachdiskussion über sexuelle Gewalt in Institutionen zählt die Abkehr von einer Sichtweise, wonach Schulen eher zufällig Schauplatz von Übergriffen werden oder sich gar als Mit-Opfer böswilliger Einzeltäter empfinden sollten. Stattdessen werden Schulen und andere Institutionen als zwangsläufig beteiligt angesehen, indem sie durch ihr Verhalten als Organisation Übergriffe eher erschweren oder wenig dagegen tun. Wolff (2013) spricht daher von einer unvermeidlichen Täter-Opfer-Institutionen-Dynamik.

Die neue Sichtweise kann sich in der Schulforschung auf einen Grundstock an etablierten empirischen Befunden stützen, wonach Merkmale der Schulorganisation und Schul- sowie Leitungskultur, jenseits der Zusammensetzung der Schülerschaft und der familiären Bedingungen, Zusammenhänge zum Ausmaß an Lernfortschritten und dem sozialen Verhalten der Schüler und Schülerinnen aufweisen. Seit der bahnbrechenden Studie von Rutter et al. (1979) hat sich rund um das Verständnis solcher „Schuleffekte" ein eigenes Forschungsgebiet entwickelt (für eine Forschungsübersicht siehe Reynolds et al., 2012). Entsprechende Effekte der Gestaltung, Organisation und Führung von Schulen konnten auch im Hinblick auf Bullying gezeigt werden, wobei die Verbreitung von Mehrebenenanalysen als statistische Technik sehr hilfreich war (z.B. Pozzoli et al., 2012; Richard et al., 2012; Saarento et al., in press) und die wahrgenommene Bereitschaft von Lehrkräften und Mitschülern, bei Bullying helfend einzugreifen, sich mehrfach als bedeutsam erwiesen hat.

Zwar ist es nicht unwahrscheinlich, dass ähnliche Zusammenhänge auch für den Bereich sexueller Übergriffe unter Schülern und Schülerinnen bestehen. Die tatsächlich empirische Befundlage ist aber dünn und sie verschlechtert sich noch einmal, wenn nach belegten Zusammenhängen zwischen Schulmerkmalen und der Häufigkeit sexueller Übergriffe von Lehrkräften gegen Schülerinnen und Schüler gefragt wird. In einer der wenigen vorliegenden, zugleich aber methodisch sehr qualifizierten Untersuchungen fand Attar-Schwartz (2009) in einer repräsentativen israelischen Stichprobe von mehr als 20.000 Schülern der vierten bis elften Jahrgangsstufe aus mehr als 500 Schulen, dass eine von den Kindern und Jugendlichen wahrgenommene entschiedene Haltung der Schule gegen Gewalt sowie im Mittel geschilderte unterstützende Beziehungen zu Lehrkräften mit weniger Viktimisierung durch sexuelle Übergriffe unter Schülern bzw. Schülerinnen einherging. In eine ähnliche Richtung gehen Befunde aus der DJI-Befragung von Schulleitungen und Lehrkräften (Helming et al., 2011). Hier zeigte sich, dass das Vorhandensein von Schulsozialarbeit sowie Unterstützung für Lehrkräfte bei der Bearbeitung von Verdachtsfällen (Handreichungen, Supervision, Fortbildung und Kooperation mit Spezialberatungsstellen) die Wahrscheinlichkeit erhöhte, dass aufgedeckte Fälle von sexuellen Grenzverletzungen durch Beschäftigte und von sexuellen Übergriffen unter Schülern bzw. Schülerinnen geschildert wurden. Bei den beiden angeführten Studien handelt es sich nicht um Interventionsstudien, d.h. die kausale Richtung der Zusammenhänge kann nicht bestimmt werden. Möglicherweise mischen sich beispielsweise in der DJI-Studie Reaktionen der Organisation (z.B. Durchführung von thematischen Fortbildungen) auf bekannt gewordene sexuelle Übergriffe mit Wirkungen einer besseren Vorbereitung der Schule auf die Chance einer qualifizierten Intervention.

Angesichts der noch schwachen empirischen Befundlage stützen sich viele Veröffentlichungen zu Handlungsmöglichkeiten von Schulen gegen sexuelle Gewalt bislang nur auf Einzelfallanalysen (z.B. zur Odenwaldschule oder dem Kloster Ettal), wenn nicht gar ausschließlich mit wenig transparenter

Fallerfahrung oder rein konzeptuellen Überlegungen argumentiert wird. Beispielsweise werden von Erooga (2012) gestützt auf Fallbeispiele und das 4-Faktoren Modell der Genese sexueller Übergriffe von Finkelhor (1984) fehlende Verantwortungsübernahme der Leitung für die Verhinderung sexueller Gewalt sowie eine Korrumpierung der Haltung gegenüber betreuten Kindern (abwertende oder resignierte Einstellungen gegenüber betreuten Kindern sowie die Akzeptanz von persönlichen Dienstleistungen durch Kinder) als Risikofaktoren in Organisationen herausgearbeitet. Bislang steht eine vergleichende Analyse der verschiedenen Vorschläge zur Prävention sexueller Gewalt in Institutionen ebenso aus, wie die empirische Überprüfung von deren Praktikabilität und Wirkung, so dass in den nächsten Jahren bedeutsame Weiterentwicklungen möglich sind. Allerdings ist es sinnvoll sich die verschiedenen Anforderungen vor Augen zu führen, denen umfassende Konzepte zur Prävention von und Intervention bei sexuellen Übergriffen in Schulen genügen sollten:

- Präventionskonzepte sollten die Befundlage zu Ätiologien der Motivation, sexuelle Übergriffe zu begehen, zur Genese von Situationen eines Übergriffs und zur Wirkung von Präventionsmaßnahmen einbeziehen. Generell ergeben sich hieraus Strategien mit multiplen Ansatzpunkten. So hat sich etwa gezeigt, dass die qualifizierte Thematisierung sexueller Gewalt mit Kindern, deren Bereitschaft bei Bedarf Hilfe zu suchen, erhöht (Kindler & Schmidt-Ndasi, 2011). Gleichzeitig gibt es keine Anhaltspunkte dafür, dass Kinder durchgängig befähigt werden können, sexuelle Übergriffe durch Autoritätspersonen oder Gleichaltrige erfolgreich abzuwehren, so dass hier eine Übernahme von Schutzverantwortung durch Erwachsene erforderlich ist. Hierfür wird nicht nur die Schulung von Gesprächs- und Handlungskompetenzen im Fall mitgeteilter Übergriffe von Lehrkräften als hilfreich empfunden. Vielmehr sind auch Kenntnisse über Anbahnungsphasen sexueller Übergriffe (Grooming), die bei einem Teil der Fälle auftreten, von Bedeutung. Im Hinblick auf die Ätiologie sind verschiedene Differenzierungen, etwa zwischen Erwachsenen und Gleichaltrigen sowie nach Schweregraden von Übergriffen wichtig. Bezüglich sexueller Grenzverletzungen durch Gleichaltrige mit eher geringem Schweregrad ist etwa der längsschnittliche Befund von Bedeutung, dass nicht-sexuelles Bullying spätere sexuelle Übergriffe begünstigt (Espelage et al., 2012), weshalb die generelle Haltung der Schule gegen Bullying bei jüngeren Kindern für die spezifische Prävention von sexuellen Grenzverletzungen von Bedeutung sein kann. Bezüglich sexueller Übergriffe durch Beschäftigte gibt es Hinweise (Sullivan & Beech, 2004), dass bei einem Teil späterer Täter die Missbrauchsmotivation von Anfang an vorhanden ist und bei der

Berufs- sowie Stellenwahl eine Rolle spielt, wovor sich Schulen aufgrund meist nicht vorliegender Verurteilungen nur sehr beschränkt schützen können. Daneben scheint es aber noch weitere, der Prävention eher zugängliche Pfade in ein Missbrauchsverhalten zu geben, so etwa einen über Erschöpfung und Vereinsamung im Beruf laufenden Pfad, der dazu führt, dass emotionale wie sexuelle Bedürfnisse auf anvertraute Kinder bzw. Jugendliche übertragen werden (z.b. Keenan, 2012).

- Konzepte zu Interventionen bei Verdachtsfällen können auf einen Grundstock an Befunden zur Gestaltung von Gesprächssituationen mit betroffenen Kindern aufbauen (Kindler, 2012). Auch hat sich gezeigt, dass das Ausmaß empfundener Unterstützung und Beachtung ihrer Wünsche Opfern die Bewältigung ihrer Erfahrungen erleichtert, was schematische Vorgehensweise erschwert und Fachkräfte verlassen sollte, Handlungsspielräume im Rahmen gesetzlicher Möglichkeiten auszuschöpfen (z.b. wenn ein Opfer Zeit braucht bevor es sich gegenüber anderen Instanzen äußern kann). Weniger klar ist jedoch bislang, wie Schulen am besten mit der gesamten Bandbreite möglicher Fallausgänge, einschließlich nicht klärbarer Vorwürfe oder Falschbeschuldigungen, umgehen können und welches Eingehen auf berechtigte Informationsinteressen Dritter (z.b. der Eltern oder anderer Schüler bei schwerwiegenden Vorfällen) angemessen sein kann.
- Schließlich gilt für Prävention wie Intervention, dass Schulen als Organisationen ihre eigene Natur nicht missachten können. Zu dieser Natur zählt der Doppelcharakter von Struktur und Akteuren (Walgenbach, 2002), die beide Beachtung erfahren müssen. Ein Fokus auf strukturelle Aspekte, also etwa Regeln und Vorschriften, ohne gleichzeitiges Investment in Akteure steht immer in der Gefahr, praktisch folgenlos zu bleiben oder gar Widerstand zu erzeugen. Umgekehrt kann vorrangiges Investment in Fachkräfte zu einem hohen Maß an Diskontinuierlichkeit und unerwünschter Unterschiedlichkeit zwischen Schulen führen.

Noch ist weitgehend unbekannt, ob und inwieweit sich sexuelle Gewalt gegen Kinder und Jugendliche in Schulen zurückdrängen lässt und inwieweit Schulen zu einem Ort werden können, an dem Kinder und Jugendliche mit sexuellen Gewalterfahrungen außerhalb der Schule Ansprechpartner finden. Die einzige bislang weltweit vorhandene Panelstudie mit mehreren Datenerhebungen zur Häufigkeit sexueller Übergriffe an Schulen stammt aus Israel (Khouri-Kassabri et al., 2008) und deutet darauf hin, dass eine vermehrte öffentliche Aufmerksamkeit für die Thematik alleine nicht ausreicht. Schulpolitik, Schulforschung und Fachverbände sind daher gefordert, weiter gehende Konzepte zu entwickeln und kontrolliert zu erproben.

Literatur

Akiba M., LeTendre G. & Baker D. (2002). Student Victimization: National and School System Effects on School Violence in 37 Nations. American Educational Research Journal, 39, 829-853.

Alsaker F. & Flammer A. (1999). The adolescent experience: European and American adolescents in the 1990s. Hillsdale: Erlbaum.

Arnot M. (2013). Gender and Education. Abingdon: Routledge.

Attar-Schwartz S. (2009). Peer Sexual Harassment Victimization at School: The Role of Student Characteristics, Cultural Affiliations, and School Factors. American Journal of Orthopsychiatry, 79, 407-420.

Baier D., Pfeiffer C., Simonson J. & Rabold S. (2009). Jugendliche in Deutschland als Opfer und Täter von Gewalt. Erster Forschungsbericht zum gemeinsamen Forschungsprojekt des Bundesministeriums des Innern und des KFN (KFN-Forschungsbericht; Nr.: 107). Hannover: KFN (http://www.kfn.de/versions/kfn/assets/fb107.pdf).

Behnisch M. & Rose L. (2011). Der Missbrauchsskandal in Schulen und Kirchen – eine Analyse der Mediendebatte im Jahr 2010. Neue Praxis, 41, 331-352.

Bieneck S. (2012). Persönliche Mitteilung am 14.06.2012.

Brake A. & Bremmer H. (2010). Alltagswelt Schule. Die soziale Herstellung schulischer Wirklichkeiten. Weinheim und München: Juventa.

Chiodo D., Wolfe D., Crooks C., Hughes R. & Jaffe P. (2009). Impact of Sexual Harassment Victimization by Peers on Subsequent Adolescent Victimization and Adjustment: A Longitudinal Study. Journal of Adolescent Health, 45, 246-252.

Copeland W., Wolke D., Angold A. & Costello J. (in press). Adult Psychiatric Outcomes of Bullying and Being Bullied by Peers in Childhood and Adolescence. JAMA Psychiatry.

De Boer H. & Deckert-Peaceman H. (2009). Kinder in der Schule. Zwischen Gleichaltrigenkultur und schulischer Ordnung. Wiesbaden: VS Verlag.

Duncan N. (1999). Sexual Bullying. Gender Conflict and Pupil Culture in Secondary Schools. Abingdon: Routledge.

EACEA (Education, Audiovisual and Culture Executive Agency) (2012). Key Data on Education in Europe 2012. Brussels: EACEA (http://eacea.ec.europa.eu/education/eurydice).

Espelage D., Basile K. & Hamburger M. (2012). Bullying Perpetration and Subsequent Sexual Violence Perpetration Among Middle School Students. Journal of Adolescent Health, 50, 60-65.

Erooga, M. (2012). Creating Safer Organisations. Practical Steps to Prevent the Abuse of Children by Those Working With Them. Chichester: Wiley.

Finkelhor, D. (1984). Child Sexual Abuse: New Theory and Research. New York: Free Press.

Hapke U., Hüppe R., Schlack R. & Hölling H. (2008). Sexuelle Belästigung von Mädchen und Jungen im Alter von 11 bis 17 Jahren – Ergebnisse aus dem Kinder- und Jugendgesundheitssurvey (KiGGS). Gesundheitswesen, 70, 498.

Helming E., Kindler H., Langmeyer A., Mayer M., Mosser P., Entleitner C., Schutter S. & Wolff M. (2011). Sexuelle Gewalt gegen Mädchen und Jungen in Institutionen. Abschlussbericht. München: DJI.

Hong J. & Espelage D. (2012). A review of mixed methods research on bullying and peer victimization in school. Educational Review, 64, 115-126.

Howe C. (2010). Peer Groups and Children's Development. Chicester: Wiley.

Keenan, M. (2012). Child Sexual Abuse & The Catholic Church. Gender, Power, and Organizational Power. Oxford: Oxford University Press.

Kindler H. (2012). Fachlich gestaltete Gespräche mit Kindern im Kinderschutz: Eine Forschungsübersicht. In Thole W., Retkowski A. & Schäuble B. (Hrsg.), Sorgende Arrangements. Kinderschutz zwischen Organisation und Familie. Wiesbaden: VS, 203-216.

Kindler H. & Schmidt-Ndasi D. (2011). Wirksamkeit von Maßnahmen zur Prävention und Intervention im Fall sexueller Gewalt gegen Kinder. Herausgegeben von Amyna e.V. München: DJI.

Khouri-Kassabri M., Astor R. & Benbenishty R. (2008). Student Victimization by School Staff in the Context of an Israeli National School Safety Campaign. Aggressive Behavior, 34, 1-8.

Krahé B., Scheinberger-Olwig R. & Waizenhöfer E. (1999). Sexuelle Aggression zwischen Jugendlichen: Eine Prävalenzerhebung mit Ost-West-Vergleich. Zeitschrift für Sozialpsychologie, 165-178.

Krappmann L. & Oswald H. (1995). Alltag der Schulkinder. Beobachtungen und Analysen von Interaktionen und Sozialbeziehungen. Weinheim und München: Juventa.

Lahelma E. (2002). Gendered conflicts in secondary school: Fun or enactment of power? Gender and Education, 14, 295-306.

Leithäuser T. & Meng F. (2003). Ergebnisse einer Bremer Schülerbefragung zum Thema Gewalterfahrungen und extremistische Deutungsmuster. Untersuchung im Auftrag des Bremer Senats. Bremen: Akademie für Arbeit und Politik an der Universität Bremen (http://www.emgs.de/downloads/gewaltanschulen.pdf).

Lewis R. & Riley P. (2009). Teacher Misbehavior. In Saha L. & Dworkin G. (Hrsg.), International Handbook of Research on Teachers and Teaching. New York: Springer, 417-431.

Lunde C. & Frisén A. (2011). On being victimized in the advent of adolescence: Prospective relationships to objectified body consciousness. Body Image, 8, 309-314.

Lyon T. (2007). False Denials: Overcoming Methodological Biases in Abuse Disclosure Research. In Pipe M.-E., Lamb M.E., Orbach Y. & Cederborg A.-C. (Hrsg.), Child Sexual Abuse: Disclosure, Delay, and Denial. Mahwah: Erlbaum, 41-62.

Melzer W., Oertel L., Ottova V. & HBSC-Team Deutschland (2012). Mobbing und Gewalt an Schulen. Entwicklungstrends von 2002 bis 2010. Gesundheitswesen, 74 (Supplement), S76-S83.

OECD stat (2013). Educational personnel. (http://stats.oecd.org/Index.aspx?DatasetCode=RPERS, Zugriff am 14.03.2013).

Petersen J. & Hyde J. (2009). A longitudinal investigation of peer sexual harassment victimization in adolescence. Journal of Adolescence, 32, 1173-1188.

Pianta R. (1999). Enhancing Relationships Between Children and Teachers. Washington: APA.
Pickett W., Molcho M., Elgar F., Brooks F., de Looze M., Rathmann K., ter Bogt T., Gabhainn S., Sigmundová D., Gaspar de Matos M., Craig W., Walsh S., Harel-Fisch Y. & Currie C. (2013). Trends and socioeconomic correlates of adolescent physical fighting in 30 countries. Pediatrics, 131, e18.
Pozzoli,T., Gini G. & Vieno A. (2012). The Role of Individual Correlates and Class Norms in Defending and Passive Bystanding Behavior in Bullying: A Multilevel Analysis. Child Development, 83, 1917-1931.
Priebe G. & Svedin C. (2008). Child sexual abuse is largely hidden from the adult society: An epidemiological study of adolescents' disclosures. Child Abuse & Neglect, 32, 1095-1108.
Quas J. & Sumaroka M. (2011). Consequences of Legal Involvement on Child Victims of Maltreatment. In Lamb M.E., La Rooy D., Malloy L. & Katz C. (Hrsg.), Children's Testimony. A Handbook of Psychological Research and Forensic Practice (2nd Ed.). Chihester: Wiley, 323-350.
Radford L., Corral S., Bradley C., Fisher H., Bassett C., Howat N. & Collishaw S. (2011). Child abuse and neglect in the UK today. London: NSPCC.
Reynolds D., Chapman C., Kelly A., Muijs D. & Sammons P. (2012). Educational effectivenes: the development of the discipline, the critiques, the defence and the present debate. Effective Education, 3, 109-127.
Richard J., Schneider B. & Mallett P. (2012). Revisiting the whole school approach to bullying: Really looking at the whole school. School Psychology International, 33, 263-284.
Robers S., Zhang J., Truman J. & Snyder T. (2012). Indicators of school crime and safety: 2011. Washington: US Department of Education & US Department of Justice.
Roorda D., Koomen H., Split J. & Oort F. (2011). The influence of affective teacher-student relationships on student's school engagement and achievement: A meta-analytic approach. Review of Educational Research, 81, 493-529.
Runder Tisch "Sexueller Kindesmissbrauch in Abhängigkeits- und Machtverhältnissen in privaten und öffentlichen Einrichtungen und im familiären Bereich" (2012). Abschlussbericht. Berlin: BMJ, BMFSFJ & BMBF.
Rutter M., Maughan B., Mortimore P., Ouston J. & Smith A. (1979). Fifteen Thousand Hours: Secondary Schools and Their Effects on Children. London: Open Books.
Ryan A. & Ladd G. (2012). Peer relationships and adjustment at school. Charlotte: IAP.
Saarento S., Kärnä A., Hodges E. & Saimivalli C. (in press). Student-, classroom-, and school-level risk factors for victimization. Journal of School Psychology.
Schäfer M. (2008). Mobbing im Klassenzimmer. In Schneider W. & Hasselhorn M. (Ed.), Handbuch der Pädagogischen Psychologie. Göttingen: Hogrefe, 515-526.
Schmitz E., Voreck P., Hermann K. & Rutzinger E. (2006). Positives und negatives Lehrerverhalten aus Schülersicht. Berichte aus dem Lehrstuhl für Psychologie der TU München. Bericht Nr. 82. München.

Sedlak A., Mettenburg J., Basenda M., Petta I., McPherson K., Greene A. & Li S. (2010). Fourth National Incidence Study Child Abuse and Neglect. Report to Congress Washington: US Department of Health and Human Services (http://www.acf.hhs.gov/sites/default/files/opre/nis4_report_congress_full_pdf_jan2010.pdf).

Sikes P. & Piper H. (2010). Researching Sex and Lies in the Classroom. Allegations of sexual misconduct in schools. Abingdon: Routledge.

Smith P.K. (2011). Bullying in schools: Thirty years of research. In Monks C. & Coyne I. (Hrsg.), Bullying in Different Contexts. Cambridge: Cambridge University Press, 36-60.

Stadler, L.; Bieneck, S. & Pfeiffer, C. (2012). Repräsentativbefragung Sexueller Missbrauch 2011. KFN-Forschungsbericht Nr. 118 (http://www.kfn.de/versions/kfn/assets/fob118.pdf).

Strauss S. (2010). Sexual violence to girls and women in schools around the world. In Paludi M. (Ed.), Feminism and Women's Rights Worldwide. Santa Barbara: ABC-Clio, 187-232.

Sullivan J. & Beech A. (2004). A comparative study of demographic data relating to intra- and extra-familial child sexual abusers and professional perpetrators. Journal of Sexual Aggression, 10, 39-50.

Sunnari V. (2009). Physical Sexual Harassment as Experienced by Children at School. Oulu: Women's and Gender Studies at the University of Oulu.

Thornberg R. (2011). „She's weird!" The Social Construction of Bullying in School: A Review of Qualitative Research. Children & Society, 25, 258-267.

Timmerman G. (2003). Sexual Harassment of Adolescents Perpetrated by Teachers and by Peers: An Exploration of the Dynamics of Power, Culture, and Gender and Secondary Schools. Sex Roles, 48, 231-244.

Ttofi M., Farrington D. & Lösel F. (2012). School bullying as a predictor of violence later in life: A systematic review and meta-analysis of prospective longitudinal studies. Aggression and Violent Behavior, 17, 405-418.

Unterstaller A. (2006). Wie kann ein Verdacht auf sexuellen Missbrauch abgeklärt werden? In Kindler H., Lillig S., Blüml H., Meysen T. & Werner A. (Hrsg.), Handbuch Kindeswohlgefährdung nach § 1666 BGB und Allgemeiner Sozialer Dienst (ASD). München: DJI, 430-438.

Varbelow D. & Bull H.D. (2008). Gewalt im Rahmen von Schüler-Lehrer Interaktionen. In Scheithauer H., Hayer T. & Niebank K. (Hrsg.), Problemverhalten und Gewalt im Jugendalter. Stuttgart: Kohlhammer, 99-112.

Walgenbach P. (2002). Giddens' Theorie der Strukturierung. In Kieser A. (Hrsg.), Organisationstheorien. Stuttgart: Kohlhammer, 355-375.

Walsh K., Mathews B., Rassafiani M., Farrell A. & Butler D. (2012). Understanding teachers' reporting of child sexual abuse. Children and Youth Services Review, 34, 1937-1946.

Wentzel K. (2009). Peers and Academic Functioning at School. In Rubin K., Bukowski W. & Laursen B. (Hrsg.), Handbook of Peer Interactions, Relationships and Groups. New York: Guilford, 531-547.

Witkowska E. (2005). Sexual harassment in schools. Prevalence, structure and perceptions. Stockholm: Department of Public Health Sciences.

Wolff M. (2013). Sexueller Missbrauch in pädagogischen Kontexten. In Schmidt R.-B. & Sielert U. (Hrsg.), Handbuch Sexualpädagogik und sexuelle Bildung (2. überarb. Aufl.). Weinheim: Beltz, 461-474.

Cyberbullying

Missbrauch mittels neuer elektronischer Medien

Georges Steffgen

Übersicht

1 Missbrauch, ein definitorischer Ansatz
2 Missbrauch mit Hilfe der neuen elektronischen Medien
3 Cyberbullying als Missbrauchsinstrument
4 Formen von Cyberbullying
5 Ausmaß und Auswirkungen von Cyberbullying
6 Prävention des Missbrauchs durch Cyberbullying
7 Schlussfolgerung

Die Nutzung der neuen elektronischen Medien findet derzeit einen rasanten Anstieg. Die virtuelle Welt des World Wide Web ist mittlerweile für viele zu einer zweiten Heimat geworden (KIM-Studie, 2009; Steffgen et al., 2011; Smith & Steffgen, 2013). Diese verstärkte Mediennutzung mit deren inhärenten Gefahren und Risiken beschäftigt nicht nur Eltern, Pädagogen und Politiker, sondern auch die breite Öffentlichkeit. Insbesondere die Gefahren und Risiken des (sexuellen) Missbrauchs mittels Internet erlangen hierbei in jüngster Vergangenheit auch von wissenschaftlicher Seite verstärkte Aufmerksamkeit (Davidson & Martellozzo, 2008a).

Im folgenden Beitrag werden aufbauend auf einer allgemeinen Definition des (sexuellen) Missbrauchs die Missbrauchsmöglichkeiten mittels der neuen elektronischen Medien analysiert. Im Speziellen wird das Cyberbullying als potentielles Missbrauchsinstrument dargestellt. Hierzu wird vorab traditionelles Bullying von Cyberbullying abgegrenzt sowie eine Phänomenologie des Cyberbullyings vorgestellt, dem neben dem ‚Happy Slapping' auch das ‚Online Grooming' angehört. In diesem Zusammenhang wird neben Angaben zur Prävalenz auch näher auf die Auswirkungen des Cyberbullyings eingegangen. Abschließend werden unterschiedliche Möglichkeiten der Prävention des individuell schädigenden Einflusses von Cyberbullying aufgezeigt.

1 Missbrauch, ein definitorischer Ansatz

Derzeit lassen sich verschiedene Ansätze zur Definition des (sexuellen) Missbrauchs in der Literatur finden, wobei eine allgemein akzeptierte Definition bisher nicht vorliegt. Festzuhalten ist, dass in der wissenschaftlichen Literatur Missbrauch häufig gleichlautend mit sexuellem Missbrauch verwendet wird (Bange, 2002). Allgemein lassen sich weite von engen Definitionen abgrenzen (Wetzels, 1997). Weite Definitionen beziehen sich auf alle als potentiell schädlich angesehene Verhaltensweisen, diese können auch (sexuelle) Handlungen ohne Körperkontakt umfassen. Enge Definitionen hingegen beziehen sich auf als schädlich identifizierte oder normativ festgelegte Handlungen. Aus einer klinischen Perspektive ist das subjektive Erleben einer Schädigung oder Beeinträchtigung zentral. Weitere Kriterien des Missbrauchs sind, dass (sexuelle) Handlungen durch Drohungen oder körperliche Gewalt erzwungen sowie (sexuelle) Kontakte gegen den Willen des Opfers durchgeführt werden, wobei diese Übergriffe auch ohne direkten Körperkontakt erfolgen können (Bange & Deegener, 1996).

Die zum Teil scheinbare Einwilligung von Betroffenen wird durch das Konzept des wissentlichen Einverständnisses hinterfragt. Dort wo ein strukturelles Machtgefälle zwischen den Beteiligten besteht (z.B. zwischen einem Kind und einem Erwachsenen), erweist sich jeder sexuelle Kontakt als sexueller Missbrauch (Bange & Deegener, 1996). So können insbesondere Kinder in diesem Kontext nicht als gleichberechtigte Partner gesehen werden. Sie sind Erwachsenen körperlich und psychisch nicht gleichgestellt, und können daher derartige Kontakte kaum wissentlich ablehnen bzw. zustimmen.

2 Missbrauch mit Hilfe der neuen elektronischen Medien

Neben dem weitreichenden Nutzen und den Vorteilen der neuen elektronischen Medien, z.B. der Erleichterung der Kommunikation sowie der Entwicklung sozialer sowie kognitiver Kompetenzen (Greenfield & Yan, 2006; Valkenburg et. al., 2006; Nir-Gal & Nur, 2003), bergen die neuen Medien auch Möglichkeiten des (sexuellen) Missbrauchs.

Zum einen können Nutzer beim Surfen im Internet auf Inhalte stoßen, die als unangenehm oder gar angsterzeugend erlebt werden (z.B. Erotik/Pornoseiten, gewalthaltige Inhalte, etc.; KIM-Studie, 2009; Ey & Cupit, 2011). Diese unerwünschte Konfrontation mit Pornographie oder Gewalt wird häufig dadurch erleichtert, dass bei Jugendlichen beliebte Seiten mit pornografischen oder gewalthaltigen Seiten verlinkt sind. So geben beispielsweise 12 % der EU-Kinder an, dass sie sich beeinträchtigt fühlen oder (sehr) erschrocken waren über vorgefundene Inhalte im Internet (Livingstone et al., 2011). Diese Reaktionen werden von den Informationsvermittlern zum Teil intendiert oder zumindest billigend in Kauf genommen. Auch nutzen Sexualtäter gezielt das Internet um (Missbrauchs-)Fotos bzw. Filme auszutauschen, bzw. diese für andere zugänglich zu machen.

Zum anderen erleichtert, die häufig gering kontrollierte, unbekümmerte Veröffentlichung eigener personensensibler Daten den Missbrauch durch andere. Beispielsweise veröffentlicht ein Viertel der Social Networking-Nutzer sensible Daten auf ihren SN-Profilen, wobei 41 % der 8- bis 17-jährigen sowie 44 % der erwachsenen Profile von anderen eingesehen werden können (offene Privatsphäreeinstellung; Ofcom, 2008; Hinduja & Patchin, 2008). 3 % der EU27-Bürger geben zudem an, dass sie bereits einen finanziellen Schaden durch betrügerische E-Mails hatten, und 4 % beklagen den Missbrauch von persönlichen Daten (Eurostat, 2011).

Obschon die Online-Kommunikation hauptsächlich mit Bekannten, Freunden und Familienmitgliedern erfolgt (Gross, 2004; Lenhart & Madden, 2007), kommunizieren 17 %, vor allem Jugendliche, auch mit ihnen fremden Personen (Ofcom, 2008). Diese Kommunikation mit fremden Nutzern kann dann – sowohl online, als auch offline – zu sexuellen Belästigungen und Übergriffen führen (Davidson & Martellozzo, 2008b; Estes & Weiner, 2001; Mitchell et al., 2011). Livingstone u. a. (2011) belegen, dass 30 % der 9- bis 16-jährigen Kinder aus der EU in der Vergangenheit mit Fremden im Internet kommuniziert haben. Hiervon haben sich 9 % der Kinder mit dem fremden Online-Kontakt im realen Leben getroffen, wobei sich 11 % durch dieses Treffen bedroht fühlten.

Insbesondere Cyberbullying (im deutschen Sprachgebrauch häufig synonym mit Cybermobbing verwendet), kann als Ausgangspunkt von Missbrauchsverhalten gesehen werden. Smith et al. (2006) definieren Cyberbullying als eine spezifische Form des Bullying. Dieses wird als aggressives Verhalten angesehen, welches vorsätzlich und wiederholt von Einzelnen oder Gruppen mit Hilfe von elektronischen Kommunikationsmitteln gegen Opfer eingesetzt wird, um diese zu verletzen oder zu schädigen (vgl. auch Patchin & Hinduja, 2006). Die Opfer zeichnet aus, dass sie sich wiederum nur schwer selbst schützen können. Neben der Schädigungsabsicht, der Wiederholung sticht insbesondere das Machtungleichgewicht in dem Definitionsansatz hervor (Smith & Steffgen, 2013).

Im Folgenden wird nun näher auf das Missbrauchspotential von Cyberbullying eingegangen. Aufbauend auf der Grundlage des Bullyingbegriffs werden die spezifischen Merkmale das Cyberbullying dargelegt.

3 Cyberbullying als Missbrauchsinstrument

Das klassische Bullying unter Kindern und Jugendlichen ist mittlerweile ein vielfältig untersuchtes und fest etabliertes Forschungsfeld in der Aggressionsforschung, und dessen Missbrauchspotential weitgehend belegt (Huberty & Steffgen, 2008; Scheithauer et al., 2003). Bullying wird dabei laut Olweus (1996) als Spezialfall aggressiven Verhaltens definiert: "A student is being bullied when he or she is exposed repeatedly and over time to negative action on the part of one or more other students." Folgende Merkmale sind dabei zentral (Huberty & Steffgen, 2008):

1. Bei Bullying handelt es sich um negative Handlungen – aggressive Verhaltensweisen – die eine Person gegenüber einer anderen ausübt. Die Intentionalität einer Handlung ist hierbei von großer Bedeutung, d. h. ein Verhalten wird zielgerichtet ausgeführt, um einen anderen Schüler zu schädigen. Implizit bedeutet dies, dass das aggressive Verhalten auch vom Opfer als verletzend empfunden wird.
2. In der Beziehung zwischen Angreifer und Opfer besteht ein ungleiches, asymmetrisches Kräfte- bzw. Machtverhältnis. Das Macht-Ungleichgewicht kann sowohl auf physischen (z.B. Größe), kognitiven (z.B. Intelligenz) als auch sozialen Faktoren (z.B. sozialer Status) beruhen. Die Person, die den negativen Handlungen ausgesetzt ist, hat Mühe sich zu verteidigen und ist somit seinen Angreifern bzw. seinem Angreifer eher hilflos ausgeliefert.
3. Bullying wiederholt sich (z.B. einmal pro Woche oder mehrmals am Tag), über einen längeren Zeitraum (z.B. über mehrere Wochen oder über mehrere Jahre) und erfolgt systematisch. Opfer werden ausgesucht, um dann von einzelnen Personen oder einer ganzen Gruppe von Personen regelmäßig schikaniert zu werden. Ausgeschlossen vom Begriff des Bullying werden also einzelne „Ausraster" und negative Handlungen, die einmal gegen den einen Schüler und ein andermal gegen einen anderen gerichtet sind.

4. Das vierte Merkmal bezieht sich auf die Erscheinungsformen des Bullying. Die Begrenzung des Bullying auf direkte körperliche Übergriffe wird dem Phänomen nicht gerecht. Olweus (2002) unterscheidet mittelbare Gewalt von unmittelbarer Gewalt. Unter mittelbarer Gewalt versteht er direkte, offene Angriffe (physisch oder verbal), unter unmittelbarer Gewalt jeden Versuch, eine Person sozial auszugrenzen (relational).

Bei diesen vier Kriterien des Bullying handelt es sich um die geläufigsten Aspekte, die sich in jeweils leicht veränderter Form in der Literatur wiederfinden (vgl. Olweus, 2002; Kulis, 2005; Scheithauer et al., 2003; Wolke & Stanford, 1999). Als weiteres wesentliches Erklärungsmerkmal erweist sich nach Schäfer und Korn (2001) sowie Smith und Morita (1999):

5. dass Bullying meist in sozialen Kontexten auftritt, denen man sich nicht ohne weiteres entziehen kann und die durch eine starre Gruppenstruktur geprägt sind. Die Schule repräsentiert solch ein soziales Umfeld, da Schüler jeden Tag zur Schule gehen müssen. Die Fluchtmöglichkeiten potentieller Opfer sind also stark begrenzt. Zusätzlich bewegen sich Schulpflichtige über Jahre hinweg in gleichen sozialen Umwelten, was dazu führt, dass über die Zeit hinweg veränderungsresistente Gruppengefüge entstehen. Einmal angenommene soziale Rollen (z.B. die des Opfers) sind nur noch schwer abzulegen. In diesem Zusammenhang kann man also aus der Sicht der Opfer von einem Zustand des „Ausgeliefertseins" sprechen in dem die eigenen Handlungsmöglichkeiten eingeschränkt sind. Auch die virtuelle Welt des Internet, insbesondere das Social Networking, erfüllt diese Kriterien.

Cyberbullying ist in sehr engem Zusammenhang mit dem Begriff des klassischen Bullying zu sehen. Wie oben bereits aufgeführt ist es insbesondere das zusätzliche Nutzen von elektronischen Kommunikationsmitteln, welches die beiden Verhaltensweisen voneinander abgrenzt. Neben diesem Aspekt werden jedoch weitere Unterschiede benannt, die es wiederum erschweren, Cyberbullying als rein verdecktes psychologisches Bullying zu betrachten (Hinduja & Patchin, 2009). So bleibt der Täter meist anonym, die Macht und Kontrolle über die Situation liegt verstärkt in den Händen des Täters, die Täter fühlen sich vor Sanktionen geschützt und die aggressive Handlungen durchdringen noch stärker die Privatsphäre des Opfers. An jedem Ort, zu jeder Zeit können diese Missbrauchshandlungen durchgeführt werden (Smith et al., 2008). Erste Befunde weisen darauf hin, dass Opfer von klassischem Bullying häufig auch Opfer von Cyberbullying sind. Zudem erweisen sich Bullying Opfer zum Teil auch als potentielle Cyberbullies (König et al., 2010).

Die aufgezeigten Kriterien weisen die neuen elektronischen Medien zum einen als potentiellen Ort des Missbrauchs und Cyberbullying zum anderen als potentielle Handlungsweise des Missbrauchs aus.

4 Formen von Cyberbullying

Es lassen sich eine Vielzahl an unterschiedlichen Formen des Cyberbullying differenzieren. Smith et al. (2006) basieren die von ihnen aufgestellte Typologie auf das jeweils verwendete elektronische Kommunikationsmittel anhand dessen Cyberbullying durchgeführt wird:

- Textnachrichten: zum Beispiel das Senden einer beleidigenden SMS
- Versenden von Fotos oder Videos: normalerweise werden diese mit den Kameras der Mobiltelefone gemacht und anschließend mit diesen Telefonen oder auf Fotoseiten im Internet verteilt.
- Telefonanrufe: besonders von Mobiltelefonen
- Cyberbullying durch das Versenden von beleidigenden E-Mails
- Cyberbullying in Chatrooms
- Instant Messenger: Versenden von beleidigenden, bösartigen und/oder einschüchternden Nachrichten
- Webseiten: veröffentlicht um anderen Personen oder Gruppen zu schaden.

Dementsprechend finden sich in der Literatur mittlerweile eine Vielzahl von Begrifflichkeiten, die dieser Differenzierung Rechnung tragen (electronic bullying, e-bullying, sms bullying, mobile bullying, online bullying, digital bullying und Internet bullying).

Andere Autoren wiederum differenzieren anhand der Ausrichtung der durchgeführten Handlungen (vgl. zusammenfassend Hinduja & Patchin, 2009). So unterscheidet Willard (2006) zwischen:
- Flaming: Streitigkeiten, hitzige Online-Diskussionen mit Hilfe von elektronischen Nachrichten, bei denen vulgäre und beleidigende Worte verwendet werden. An diesen meist kurzlebigen Streitigkeiten sind zwei oder mehr Personen beteiligt, sowie manchmal auch Zuschauer, die Einfluss auf den Verlauf der Diskussion nehmen. Wesentlich ist außerdem, dass Flaming Gewaltdrohungen enthalten kann (aber nicht muss), welche eventuell zu physischer Gewalt führen kann. Bei Flaming befinden sich die beteiligten Personen auf einer Machtebene, weshalb es teilweise nicht als Cyberbullying im engeren Sinne gesehen wird.

- Belästigung: Wiederholtes Senden von beleidigenden, widerlichen und/oder bedrohlichen Nachrichten. Hierbei ist vor allem das Andauern über die Zeit hervorzuheben; im Gegensatz zu Flaming handelt es sich bei Belästigung um das wiederholte Senden von negativen Nachrichten/Infomationen über einen längeren Zeitraum. Bei der Zielperson kann so eine ständige Angst vor Belästigung entstehen, sobald sie online ist. Belästigung erfolgt meist einseitig; antwortet die Zielperson ihrerseits mit beschimpfenden Nachrichten, dann nur in der Absicht, das Verhalten des Belästigenden zu beenden.
- Verunglimpfung: Jemanden durch die Verbreitung von Gerüchten oder Lügen im Internet beleidigen oder diffamieren. Die Zielperson ist dabei nur indirekt beteiligt, da die Empfänger der Nachrichten andere Personen sind, wobei es sich um der Zielperson bekannte Personen oder auch um sämtliche Nutzer des Kommunikationsmittels handeln kann (z.B. beim Veröffentlichen von Gerüchten in sozialen Netzwerken). Verunglimpfung im Internet kann Sprache beinhalten, die als Beleidigung oder Verleumdung strafbar ist.
- Personifikation: Durch Auftreten als eine andere Person im Internet (Rollenübernahme mit Hilfe deren Benutzernamen, Passwörtern etc.) wird versucht diese Person durch unangemessenes Verhalten schlecht aussehen zu lassen und dies vorzuführen. Das Ziel besteht darin dem Ansehen dieser Person zu schaden und/oder um Konflikte in deren Freundschaften zu provozieren.
- Outing und Verrat: Geheimnisse, intime oder peinliche Informationen oder Bilder einer Person online verbreiten. Dabei ist meistens eine ganze Gruppe von Personen beteiligt. Um Verrat handelt es sich z.B., wenn ein Cyberbully ihm/ihr anvertraute private Informationen z.B. per E-Mail an andere weiterleitet oder andere Personen seine/ihre Onlineunterhaltung mit der Zielperson mitlesen lässt.
- Ausschluss: Jemanden bewusst aus einer Online-Gruppe ausschließen (Chats, Freundeslisten, thematische Foren etc.). Dies geschieht besonders häufig unter Jugendlichen, die eine sogenannte In-Group und deren Außenseiter definieren. Gerade im Schulsetting führt der Ausschluss von Online-Aktivitäten meistens auch zu Ausschluss aus dieser Gruppe im täglichen Leben, was bedeutende emotionale Konsequenzen für die Zielperson haben kann.
- Cyberstalking: Wiederholtes Senden von Nachrichten, die Bedrohungen und eventuell auch Erpressung enthalten oder verstörend wirken. Dabei soll die Zielperson eingeschüchtert und/oder ihr Ruf oder Freundschaften zerstört werden. Der Unterschied zwischen Belästigung und direktem Cyberstalking ist zum Teil schwierig aufzuzeigen, jedoch ist insbesondere die Furcht der Zielperson um die eigene Sicherheit ein deutlicher Indikator da-

für, dass es sich um Cyberstalking handelt. Indirektes Cyberstalking nimmt meist die Form von Verunglimpfung oder Personifikation an (siehe oben). Wesentlich ist, dass Opfer von Cyberstalking aus Angst vor den Konsequenzen oftmals zögern dieses zu berichten, vor allem wenn sie selbst dem Stalker das Material (z.B. zweideutige Fotos aus einer vorherigen intimen Beziehung) geliefert haben.

Eine weitere spezifische Form von Cyberbullying stellt das „Happy Slapping" dar. Darunter wird eine meist unerwartete Attacke auf ein Opfer verstanden, wobei Unterstützer des Angreifers das Vorgehen filmen, oftmals mit der Kamera eines Handys, um es danach zu verbreiten und es wiederholt abzuspielen. Die Angreifer versuchen die gewalthaltige Tat meist wie ein Spiel erscheinen zu lassen. Bei Happy Slapping werden mindestens zwei Angreifer benötigt, ein Aggressor und eine Person, die die Aggression filmt. Der meist körperliche Missbrauch wird hier einer breiten Öffentlichkeit gezeigt.

Auch „Online Grooming", die systematische, gezielte Anbahnung (sexueller) Kontakte von Erwachsenen mit dem Ziel der sexuellen Ausbeutung von Minderjährigen, kann als eine spezifische Form des Cyberbullying angesehen werden (Wachs, Wolf & Pan, 2012). Diese Form des Cyberbullying geht über die Belästigung hinaus, Kinder und Jugendliche erhalten hier z.B. unaufgefordert pornographisches Bildmaterial zugesandt, werden zu Treffen animiert und für Fotoshootings angeworben (Katzer, 2008; Derr, 2009). Dabei bauen Täter/innen über das Internet (z.B. im Chat) über einen längeren Zeitraum das Vertrauen ihrer minderjährigen Zielperson auf, oftmals indem sie sich ebenfalls als Teenager ausgeben und als verständnisvoller Zuhörer darstellen. Durch Geschenke und Aufmerksamkeit wird diese Beziehung gestärkt. Die Anonymität im Internet, die geringere Hemmschwelle und die relativ hohe Verfügbarkeit von Zielpersonen erleichtern es den Täter/innen, das aufgebaute Vertrauen auszunutzen und sexuelle Gewalt auszuüben (Katzer, 2008). In einem gegebenen Zeitraum kann es dann zu sexuellen Übergriffen im Chat, bis hin zu Treffen und Übergriffen im realen Leben, kommen. Häufig wird eine Vertrauensbasis bei den Kindern und Jugendlichen aufgebaut, um dann bei einem persönlichen Treffen sexuelle Gewalt auszuüben. Der Zugang der Täter zu ihren Opfern erweist sich in der virtuellen Welt als insgesamt leichter und unauffälliger umsetzbar (Derr, 2009).

5 Ausmaß und Auswirkungen von Cyberbullying

Aufgrund starker methodischer und definitorischer Differenzen in den derzeit vorliegenden Studien zur Prävalenz des Cyberbullyings erweist es sich als äußerst schwierig das Ausmaß der Problematik zu quantifizieren (Smith & Steffgen, 2013).

Thorp (2004) berichtet in einer der ersten Studien zur Erforschung des Auftretens von Cyberbullying-Vorfällen in New Hampshire, dass während des Jahres 2000 6 % der befragten Jugendlichen Opfer von Online-Bullying wurden. In der Studie der NCH (National Children's Home) von 2005 geben 20 % der Befragten an Opfer von Cyberbullying gewesen zu sein, wobei 14 % durch Textnachrichten, 5 % in Chat-rooms und 4 % durch E-Mail bedroht wurden. Auch Oliver und Candappa (2003) belegen, dass 4 % der Schüler zwischen 12 und 13 Jahren mit aggressiven Textnachrichten auf ihren Mobiltelefonen konfrontiert wurden. In einer von Burgess-Proctor (vgl. Patchin & Hinduja, 2006) durchgeführten Studie in den USA gaben 38,3 % der Jugendlichen an, schon einmal Opfer von Cyberbullying gewesen zu sein. 16 % der Stichprobe führen an, schon einmal andere Online angegriffen zu haben. Eine telefonische Befragung, die von Ybarra und Mitchell (2004) mit Jugendlichen zwischen 10 und 17 Jahren durchgeführt wurde ergab, dass 19 % bei einem Cyberbullyingvorfall entweder als Opfer oder als Aggressor beteiligt waren.

In Kanada erreichte der Anteil der Internetnutzer, die bereits über Internet schikaniert und bedroht wurden 25 % (MNet, 2001). 69 % geben an jemanden zu kennen, der bereits Opfer von Cyberbullying wurde (Beran & Li, 2005). In einer weiteren Studie, belegt Li (2006), dass fast 25 % Opfer von Onlineaggressionen wurden, während 17 % angaben, schon einmal jemanden auf diese Art und Weise angegriffen zu haben.

Auch für Europa liegen vergleichbare Daten vor. In einer repräsentativen Untersuchung in Großbritannien zeigen die Ergebnisse von NCH (2005) auf, dass 20 % der Befragten bereits mit Cyberbullying konfrontiert wurden. Smith et al. (2006) belegen einen noch höheren Anteil an Schülern, die bereits Erlebnisse mit Cyberbullying hatten (22 %), wobei 6,6 % der Schüler angaben, in den letzten zwei Monaten längere Zeit unter Angriffen gelitten zu haben.

Für Deutschland berichten Katzer und Fetchenhauer (2007), dass über 40 % aller befragten Chatter von anderen Chatteilnehmern bereits beleidigt, gehänselt, geärgert oder beschimpft, 14 % von anderen erpresst, unter Druck gesetzt oder bedroht und fast ein Viertel aller Chatter von anderen in Gesprächen ausgegrenzt, nicht beachtet, isoliert wurden. Katzer und Fetchenhauer (2007) belegen, dass 38 % der befragten Chatter schon gegen ihren Willen nach sexuellen Dingen gefragt wurden oder ihnen über sexuelle Erfahrungen anderer berichtet wurde. 11 % der chattenden Jugendlichen erhielten unaufgefordert Nacktfotos und 5 % Pornofilme, zudem wurden 8 % zu sexuellen Handlungen vor der Webcam aufgefordert. Weiterhin zeigt Oppenheim (2008) auf, dass 15 % der 10- bis 15-Jährigen bereits sexuell im Netz bedrängt wurden, indem sie beispielsweise aufgefordert wurden, sexuelle Handlungen vorzunehmen, über Sex zu reden, oder sexuelle Erfahrungen im Chat zu teilen.

Versucht man die derzeit vorliegenden Studien aus unterschiedlichen Europäischen Ländern, den USA, Kanada und Australien zusammenzufassen, so sind Prävalenzraten der Cyberviktimisierung von 3 % bis 26 %, und des Cyberbullying von 6 % bis 17 % anzunehmen (Steffgen et al., 2011; Li, Cross & Smith, 2011).

Ybarra und Mitchell (2004) weisen aus, dass Jugendliche, die Cyberbullying erlebt haben, mit höherer Wahrscheinlichkeit depressive Verstimmungen und andere Verhaltensprobleme aufweisen, sowie häufiger auch außerhalb des Internets Opfer von Bullying werden (Li et al., 2012). Im Vergleich zwischen klassischem Bullying und Cyberbullying belegen Smith et al. (2006), dass:

- ungewollt verbreitete Fotos, Filme, ebenso wie Telefonanrufe als belastender wahrgenommen werden von den Opfern als das klassische Bullying,
- Aggressionen über Webseiten und durch Textnachrichten von den Schülern als genauso belastend empfunden werden wie das klassische Bullying.

Die Studie von msn.uk (2006) zeigt zudem auf, dass 11 % der Befragten angaben, dass die Auswirkungen des Cyberbullying ernster sind als erlebte körperliche Angriffe.

Durch Cyberbullying können demnach sowohl akute, direkte Belastungen (sich verletzt fühlen, verängstigt sein) als auch dauerhafte Belastungen (psychische und gesundheitliche Probleme) auftreten (Gradinger et al., 2012). Es sind vielfältige negative Auswirkungen erkennbar, wie z.B. psychosomatische Beschwerden (Schlafstörungen, Kopf-, Bauchschmerzen, Bettnässen oder gestörtes Essverhalten), Gefühle der Hilflosigkeit, Traurigkeit, Depression, Angstsymptome, persönlichen Abwertungen, negative Selbstwertgefühle, Selbstmitleid, Selbstbeschuldigungen, Sozialer Rückzug, Isolation, Beziehungsprobleme, Leistungsabfall in der Schule, Meiden der Schule bis hin zu Suizidgedanken und -versuchen (Steffgen & König, 2009; Willard, 2006). Insbesondere die sexuelle Viktimisierung im Chat stellt für die Opfer eine starke emotionale Belastung dar, die mit zum Teil dauerhaften negativen psychischen Folgen einhergeht (Katzer & Fetchenhauer, 2007).

6 Prävention des Missbrauchs durch Cyberbullying

Die psychologisch-pädagogische Fachliteratur hat mittlerweile eine Vielzahl anwendbarer Interventionskonzepte zu klassischem Bullying dokumentiert (Smith et al., 1999). Diese werden von einer Vielzahl von Schulen angewendet und für ihre spezifischen Bedürfnisse adaptiert. Insgesamt gewinnen in Bezug auf Bullying-Interventionen schulweite Mehr-Ebenen-Konzepte zunehmend an Beutung (Scheithauer et al., 2003). Ttofi und Farrington (2011) konnten anhand einer Meta-Analyse belegen, dass derartige Konzepte bis zu 23 % an Bullyingverhalten und bis zu 20 % an Viktimisierung reduzieren können.

Diese Konzepte sind auch als Ansatzpunkte für Interventionen gegenüber Cyberbullying zu nutzen. Jedoch ist davon auszugehen, dass gegenüber den Bullying-Ansätzen zusätzliche Aspekte zu berücksichtigen sind, z.b. hinsichtlich der Kenntnisse über die Funktionsmöglichkeiten von technischen Kommunikationsmitteln. So verfügen Lehrer und Eltern zum Teil über geringere Kenntnisse über die Nutzung neuer Kommunikationstechnologien als Kinder und Jugendliche. Erste empirische Befunde in diesem Bereich belegen, dass es Schülern insgesamt an angemessenen Strategien und Verhaltensweisen fehlt, um mit dem erlebten Cyberbullying umzugehen (Li, 2005). Daher zielen unterschiedliche Ansätze darauf, den Mangel an Problembewusstsein bei Eltern und Schulpersonal zu minimieren. Erste Richtlinien für Eltern, Erzieher und Lehrer wurden vorgelegt, die Schüler dazu auffordern über ihre Erfahrungen zu berichten. Zudem wird gefordert (Hinduja & Patchin, 2009), dass:

- Schulen Einfluss auf die Eltern nehmen sollen,
- vertrauensvolle Beziehungen zwischen Schülern und Lehrern aufgebaut werden,
- angemessene soziale Normen sowie sozial-emotive Kompetenzen (z.B. Empathie, siehe Steffgen et al., 2011) entwickelt und
- Medienkompetenz vermittelt werden.

Cross et al. (2012) benennen darüber hinaus fünf Strategien, welche sich als effektiv zur Reduzierung von Cyberbullying erweisen sollten. Es gilt:

1. Problemverständnis und Bewusstsein sowie Handlungskompetenzen über (Cyber-)Bullying bei Lehrpersonal, Schülern und Eltern zu entwickeln,
2. proaktive Schulpolitik, Handlungspläne und Praktiken zu entwickeln um auf den unterschiedlichen Ebenen angemessen zu reagieren,
3. ein unterstützendes soziales Umfeld herzustellen,

4. eine schützende physikalische (bzw. technische) Umwelt zu gestalten,
5. eine Vernetzung zwischen Schule, Familie und Gemeinschaft/Gemeinde zu etablieren.

Insgesamt ist festzustellen, dass bisher kaum wissenschaftlich evaluierte Interventionsprogramme zu Cyberbullying vorliegen. Das Programm Medienhelden stellt hier einen ersten theoriebasierten, präventiven Ansatz zur Reduktion von Cyberbullying und zur Förderung der Medienkompetenz von Schülern dar (Schultze-Krumbholtz et al., 2012). Ziele des Programms sind es Problembewusstsein zu erarbeiten, Informationen/Wissen zu vermitteln sowie angemessene soziale Normen zu etablieren. Neben dem Erlernen von Perspektivenübernahme und Empathie sollen ebenso Einstellungen angepasst werden. Zudem sollen die Schüler lernen ihre Mediennutzung bzw. ihr Medienverhalten kritisch zu hinterfragen, angemessene Handlungskompetenzen herauszubilden, sowie das Klassenklima zu verbessern und zufriedenstellende Peerbeziehungen zu erstellen. Erste Befunde der Wirksamkeitsevaluation des Programms weisen darauf hin, dass die einzelnen Programmelemente sehr positiv von Lehrern und Schülern aufgenommen und beurteilt werden (Jäkel et al., 2012).

Als wesentlich erweist es sich, dass neben Maßnahmen auf pädagogischer Ebene (Schule, Lehrer, Eltern) sowie individueller Ebene (Opfer, Täter, Bystander) (vgl. Pfetsch et al., 2011), auch Maßnahmen auf technischer (Provider) sowie juristischer und polizeilicher Ebene erforderlich sind. Insbesondere das Happy Slapping sowie das Online Grooming erfordern es, dass weitere Schritte im Jugendmedienschutz vorzunehmen sind.

7 Schlussfolgerung

Neben den klassischen institutionellen Kontexten ist davon auszugehen, dass auch im Rahmen der virtuellen Welt (sexueller) Missbrauch möglich ist und auch durchgeführt wird. Dies sowohl im Sinne einer weiten als auch einer engen Definition des (sexuellen) Missbrauchs.

Cyberbullying, in seinen unterschiedlichen Formen, stellt hierbei eine bedeutsame Möglichkeit dar, die Umsetzung von sowohl online als auch offline (sexuellem) Missbrauch zu beschreiben. Insbesondere Happy Slapping als eine Form des direkten körperlichen sowie psychischen Missbrauchs, als auch Online Grooming als eine Form des sexuellen Missbrauchs, belegen, dass die virtuelle Welt zur konkreten Durchführung von Missbrauch genutzt wird. Die aufgezeigte Prävalenz des Cyberbullyings sowie dessen weitreichenden Folgen (hin bis zu suizidalem Verhalten der Opfer) weisen einen konkreten Handlungsbedarf in diesem Bereich auf. Neben Interventionen auf pädagogischer sowie individueller Ebene sind auch Maßnahmen auf technischer (Provider) sowie juristischer und polizeilicher Ebene erforderlich. Erste spezifische Präventionsprogramme für Cyberbullying wurden vorgelegt, deren Wirksamkeitsevaluation jedoch noch weitestgehend aussteht.

Literatur

Bange, D. (2002). Definitionen und Begriffe. In: Bange, D. & Körner, W. (Hrsg.) (2002). Handwörterbuch sexueller Missbrauch (S. 47-52). Göttingen: Hogrefe.
Bange, D., & Deegener, G. (1996). Sexueller Missbrauch an Kindern. Ausmaß, Hintergründe, Folgen. Weinheim: PVU.
Beran, T., & Li, Q. (2005). Cyber-harassment: A study of a new method for an old behave. In: Journal of Educational Computing Research, 32(3), S. 265-277.
Cross, D., Li, Q., Smith, P.K., & Monks, H. (2012). Understanding and preventing cyberbullying: Where have we been and where should we be going? In: Li, Q., Cross, D. & Smith, P.K. (Hrsg.) (2012). Cyberbullying in the global playground (S. 287-305). Malden, MA: Wiley-Blackwell.
Davidson, J., & Martellozzo, E. (2008a). Protecting vulnerable young people in cyberspace from sexual abuse: raising awareness and responding globally. In: Police Practice and Research, 9(4), S. 277-289.
Davidson, J., & Martellozzo, E. (2008b). Protecting Children Online: Towards a Safer Internet. In: Letherby, G., Birch, P., Cain, M. & Williams, M. (Hrsg.) (2008), Sex Crime (S. 338-355). Cullompton: Willan Publishers.
Derr, R. (2009). Sexuelle Gewalt in den neuen Medien. Herausforderungen für den Kinder- und Jugendschutz. In: Monatsschrift Kinderheilkunde, 5, S. 449-455.
Estes, R. J., & Weiner, N. A. (2001). The Commercial Sexual Exploitation of Children In the U.S., Canada and Mexico. Philadelphia: Center for the Study of Youth Policy.
Eurostat (2011). Nearly one third of internet users in the EU27 caught a computer virus. Eurostat Press Office.
Ey, L. A., & Cupit, C. G. (2011). Exploring young children's understanding of risks associated with Internet usage and their concepts of management strategies. In: Journal of Early Childhood Research, 9(1), 53.
Gradinger, P., Strohmeier, D., & Spiel, C. (2012). Motives for bullying others in cyberspace: A study on Bullies and Bully-Victims in Austria. In Li, Q., Cross, D. & Smith P.K. (Hrsg.) (2012). Cyberbullying in the global playground (S. 263-284). Malden, MA: Wiley-Blackwell.
Greenfield, P., & Yan, Z. (2006). Children, adolescents, and the Internet: A new field of inquiry in developmental psychology. In: Developmental psychology, 42(3), 391.
Gross, E. F. (2004). Adolescent Internet use: What we expect, what teens report. In: Journal of Applied Developmental Psychology, 25(6), S. 633–649.

Hinduja, S., & Patchin, J. W. (2008). Personal information of adolescents on the Internet: A quantitative content analysis of MySpace. In: Journal of Adolescence, 31(1), 125-146.
Hinduja, S., & Patchin, J. W. (2009). Bullying. Beyond the schoolyard. Thousand Oaks, CA: Corwin Press.
Huberty, Y. & Steffgen, G. (2008). Bullying in Schulen. Prädiktoren zivilcouragierten Verhaltens. Saarbrücken: VDM.
Jäkel, A., Schultze-Krumbholtz, A., Zagorscak, P., & Scheithauer, H. (2012). Das Medienhelden-Programm. In: Forum Kriminalprävention, 12(1), S. 16-20.
Katzer, C. (2008). Tatort Internet: Cyberbullying und sexuelle Viktimisierung von Kindern und Jugendlichen in Chatrooms. In: Forum Kriminalprävention, 8(3), S. 26-33.
Katzer, K., & Fetchenhauer, D. (2007). Cyberbullying: Aggression und Viktimisierung in Chatrooms. In Gollwitzer, M., Pfetsch, J., Schneider, V., Schulz, A., Steffke, T. & Ulrich, C. (Hrsg.) (2007). Gewaltprävention bei Kindern und Jugendlichen (S. 104-122). Göttingen: Hogrefe.
KIM-Studie. (2009). Kim-Studie 2008: Kinder und Medien, Computer und Internet. Stuttgart: Medienpädagogischer Forschungsverbund Südwest.
König, A., Gollwitzer, M., & Steffgen, G. (2010). Cyberbullying as an act of revenge? In: Australian Journal of Guidance and Counselling, 20, S. 210-224.
Kulis, M. (2005). Bullying als Gruppenphänomen: Der Beitrag der Mitschüler für die Stabilisierung von Bullying. München: Dr. Hut.
Lenhart, A., & Madden, M. (2007). Teens, Privacy & Online Social Networks: How teens manage their online identities and personal information in the age of MySpace. Washington: Pew Internet & American Life Project.
Li, Q. (2005). Cyberbullying in schools: Nature and extent of adolescents' experience. Paper presented at the Annual American Educational Research Association Conference, Montreal.
Li, Q. (2006). Cyberbullying in schools: A research of gender differences. In: School Psychology International, 27, S. 157-170.
Li, Q., Cross, D., & Smith, P.K. (Hrsg.). (2012). Cyberbullying in the global playground. Malden, MA: Wiley-Blackwell.
Livingstone, S., Haddon, L., Görzig, A., & Ólafsson, K. (2011). Risks and safety on the internet: The perspective of European children. London: EU Kids Online.
Mitchell, K. J., Jones, L. M., Finkelhor, D., & Wolak, J. (2011). Internet-Facilitated Commercial Sexual Exploitation of Children: Findings From a Nationally Representative Sample of Law Enforcement Agencies in the United States. In: Sexual Abuse: A Journal of Research and Treatment, 23(1), 43.
Nir-Gal, O., & Nur, T. (2003). Learning in an internet environment during early childhood. In: Contemporary Issues in Early Childhood, 4(2), S. 172–187.
MNet. (2001). Young canadians in a wired world-Mnet Survey. Available from http://www.media-awareness.ca/English/special_initiatives/surveys/index.cfm
NCH. (2005). Putting U in the picture – Mobile phone bullying survey 2005. Available from http://www.nch.org.uk/uploads/documents/Mobile_bullying_%20report.pdf/.
Ofcom. (2008). Social Networking: A quantitative and qualitative research report into attitudes, behaviours and use. London: Office of Communication.

Oliver, C., & Candappa, M. (2003). Tackling bullying: Listening to the views of Children and Young People. Department for Education and Skills, Nottingham.
Olweus, D. (1996). Bullying at school. Knowledge base and an effective intervention program. In: Ferris, C. & Grisso, T. (Hrsg.) (1996). Understanding aggressive behaviour in children. Annals of the New York Academy of Sciences, Vol. 794 (S. 265-276). New York: The New York Academy of Sciences.
Olweus, D. (2002). Gewalt in der Schule. Was Lehrer wissen sollten – und tun können (3. korr. Aufl.). Bern: Huber.
Oppenheim, K. (2008). Social Networking Sites: Growing Use Among Tweens and Teens, but a Growing Threat As Well? In: Trends & Tudes, 7(3), S. 1-4.
Patchin, J.W., & Hinduja, S. (2006). Bullies move beyond the schoolyard: A preliminary look at cyberbullying. In: Youth Violence and Juvenile Justice, 4, S. 148-169.
Pfetsch, J., Steffgen, G., Gollwitzer, M., & Ittel, A. (2011). Prevention of aggression in schools through a bystander intervention training. In: International Journal of Developmental Science, 5, S. 139-149.
Schäfer, M. & Korn, S. (2001). Bullying – eine Definition. In: Psychologie in Erziehung und Unterricht, 51, S. 236-237.
Scheithauer, H., Hayer, T. & Petermann, F. (2003). Bullying unter Schülern. Erscheinungsformen, Risikobedingungen und Interventionskonzepte. Göttingen: Hogrefe.
Schultze-Krumbholtz, A., Zagorscak, P., Siebenbrock, A., & Scheithauer, H. (2012). Medienhelden: Unterrichtsmaterial zur Förderung von Medienkompetenz und Prävention von Cybermobbing. München: Reinhardt Verlag
Smith, P.K. & Morita, Y. (1999). Introduction. In Smith, P. Morita, Y. Junger-Tas, J., Olweus, D. Catalano, R. & Slee, P. (Hrsg.) (1999). The nature of school bullying. A cross-national perspective (S. 1-4). London: Routledge.
Smith, P.K., Pepler, D., & Rigby, K. (1999). Bullying in schools. How succesful can interventions be? Cambridge: Cambridge University Press
Smith, P.K., Mahdavi, J., Carvalho, M., & Tippett, N. (2006). An investigation into cyberbullying, its forms, awareness and impact, and the relationship between age and gender in cyberbullying. Unit for school and family studies, Goldsmiths College, University of London.
Smith, P.K., Mahdavi, J., Carvalho, M., Fisher, S., Russell, S., & Tippett, N. (2008). Cyberbullying: Its nature and impact in secondary school pupils. In: Journal of Child Psychology and Psychiatry, 49(4), S. 376-385.
Smith, P.K., & Steffgen, G. (Hrsg.). (2013). Cyberbullying through the new media: Findings from an international network. Hove: Psychology Press.
Steffgen, G., & König, A. (2009). Cyber bullying: The role of traditional bullying and empathy. In: Sapeo, B., Haddon, L., Mante-Meijer, E., Fortunati, L. Turk, T. & Loos, E. (Hrsg.) (2009). The good, the bad and the challenging. Conference Proceedings (Vol. II; S.. 1041-1047). Brussels: Cost office.
Steffgen, G., Vandebosch, H., Völlink, T., Deboutte, G., & Dehue, F. (2010). Cyberbullying in the Benelux-Countries: First findings and ways to address the problem. In J. Mora-Merchan & T. Jäger (Hrsg.), Cyberbullying: a cross-national comparison (S. 35-54). Landau: Verlag Empirische Pädagogik.

Steffgen, G., Pfetsch, J., König, A. & Melzer, A. (2011). Are cyber bullies less empathic? Adolescents' cyber bullying behavior and empathic responsiveness. In: Cyberpsychology, Behavior, and Social Networking,14, S. 643-648.

Thorp, D. (2004). Cyberbullies on the prowl in schoolyard. The Australien, 15 July. Available from http://www.australianit.news.com.au/.

Ttofi, M.M., & Farrington, D.P (2011). Effectiveness of school-based programs to reduce bullying: a systematic and meta-analytic review. In: Journal of Experimental Criminology, 7, S. 27-56.

Valkenburg, P. M., Peter, J., & Schouten, A. P. (2006). Friend networking sites and their relationship to adolescents' well-being and social self-esteem. In: CyberPsychology & Behavior, 9(5), S. 584–590.

Wachs, S., Wolf, K.D., & Pan, C-C. (2012). Cybergrooming: Risk factors, coping strategies and associations with cyberbullying. In: Psicothema, 24(4), S. 628-633.

Wetzels, P. (1997). Gewalterfahrungen in der Kindheit. Baden-Baden: Nomos Verlagsgesellschaft.

Willard, N. (2006). Cyberbullying and cyberthreats: responding to the challenge of online social cruelty, threats, and distress. Eugene, Oregon: Center for safe and Responsible Internet Use.

Wolke, D., & Stanford, K. (1999). Bullying in school children. London: Arnold.

Ybarra, M., & Mitchell, K. (2004). Online aggressor/targets, aggressors, and targets: A comparison of associated youth characteristics. In: Journal of Child Psychology and Psychiatry and Allied Disciplines, 45(7), S. 1308-1316.

III. Perspektiven und Ansätze der Prävention

Missbrauch von Kindern und Jugendlichen in Institutionen

Perspektiven der Prävention durch Schutzkonzepte

Mechthild Wolff

Übersicht

1 Einleitung
2 Missbrauch in Institutionen – Wegsehen solange die Abwehr funktioniert
3 Multidimensionale Ursachen – vom Pädophilenproblem zur Täter-Opfer-Institutionen-Dynamik
4 Langfristige Präventionsstrategien – Implementierung von Schlüsselprozessen der Reflexion
5 Beispiel 1: Selbstreflexive und beteiligungsorientierte Organisationsanalyse
    5.1 Baustein eines Schutzkonzeptes: Risikoanalyse
    5.2 Das Ergebnis: die vitos-Ampel zur Grenzwahrung
6 Beispiel 2: Proaktive Aufarbeitung
    6.1 Dynamiken in der Organisation erkennen und verstehen
    6.2 Präventionsmaßnahmen aus Erfahrungen herleiten
    6.3 Perspektiven wechseln und Erfahrungen einbinden
7 Fazit

1 Einleitung

Das Thema des Missbrauchs durch Professionelle oder ehrenamtlich Tätige in Institutionen ist lange verschwiegen worden. Inzwischen findet ein breiter zivilgesellschaftlicher Diskurs statt und Einrichtungen, die mit Kindern und Jugendlichen arbeiten, beginnen damit, Schutzkonzepte auf der Basis von Mindeststandards zu implementieren. In diesem Beitrag soll es darum gehen, langfristige und partizipative Implementationsprozesse von Schutzkonzepten in Institutionen zu begründen. Darum wird zunächst auf das lange Verschweigen der Problematik eingegangen und einige Hindernisse in der Aufarbeitung von Fällen aufgezeigt. Der Blick wird dann geöffnet für die Dynamiken der Unsicherheit im Umgang mit dem Missbrauch in Institutionen, um daraus letztlich nachhaltige Strategien der Implementation von präventiven Maßnahmen abzuleiten. Am Schluss folgen einige Praxisbeispiele, die dieser Strategie folgen.

2 Missbrauch in Institutionen – Wegsehen solange die Abwehr funktioniert

Wer Fälle des Missbrauchs hat sehen wollen, hätte genügend Hinweise dafür gefunden. Es gab auch soziale Bewegungen, die sich mit dem Thema befasst haben, ihnen wurde in der Fachwelt jedoch wenig Gehör geschenkt. Schon ein Blick in die Geschichte der Heimerziehung hätte die immer wiederkehrenden Skandale und Affären hellhörig machen können. Carola Kuhlmann und Christian Schrapper sprechen von Skandalen, die alle 40 Jahre zum Ausbruch kamen (Kuhlmann & Schrapper, 2001, S. 302 ff.). Skandalöse Lebensverhältnisse und Erziehungspraktiken, die als „Schwarze Pädagogik" (vgl. Rutschky, 1977) gelten, führten zu Aufständen und einer intensiven und für die weitere Entwicklung bedeutsamen Auseinandersetzung um Funktion und Legitimation der Heimerziehung. Zu den drei Epochen zählen Kuhlmann und Schrapper den Waisenhausstreit (1750-1800), die Fürsorgeerziehungsskandale (1927-1932) und die Heimkampagne (1968-1970). Offenbar waren die damals jeweils eingeleiteten Reformen und Maßnahmen zur Verbesserung der Heimerziehung in der Folge der Skandale nicht so nachhaltig und führten zu keiner grundlegenden Stärkung der Bürger- und Schutzrechte von Zöglingen, sonst hätte es nicht alle 40 Jahre eine Renaissance der gleichen Problemstellungen gegeben. Mit anderen Worten: eine dringend notwendige generelle Stärkung der Rechte von Kindern und Jugendlichen als Adressatinnen und Adressaten in Institutionen der Erziehung und Bildung ist nicht eingetreten.

Würde man näher in die Geschichte von Schulen, Internaten und therapeutischen Institutionen blicken, täten sich ebenfalls Missbrauchsskandale auf. Gerade aus der Entstehungsgeschichte der Psychoanalyse lassen sich Missbrauchsfälle nachweisen (vgl. dazu Krutzenbichler & Essers, 1991), die sich in die jüngere Geschichte hinziehen und die hier zumindest zu Handlungsrichtlinien für die psychotherapeutische Arbeit geführt haben (vgl. dazu Fegert & Wolff, 2002, S. 9ff). Erfreulicherweise hat die geschichtliche Aufdeckung von Unrechtsverhältnissen in Institutionen der Erziehung und Bildung inzwischen eingesetzt und wir müssen festhalten, dass es sich nicht um Einzelfälle handelt und dass wir nicht über ein überkommenes historisches Phänomen sprechen.

Einfluss auf die Enttabuisierung der Problematik des Missbrauchs in Institutionen hatte die Frauenbewegung, die das Thema der sexuellen Gewalt skandalisierte. Seit den 70er Jahren wurden Frauen und Mädchen als Opfer häuslicher Gewalt, aber auch an anderen Orten beklagt. Seit den 70er Jahren entzauberte die Frauenbewegung die Illusion des intakten Familienlebens und der fürsorglichen Ehemänner und Väter gänzlich (vgl. Frauenhaus Köln, 1980; Kavemann & Lostödter, 1984). Es waren vorerst die Männer, die als potenzielle Täter galten. Frauen wurden erst wesentlich später als Täterinnen ausgemacht (vgl. Enders, 1995; Kavemann, 1999). In der Folge etablierten sich Frauenhäuser, Mädchenhäuser, Notrufe und Beratungsstellen. Auch die Kinderschutzbewegung hat seit den 70er Jahren zur lange dauernden Enttabuisierungen beigetragen. Die Kinderschutzbewegung erhielt viele fachliche Impulse aus den Vereinigten Staaten (vgl. Helfer & Kempe, 1978) und ihr gelang die Etablierung von Kinderschutzzentren in Deutschland. Beide Bewegungen haben trotz differierender Perspektiven auf Täter und Opfer lange verschwiegene Themen der Gewalt an Frauen und Kindern in die Gesellschaft hineingetragen. Die Themen Jungen als Opfer von Missbrauch und Missbrauch in Institutionen blieben allerdings auch in dieser Zeit noch außen vor.

Seit den 90er-Jahren wurden die Hinweise intensiver, doch trotz vieler Hinweise von Fällen in pädagogischen Kontexten (vgl. Enders, 1995; Conen, 1995; Fegert & Wolff, 2002; Braun et al., 2003) verlief die Aufdeckung schleppend. Auch international waren die End-90er Jahre von diversen Fällen geprägt. Im Jahr 1997 begannen beispielsweise Verhöre angesichts von Fällen systematischen körperlichen, wie sexuellen Missbrauchs von Kindern in sieben staatlichen Kinderheimen und Erziehungseinrichtungen in Nordwales. Diese Vergehen fanden zwischen 1974 und 1996 statt. Daraufhin erschien in Großbritannien im Jahr 2000 der „Waterhouse-Report", der 650 Anschuldigungen gegen 148 ehemalige SozialarbeiterInnen und LehrerInnen dokumentierte. Im selben Jahr begann die größte Prozesswelle gegen Pädosexuelle in Europa (vgl. Schüle, 2000). In Deutschland begann im selben Jahr die Causa Odenwaldschule, denn bereits zu diesem Zeitpunkt stellte ein ehemaliger Schüler der Odenwaldschule Strafanzeige bei der Darmstädter Staatsanwaltschaft. Nichts passierte, denn wegen Verjährung wurde alles eingestellt. Mit den Pfadfindern kam Ende der 90er Anfang des neuen Jahrtausends ein weiterer Ehrenamtssektor ins Visier der Aufmerksamkeit. Dokumentationen über Netzwerke pädosexueller Täter in einigen Pfadfinderbünden erschreckten viele Eltern und führten bedauerlicherweise zu einem hohen Vertrauensverlust in die selbstbildende Jugendarbeit.

Das Buch „Schläge im Namen des Herrn" des Spiegeljournalisten Peter Wensierski machte im Jahr 2006 von sich Reden und rüttelte die Öffentlichkeit erneut auf. Seine journalistischen Recherchen und Zitate Überlebender, die in konfessionellen und staatlichen Heimen in den 50er und 60er Jahren leben mussten, brachten das Ausmaß Schwarzer Pädagogik in der jüngeren deutschen Geschichte ins Bewusstsein. Geschlossene, weltanschaulich aufgeladene und elitäre Systeme, wie die kirchlichen und reformpädagogischen Einrichtungen, gerieten weiter in die Aufmerksamkeit. Aber es wollte nicht enden. Aufmerksamen Betrachtern entgingen auch die schwerwiegenden Missbrauchsfälle in einem Kinderheim im Januar 2009 in Portugal nicht. Unter den pädosexuellen Tätern befanden sich ein ehemaliger Botschafter, ein Arzt, ein Fernsehmoderator, ein bekannter Komiker. Mehrere Hundert Missbrauchsfälle wurden vor Gericht verhandelt. Im Mai 2009 wurde der Bericht der irischen Kommission für Kindesmissbrauch vorgelegt, der 35.000 Fälle von Missbrauch in Irland zwischen 1914 und 2000 in 216 Institutionen belegt. Interessanterweise liegen all diese Fälle vor dem Medienspektakel, das im Jahr 2010 in Deutschland seinen Ausgang nahm. Ab 2010 wollte die Welle von Missbrauchsfällen in den Eliteinternaten Canisius-Kolleg in Berlin, im Schloss Salem am Bodensee, im Benediktinerkloster Ettal bei Garmisch Partenkirchen u. a. nicht enden (zum Kloster Ettal vgl. die „Liste des Grauens" des Ermittlers Thomas Pfister, www.sueddeutsche.de/thema/Kloster_Ettal).

Zur Heftigkeit der Enttabuisierung hat somit einerseits der internationale Druck beigetragen, allerdings auch die Tatsache, dass ausgerechnet die katholische Kirche als moralische Instanz schwerwiegende Vergehen gegen die Würde und Integrität von Kindern und Jugendlichen einräumen musste. Nach all den erdrückenden und enttabuisierenden Berichten über Fälle in katholischen Eliteinternaten in den Medien (vgl. später Stadler & Obermayer, 2011) sind diverse Fälle offengelegt worden. Die Berichte und die ausgelösten Dynamiken in den letzten Jahren haben zutage gebracht, dass Kinder und Jugendliche in allen Kontexten dem Risiko von Unrechtssituationen jeglicher Art ausgesetzt sind. Sexueller Missbrauch kann Kindern und Jugendlichen in Institutionen widerfahren, in denen sie betreut, beschult, therapiert, unterstützt oder gepflegt werden. Die Gelegenheitsstrukturen sind so vielfältig wie die Institutionen selbst und das Risiko, hier Opfer von einem sexuellen Missbrauch werden zu können, kann nicht nur auf einzelne Risikofaktoren, wie fehlende Kontrollmechanismen oder geringes Professionalisierungsniveau reduziert werden. Die Taten folgen immer der Logik: Potenzielle Täter können sich dann sicher sein, wenn keine Kultur des Hinsehens vorherrscht und wenn jeder dem Prinzip folgt „Was nicht sein kann, was nicht sein darf." Die Gefahr wurde erkannt: in alle Institutionen der Erziehung, Bildung, Ausbildung, Freizeit und psychosozialen und gesundheitlichen Versorgung kann es zu Missbrauch von Kindern und Jugendlichen kommen.

3 Multidimensionale Ursachen – vom Pädophilenproblem zur Täter-Opfer-Institutionen-Dynamik

Die Fälle des sexuellen Missbrauchs von Kindern und Jugendlichen, Mädchen und Jungen durch Priester in der katholischen Kirche, aber auch in der Odenwaldschule (vgl. Oelkers, 2011) würden vermuten lassen, dass es im Rahmen der Prävention darum gehen muss, das „Pädophilenproblem" in den Griff zu bekommen, da es nur um Einzelfälle ging. Als Täter kamen ausschließlich Pädosexuelle in Frage. Bereits seit den 90er Jahren wird auf die Risikogruppe der Pädophilen verwiesen, die als potenzielle Täter in Institutionen in Frage kommen. Angemahnt wurde, dass Pädophilie oft Vertrauenspositionen etablierten, die ihnen Zugang zu Kindern verschafften. Sie suchten sich eine Arbeit in der Jugendhilfe, in Jugendverbänden und in Beratungsstellen – als Berater oder Therapeut, in der Kirche oder an der Schule (vgl. Wyre & Swift, 1991, S. 74). Ein wesentlicher Aspekt der Prävention bestand darum auch zunächst in der Entlarvung von Täterstrategien, also jenem suggestiven und manipulativen Verhalten gegenüber Kindern und Jugendlichen durch Täter. Die „Grooming-Prozesse" (vgl. Bullens, 1995) galt es zu durchschauen, um Täter, deren Ziel sexueller Missbrauch von Kindern war, von strafbaren Handlungen abzuhalten.

Dies ist die eine Seite der Medaille. Auf der anderen Seite der Medaille finden wir viele Anhaltspunkte dafür, dass es sich im Fall von Missbrauch in Institutionen nie um ein singuläres Geschehen handelt, das sich lediglich zwischen Täter und Opfer abspielt. Einsehen müssen wir zudem, dass es in Institutionen keine Unbeteiligten gibt. Einige Befunde legen diese Zugänge zum Verständnis von Organisationsversagen nahe. In Irland wurde eine Studie an Personen durchgeführt, die in Heimen missbraucht wurden. Sie weist nach, wie gravierend die Langzeitwirkungen des erlittenen Unrechts sind. Die Autoren schreiben: „At an individual level institutional abuse is typically an ongoing process rather than an isolated incident, within which an abuse of power and breach of trust occurs, and which may involve physical, sexual, or emotional maltreatment" (Wolfe et al., 2006 zit. nach Flanagan-Howard, 2009). Aus diesem Befund wird deutlich, dass es sich nicht um ein abgeschlossenes, isolierte und eindimensionales Geschehen handelt, das sich ausschließlich auf Opfer und Täter reduziert. Es geht um komplizierte Verflechtungen, an denen viele AkteurInnen beteiligt sind und einen Anteil daran haben. Deutlich wird auch, dass es oft um ein Zusammenwirken von körperlichem, sexuellem und emotionalem Missbrauch geht, der mit Vertrauensverlust einhergeht. Die Skandale um 2010 haben offenbart, dass Opfer sich erst heute trauen, über den erlittenen Missbrauch zu sprechen. Die Tragweite der möglichen lebenslangen persönlichen psychosozialen Folgen von Missbrauch in Institutionen ist noch nicht abschätzbar, wie auch die Folgen auf die

Dynamiken in den Institutionen selbst. Es ist demnach ein systemischer Blick gefragt, der das Zustandekommen von Organisationsversagen in Fällen des Missbrauchs in Institutionen erklärbar macht und der auch die Gründe des langen Verschweigens aufnimmt. Irische Forscher haben diesbezüglich festgestellt: "At a broader systemic level, institutional abuse may involve sanctioned use of particular ways of disciplining and managing children, as well as the failure of managerial and inspection systems to protect children" (Stein, 2006, zit. nach Carr et al., 2010, S. 477). Sie verweisen auf das Zusammenwirken von Disziplinierungs- und Erziehungsverhalten und das Versagen von innerbetrieblichen Abläufen, wie auch das Versagen von Kontrollinstanzen für den Kinderschutz. Es geht demnach um ein komplexes Geschehen in Institutionen und deren übergeordneten Aufsichtsinstitutionen.

Die Aufarbeitung von Fällen in der Geschichte kommt zu ähnlichen Erkenntnissen, die im Abschlussbericht des Runden Tisches Heimerziehung ausgeführt werden: „Es gibt nicht den einen Verantwortlichen, nicht die zentrale Stelle, die alle Schuld auf sich zu nehmen hat. Es gibt eine Gesamtverantwortung für die Heimerziehung, die auf viele Schultern verteilt war und die sich in einer Verantwortungsgemeinschaft darstellen lässt..." (Runder Tisch Heimerziehung in den 50er und 60er Jahren, 2010, S. 29). Im Weiteren werden dann im Text Eltern, Vormünder, Pfleger, Jugendämter, Landesjugendämter, Vormundschaftsgerichte, Träger, Heimleitung, Heimpersonal, Verantwortliche für Rechtssetzung etc. genannt. Es sind demnach nicht Einzelpersonen, die in einem einfachen Täter-Opfer-Schema verstanden werden können. Seit die vielen Fälle bekannt geworden sind, muss man mehr Augenmerk auf die Dynamiken im Zusammenhang mit dem Gesamtgeschehen richten – auf innere und äußere Netzwerke. Zentral ist dabei, dass wir mittlerweile davon ausgehen, dass die Entstehung von Gewalt in Institutionen von der Soziokultur in einer Institution abhängt, die Risiko- und Schutzfaktoren aufweisen kann. Darum sind auch die potenziellen Mittäter von Belang und diejenigen, die dazu auch außerhalb der Institutionen geschwiegen haben. Das gesamte Bedingungsgefüge, welches Missbrauch ermöglicht hat, ist im Fokus. Interessant erscheinen in diesem Zusammenhang Erkenntnisse aus der Erforschung der Dynamiken beim Bullying in jugendlichen Peer-Groups. Hier fanden die Forscher, dass es nie nur einen Beteiligten an solchen Gewaltgeschehen gibt, es sind immer auch Unterstützer, passive Unterstützer, Mitläufer, Assistenten und Beobachter bei dem Geschehen direkt oder indirekt beteiligt (vgl. Olweus, 2001). Es gibt somit diverse Akteurinnen und Akteure.

In der Kirche wird innerhalb von geschlossenen Systemen mittlerweile von sogenannten „Kartellen des Schweigens" gesprochen, was anzeigt, dass es hier um systematische Unrechtssysteme geht, in denen Personen agieren, die sich gegenseitig decken und die gegenseitige Benefits mit sich bringen. Wie über Jahre hinweg Unrecht in Institutionen hat verschwiegen werden können, kann nur durch Dynamiken erklärt werden, die Benefits für viele Personen mit sich bringen. Es gibt Dynamiken, die Innovation verhindern bzw. erschweren und die Aufarbeitung blockieren können: Angst, Misstrauen und Scham regieren hier zumeist und sie sind schwer zu durchbrechen. Bereits Finkelhor hatte in den 70er Jahren einen Multifaktorenansatz im Rahmen von Erklärungsansätzen verfolgt, er ging davon aus, dass ein sexueller Missbrauch überhaupt nur dann passieren könne, wenn eine Motivation zum sexuellen Missbrauch bestehe, wenn innere und äußere Hemmschwellen überwunden sei sowie der Widerstand des Opfers überwunden werden könne (vgl. Finkelhor, 1979). Die soziokulturellen Bedingungen innerhalb und außerhalb von Institutionen sind demnach gleichermaßen zentral. Der Runde Tisch zur Geschichte der Heimerziehung, aber auch die Überlegungen des Runden Tisches Kindesmissbrauch, zu den Risikofaktoren in Institutionen führen die komplizierte Gemengelage vor Augen. Um zu verstehen, warum und wie Phänomene des Machtmissbrauchs gegenüber Abhängigen stattfinden können, muss die Täter-Opfer-Institutionen-Dynamik erst verstanden werden. Es geht um das soziokulturelle Zusammenwirken zwischen personengebundenen, organisationsbezogenen und systembezogenen Faktoren, die Institutionen selbst in den Blick nehmen müssen.

4 Langfristige Präventionsstrategien – Implementierung von Schlüsselprozessen der Reflexion

Angesichts einer soziokulturellen Sicht auf die Gemengelage von Ursachen, die in Institutionen zu Missbrauchssituationen beitragen können, sind eindimensionale und kurzfristige Präventionsstrategien nicht erfolgversprechend. Im Rahmen der katholischen Kirche ist man in einigen Diözesen dazu übergegangen, als Zielperspektive der Präventionsbemühungen von der Implementierung einer „Kultur der Achtsamkeit" zu sprechen. Gerade innerhalb einer auf Hierarchie und Autorität fußenden Organisation – wie die katholische Kirche – wird es abzuwarten sein, ob hier grundlegende kulturelle Veränderungen zu erzielen sind. Von der flächendeckenden Fortbildung aller Mitarbeiter und ehrenamtlich Tätigen verspricht man sich eine weitreichende Wirkung. Ob allerdings das „Wissen" um Sachverhalte automatisch in „Können" und eine veränderte Kultur überführbar sind, muss offen bleiben. Einig sind sich viele Fachleute darüber, dass mehr Sicherheit in Institutionen durch die Etablierung von Schutzkonzepten herzustellen ist. Präventionsmaßnahmen in Form klarer Regeln zur Intervention und Fehleranalysen sollen vorgenommen werden. Es muss Erwachsenen obliegen, sichere und entwicklungsförderliche Orte für Kinder und Jugendliche zu schaffen. Die Frage ist, welche Maßnahmen sinnvoll sind und wie die Implementierung geleistet werden kann.

Bereits im Jahr 2001 wurden beim „Zweiten Weltkongresses gegen die sexuelle Ausbeutung von Kindern" in Yokohama (vgl. www.dji.de/izkk) weitreichende Präventionserfordernisse für den Missbrauch in Institutionen auf internationaler Ebene diskutiert, aber erst heute fassen diese Erkenntnisse national Fuß in den Fachdebatten. In der Praxis entwickelten sich bereits in den 90er Jahren Präventionsdiskurse und -konzepte (vgl. Enders, 1995), die seit 2010 national zum Tragen kommen. Angesichts vieler Vorarbeiten und Vorerfahrungen der Praxis wurde am Runden Tisch Kindesmissbrauch von einer multiperspektivischen Präventionsstrategie für den Schutz in Institutionen ausgegangen. Kinder und Jugendliche, Führungs- und Leitungspersonen in Einrichtungen und Organisationen, professionelle und ehrenamtliche Personen, Eltern sowie Ausbildungs- und Weiterbildungsinstitutionen werden gleichermaßen in den Blick genommen (vgl. Wolff et al., 2012). Zumal die Wirksamkeit präventiver Maßnahmen gegen sexuellen Missbrauch grundsätzlich schwierig nachzuweisen ist (vgl. Kindler, 2003), müssen viele Zielgruppen erreicht werden. Empfohlen wurden Mindeststandards für den besseren Schutz von Kindern und Jugendlichen in Institutionen für die Bereiche Intervention, Prävention und Aufarbeitung, die top-down- und bottom-up Elemente enthalten. Im Sinne des Top-Down-Prinzips gilt die Erhöhung der Verbindlichkeit durch die Koppelung von Förderung und Implementierung eines Schutzkonzeptes. Zu den zentralen Standards, welche bottom-up entwickelt werden müssen, gehören interne Informationskampagnen für Kinder und Jugendliche, die Verankerung von Schutzmaßnahmen in Qualitäts- und Personalentwicklungsprozesse, die Erstellung einer Risikoanalyse innerhalb der Institution, Etablierung von Beteiligungs- und Beschwerdemöglichkeiten für Kinder und Jugendliche, Schutzmaßnahmen bei der Personalrekrutierung sowie die Erstellung eines gestuften Handlungsplans im Falle einer Vermutung eines Missbrauchs. Gemeint waren hier langfristige Organisationsentwicklungsprozesse, die einer Verbesserung des Sicherheitsgefühls von Kindern und Jugendlichen dienen sollten. Beteiligungsorientierte Dialoge waren hiermit im Fokus, zumal erforderliche Haltungsänderungen nicht allein durch neue Gesetze und Verordnungen in Gang gesetzt werden, sondern nur in lernenden Organisationen entstehen (vgl. Wolff et al., 2012).

Die Zielperspektive eines Schutzkonzeptes besteht in der Sicherstellung eines Schutzklimas, d.h. es geht um eine für die Betroffenen spürbare Verbesserung ihrer Sicherheit. Eine solche „Kultur der Grenzachtung" (Enders & Eberhardt 2007) ist damit auch abhängig von einer entsprechenden pädagogischen Grundhaltung. Schutz und Sicherheit werden nur als gelebte Alltagspraxis

Wirkung in pädagogischen Kontexten entfalten können. In gelebten professionellen Beziehungen, die stets bewusst und reflektiert an der Nähe-Distanz-Regulation und an Machtkonstellationen – auch bezogen auf sexualpädagogische Konzepte – arbeiten, werden Kinder und Jugendliche in Institutionen sicherer.

5 Beispiel 1: Selbstreflexive und beteiligungsorientierte Organisationsanalyse

Da es schwierig sein wird, Schutzmaßnahmen eine eindeutig vorbeugende Wirkung zuzuordnen, benötigen wir viele gute Beispiele des Experimentierens in lernenden Institutionen. Sie müssen passfähige Bausteine eines Schutzkonzeptes entwickeln, wobei ein Schutzkonzept keine Aneinanderreihung von Einzelmaßnahmen oder Vorkehrungen ist, die man durch einen „Check" von Papieren und Nachweisen überprüfen könnte. Es kann nicht darum gehen, dass auf einer Checkliste abgehakt wird, ob Maßnahmen, wie beispielsweise die Vorlage eines erweiterten Führungszeugnisses oder eine arbeitsvertragliche Vereinbarung zum Schutzkonzept der Einrichtung implementiert wurden. Vielerorts werden Institutionen bereits zu solchen externen Checks verleitet. Passfähigkeit eines Schutzkonzeptes muss vielmehr hergestellt werden und diese entsteht durch die Analyse der professionellen Beziehungen zwischen Kindern oder Jugendlichen und Erwachsenen, die in den Institutionen entstehen. Analysiert werden müssen zudem die pädagogischen, therapeutischen oder helfenden Tätigkeiten, die unterschiedliche Risikomomente und Gelegenheitsstrukturen mit sich bringen können. Langfristige Prozesse sind gefragt, die immer wieder die Wahrnehmungsbereitschaft und -fähigkeit innerhalb der eigenen Strukturen schärfen. Gemeint sind somit die Implementierung und Dokumentation dauerhafter Schlüsselprozesse der gemeinsamen Reflexion und Analyse.

5.1 Baustein eines Schutzkonzeptes: Risikoanalyse

Um zu verdeutlichen, worin eine selbstreflexive Analyse des eigenen Arbeitsfeldes bestehen kann, soll das Beispiel aus einem Organisationsentwicklungsprozess nachfolgend skizziert werden. Es geht um das Klinikum Vitos Rheingau mit den Fachkliniken für Kinder- und Jugendpsychiatrie sowie für Erwachsenenpsychiatrie und einer Klinik für forensische Psychiatrie (vgl. www.vitos-rheingau.de). Hier wurde eine Projektgruppe gegründet, in die Personen berufen wurden, die in Verant-wortungspositionen bei Vitos Rheingau arbeiten. Dieser Schritt war für das Gelingen des Projekts wesentlich, denn die Umsetzung eines

Schutzkonzeptes in Institutionen beginnt mit der Übernahme von Verantwortung durch die Leitungskräfte sowie deren eindeutiger Haltung gegenüber grenzverletzendem Verhalten. In der Projektgruppe arbeiten nach wie vor Verantwortliche aus allen Bereichen, der Personalabteilung und Psychiatrieerfahrene zusammen. Für den Baustein Organisationsanalyse nahm sich die Projektgruppe einige Monate Zeit. Zur Umsetzung wurden alle Teams der Stationen und Wohngruppen eingeladen über Verhaltensweisen ins Gespräch zu kommen, welche KlientInnen und PatientInnen als Grenzverletzungen oder Übergriffe von MitarbeiterInnen erleben könnten. Auf diese Weise sollten mögliche Risiken im Alltag aufgearbeitet werden und den Beteiligten bewusst werden. Die Projektgruppe war sich über die Gefahr einer möglichen Verunsicherung durch solche Diskussionen bewusst, darum bestand ein erster Schritt zunächst in der Information aller Leitungsebenen. Erforderlich war auch das Einvernehmen der Leitungsebene mit dem Vorgehen der Projektgruppe. Erwachsene sowie Kinder und Jugendlichen wurden nach dem Einvernehmen altersadäquat und in einer verständlichen Sprache informiert und motiviert.

Umgesetzt wurde dieser Baustein in Anlehnung an vergleichbare Projekte in Jugendhilfeeinrichtungen (vgl. Hochdorf – Evangelische Jugendhilfe im Kreis Ludwigsburg e.V., 2009; vgl. www.ejh-schweicheln.de), wo man ebenfalls das didaktische Instrument eines Ampel-Plakats einsetze. Bei Vitos Rheingau wurden die MitarbeiterInnen, PatientInnen bzw. KlientInnen eingeladen, sich über drei Bereiche auszutauschen: „No-Gos" (rote Ampel), „Don'ts" (gelbe Ampel) und „Gos" (grüne Ampel). Im Gespräch wurden Verhaltensweisen ermittelt, die bei Vitos Rheingau unerwünscht bzw. strafrechtlich verboten sind (rot), die aufgrund unterschiedlicher Vorstellungen zur gegenseitigen Aushandlung auffordern (gelb) oder die erwünscht und erlaubt sind (grün).

Dazu gab es viel Diskussionsbedarf und viele unterschiedliche Vorstellungen. Diese wurden auf den Stationen besprochen, auf Ampel-Plakaten dokumentiert und eingesammelt. Die Ergebnisse wurden durch die unabhängige wissenschaftliche Begleitung sortiert und in eine übersichtliche Form gebracht. Inzwischen hängt das nachfolgende Ampel-Plakat sichtbar auf allen Stationen und an allen zentralen Stellen. Sie fordern zur täglichen Auseinandersetzung mit den Themen Grenzen und Grenzwahrung auf. Jeder muss sich dazu positionieren und kann sich auf die ausgehandelten Prinzipien berufen. Auf diese Weise wurden tabuisierte und unangenehme Themen angesprochen und das Thema gegenseitiger Grenzwahrung bleibt im Blick und eine lebendige Debatte (Quelle: abgewandelter Auszug aus der Dokumentation des OE-Prozesses bei Vitos Rheingau gGmbH; Texterstellung durch die Autorin dieses Beitrags).

Missbrauch von Kindern und Jugendlichen in Institutionen

5.2 Das Ergebnis: die vitos-Ampel zur Grenzwahrung

„No-Go" – Das geht gar nicht!
Übergriffe und strafrechtlich relevantes Verhalten, das heißt, Patienten und Klienten haben das Recht auf Schutz und Sicherheit!

- **Körperliche Gewalt**
  (z. B. schlagen, treten, ein- und aussperren ohne rechtliche Grundlage, Zwangsmedikation und Fixierung ohne rechtliche Grundlage, kitzeln gegen den Willen, bedrohen, Körperkontakt erzwingen, Patienten nicht schützen vor Gewalt, Anspucken etc.)
- **Verbale Gewalt**
  (z. B. beleidigen, duzen von Erwachsenen, lügen, mobben, intrigieren, erpressen, entwerten, einschüchtern, anschreien, verspotten, auslachen, ignorieren, schikanieren, nötigen, bloßstellen, Kontakt erzwingen etc.)
- **Gewalt an Gegenständen**
  (z. B. beschädigen, zerstören, fälschen, einbrechen etc.)
- **Sexualisierte Gewalt**
  (z. B. Intimsphäre berühren, sexualisierte Sprache, sexueller Missbrauch, Voyeurismus etc.)
- **Missachtung von Persönlichkeitsrechten**
  (z. B. stehlen, Pause nicht gewähren, Essen verweigern, ohne Grundlage Zimmer durchsuchen, nicht eingehen auf körperliche Beeinträchtigungen, Medikamente „heimlich" geben etc.)
- **Verletzung von Datenschutz und Schweigepflicht**
  (z. B. Post oder Tagebuch lesen, persönliche Details an Dritte weitergeben, Aushängen von Daten, Gespräche und Telefonate über Patienten z. B. auf dem Gang, filmen und fotografieren ohne Erlaubnis etc.)

„Don't" – Das tut man nicht!
Grenzen verletzendes Verhalten, das heißt, Patienten und Klienten haben das Recht, sich zu wehren und Klärung zu fordern!

- **Verletzung der Privatsphäre**
  (z. B. ohne anzuklopfen ins Zimmer gehen, sich in Angelegenheiten unter den Klienten einmischen, in private Angelegenheiten reinreden, in Gruppen zu persönlichen Angaben drängen oder zwingen etc.)
- **Respektloser Umgang**
  (z. B. nicht grüßen, ignorieren, unpünktlich oder unzuverlässig sein, schreien, Gespräche unterbrechen, während des Klientengesprächs anderes tun, bevormunden, laut werden, sarkastisch sein, entmutigen, jemanden ausschließen, den man nicht leiden kann, Eltern oder Familie beleidigen, immer wieder denselben Fehler vorhalten etc.)
- **Unangemessener Kontakt**
  (z. B. Berührungen wie Kopftätscheln, Berührungen ohne Einverständnis, Unterschreitung des Mindestabstandes, Maßnahmen und Anforderungen nicht ausreichend vorbesprechen etc.)
- **Vermischung von Privatem und Beruflichem**
  (z. B. Teamkonflikte oder private Themen mit Patienten besprechen, Teamkonflikte an Klienten auslassen, Beziehungsangebote jenseits professioneller Zusammenarbeit, Kontakt im Internet aufnehmen, Privattreffen anbieten etc.)

„Go" – Das ist erlaubt!
Angemessenes, Grenzen setzendes und wahrendes Verhalten, d. h. Patienten und Klienten haben das Recht, Erklärungen zu bekommen und ihre Meinung zu äußern!

- **Einverständnis einholen**
  (z. B. vor dem Anfassen um Erlaubnis bitten, festhalten nur, wenn Eigen- oder Fremdgefährdung droht etc.)
- **Mitbestimmung ermöglichen**
  (z. B. bei der Zuweisung von Bezugspersonen, bei der Stationsorganisation, bei der Freizeit- und Speiseplanung etc.)
- **Transparenz herstellen**
  (z. B. etwas mit Familienangehörigen ausmachen und Klienten darüber informieren, Fehler zugeben und sich entschuldigen, therapeutische Interventionen erklären etc.)
- **Schutz und Wertschätzung sicherstellen**
  (z. B. sich für Klienten einsetzen, Schaden abwenden, Hilfe anbieten, höflicher, respektvoller und zuverlässiger Umgang, Kritik adäquat äußern, körperliche Untersuchungen werden von Personen gleichen Geschlechts durchgeführt etc.)
- **Regeln und Grenzsetzungen erklären**
  (z. B. wenn auf Regeleinhaltung bestanden wird, wenn zum Aufräumen des Zimmers aufgefordert wird, wenn therapeutische Maßnahmen als notwendig angesehen werden etc.)

6 Beispiel 2: Proaktive Aufarbeitung

In einem zweiten Beispiel werden Prinzipien eines proaktiven Aufarbeitungsprozesses in einer Brüderschaft vorgestellt. Es ging hier um den Fall eines Machtmissbrauchs durch den Leiter in einer Ausbildungsstätte gegenüber männlichen Auszubildenden. Ein Arbeitskreis, bestehend aus Betroffenen und Personen aus unterschiedlichen Verantwortungsbereichen, wurde mit der Fehleranalyse im Umgang mit dem Fall beauftragt. Das Geschehen wurde im Einzelnen mit den ehemaligen Leitungspersonen und Betroffenen dialogisch analysiert, um daraus mit einem Arbeitskreis Schutzmaßnahmen für die Zukunft zu entwickeln. Die nachfolgenden drei Prinzipien verdeutlichen den intendierten Lernprozess in der Organisation. (Quelle: Auszug aus der unveröffentlichten Dokumentation „Umgang mit Macht. Dokumentation eines institutionellen Lernprozesses zur Etablierung einer Kultur der Achtsamkeit" (Schwarzenbruck, 2012; Texterstellung durch die Autorin dieses Beitrags).

„Es gibt drei Prinzipien, die in Aufarbeitungsgesprächen mit TeilnehmerInnen des Arbeitskreises und mit weiteren AkteurInnen zur Anwendung gekommen sind:"

6.1 Dynamiken in der Organisation erkennen und verstehen

In dem fast zweijährigen Aufarbeitungsprozess im Arbeitskreis „Umgang mit Macht" ging es um die Analyse der Dynamiken, die dazu geführt haben, dass ein massiver Fall von Machtmissbrauch in der Brüderschaft der Rummelsberger passieren konnte. Die Tat hat das ethische Selbstverständnis der Brüderschaft und Zusammengehörigkeitsgefühl in der Gemeinschaft gravierend in Frage gestellt. Darum bestand ein erster Meilenstein darin, ein kollektives Verständnis in der Organisation herzustellen, dass Diakone und Diakonenschülern Unrecht widerfahren ist. Inzwischen wissen wir, dass Institutionen dazu neigen, Opfern keinen Glauben zu schenken und sie stattdessen selbst zu Tätern zu erklären. Solche Dynamiken galt es in den Diskussionen des Arbeitskreises zu entlarven und ihnen mit einer eindeutigen Haltung entgegenzuwirken. Wir haben gelernt, dass es keine Selbstverständlichkeit ist, dass Betroffenen stets Schutz und Hilfe zugebilligt wird. Betroffenen dies zu gewähren, erfordert Verantwortungsübernahme und Zivilcourage. Alle Beobachter und vermeintlich Unbeteiligten müssen Haltung zeigen und Aggressoren Grenzen aufzeigen und sich für den Schutz von Opfern stark machen.

6.2 Präventionsmaßnahmen aus Erfahrungen herleiten

Angesichts des Geschehens war es ebenfalls zentral zu erkennen, dass es nicht um Einzelpersonen ging, denen Leid zugefügt wurde. Das Tatgeschehen hat allen vor Augen geführt, dass es grundsätzlich an Achtsamkeit im Umgang miteinander mangelt. Insofern waren viele Personen von der Tat betroffen. Sie hat gezeigt, dass es nicht um den Einzelfall ging, sondern dass eine Verantwortungsgemeinschaft in den Blick genommen werden musste. Jeder war und ist involviert – direkt oder indirekt – als Beobachter, als Verantwortlicher oder als schweigende Mehrheit. Darum musste jeder etwas für sich aus dem Tatgeschehen lernen und die Mechanismen entlarven, die den Machtmissbrauch zugelassen oder ihn ggf. sogar befördert haben. Gerade in dieser Hinsicht hat der Arbeitskreis eigene gruppendynamisch heikle Situationen durchgearbeitet, in denen wichtige Rückschlüsse auf die gesamte Brüderschaft gezogen werden konnten. Risiken und Fehlerquellen konnten so auf Mikroebene und damit stellvertretend für die gesamte Brüderschaft erkundet werden. Aus diesen reflektierten eigenen Erfahrungen ließen sich Präventionsmaßnahmen herleiten. Auf diese Weise hat der Arbeitskreis einen stellvertretenden Lernprozess durchgemacht. Die Ergebnisse und Empfehlungen in Form von Präventionsmaßnahmen sollen auch andere motivieren.

6.3 Perspektiven wechseln und Erfahrungen einbinden

Veränderungen in Institutionen lassen sich nur durch Personen anschieben und sie sind nur dann erfolgreich, wenn sie gewollt sind und auf Akzeptanz stoßen. Vor dem Hintergrund dieser Erkenntnis wurden diverse Aufarbeitungsgespräche geplant und durchgeführt. In diesem Austausch zwischen Betroffenen und Verantwortlichen auf allen Ebenen der Brüderschaft ging es um das Zusammenbringen unterschiedlicher Sichtweisen. In der Regel gibt es viele Wahrnehmungen von der vermeintlich gleichen Situation. So hatten Personen, die auf unterschiedliche Weise von dem Machtmissbrauch durch den Täter betroffen waren oder spezifische Einblicke in das Tatgeschehen hatten, andere Perspektiven. In den Aufarbeitungsgesprächen galt es alle zu hören, zu würdigen und für den Veränderungsprozess einzubinden, um gemeinsame und sinnvolle Zukunftsperspektiven zu entwickeln. Alle Aufarbeitungsgespräche lösten bereits im Vorfeld große Unsicherheiten aus. Darum wurde ein Selbstverständnis für den Dialog vorher schriftlich festgehalten, um Transparenz herzustellen. Kommunikationsregeln wurden aufgestellt, um allen mehr Sicherheit zu geben. Im Zentrum stand stets eine gemeinsame Analyse des Geschehens, Einschätzungen von

Fehlerquellen, Risiken und potentielle Formen der Prävention. Die emotionale und intellektuelle Leistung, die die Betroffenen in allen Aufarbeitungsgesprächen erbracht haben, ist beeindruckend. Ihre Sichtweisen und reflektierten Erfahrungen sind für zukünftige Überlegungen zu einem besseren und achtsameren Umgang miteinander unerlässlich.

7 Fazit

In dem Beitrag wurde eine auf Dialog und Selbstreflexion basierende Form der Entwicklung und Implementierung von Schutzüberlegungen in Institutionen hergeleitet und begründet. Die beiden Praxisbeispiele veranschaulichen extern angeleitete Reflexionsprozesse in lernenden Organisationen. Wie wirkungsvoll und nachhaltig sie sein werden, ist momentan nicht abzuschätzen. Wir benötigen in der Zukunft viele dokumentierte Beispiele aus Institutionen, die auf methodisch unterschiedliche Weise Schutzkonzepte etablieren konnten. Nur durch ein Experimentieren und Vergleichen von unterschiedlichen Organisationsentwicklungsprozessen werden gute und hilfreiche Schutzkonzepte etabliert werden können.

Literatur

Braun, G. et al. (Hrsg.) (2003). Pädosexualität ist Gewalt. (Wie) kann die Jugendhilfe schützen? Weinheim: Basel, Berlin.
Bullens, R. (1995). Der Grooming-Prozess – oder das Planen des Missbrauchs. In: Marquardt-Man, B. (Hrsg.). Schulische Prävention gegen sexuelle Kindesmisshandlung. Grundlagen, Rahmenbedingungen, Bausteine und Modelle. München. S. 55 – 67.
Conen, M.. (1995). Sexueller Missbrauch durch Mitarbeiter stationärer Einrichtungen für Mädchen und Jungen. In: Praxis der Kinderpsychologie und Kinderpsychiatrie. Vol. 44, S. 134 – 140.
Enders, U. (1995). Vergiftete Kindheit. Frauen als Täterinnen. In: Bange, D. & Enders, U. (Hrsg.). Auch Indianer kennen Schmerz. Köln. S. 101 – 111.
Enders, U. & Eberhardt, B. (2007). Grenzen achten! Schutz vor sexuellen Übergriffen in Institutionen. Köln
Fegert, J. & Wolff, M. (Hrsg.) (2002). Sexueller Missbrauch durch Professionelle in Institutionen. Prävention und Intervention. Ein Werkbuch. Münster. 2. überarbeitete Auflage 2006.
Finkelhor, D. (1979). Sexually Victimized Children. Mishawaka. U.S.A.
Frauenhaus Köln (1980). Nachrichten aus dem Ghetto Liebe. Frankfurt am Main.
Helfer, R. & Kempe, C. (Hrsg.) (1978). Das geschlagene Kind. Frankfurt am Main.
Hochdorf – Evangelische Jugendhilfe im Kreis Ludwigsburg e.V. (Hrsg.) (2009). „Und wenn es doch passiert…". Fehlverhalten von Fachkräften in der Jugendhilfe. Ergebnisse eines institutionellen Lernprozesses. Remseck am Neckar.
Kavemann, B. & Lohstöter, I. (1984). Väter als Täter – Sexuelle Gewalt gegen Mädchen. Reinbek bei Hamburg.
Kavemann, B. (1999). Viel schlimmer oder halb so schlimm? Wenn Frauen Mädchen und Jungen sexuell missbrauchen. In: Wodke-Werner, V. & Mähne, U. (Hrsg.). „Nicht wegschauen!" Vom Umgang mit Sexual(straf)tätern. Baden-Baden. S. 31 – 44.
Kindler, H. (2003). Evaluation der Wirksamkeit präventiver Arbeit gegen sexuellen Missbrauch an Mädchen und Jungen. Expertise. München.
Krutzenbichler, S. & Essers, H. (1991). Muß denn Liebe Sünde sein? Über die Liebe des Analytikers. Bad Berleburg/Göttingen.
Kuhlmann, C. & Schrapper, C. (2001). Zur Geschichte der Erziehungshilfen von der Armenpflege bis zu den Hilfen zur Erziehung. In: Birtsch, V., Münstermann, K. & Trede, W. (Hrsg.). Handbuch Erziehungshilfen. Münster. S. 282 – 328
Oelkers, J. (2011). Eros und Herrschaft. Die dunklen Seiten der Reformpädagogik. Weinheim.
Olweus, D. (2001). The Bullying Circle, Bergen/Norwegen
Runder Tisch Heimerziehung in den 50er und 60er Jahren (2010). Abschlussbericht. Berlin.
Rutschky, K. (Hrsg.) (2001). Schwarze Pädagogik. Quellen zur Naturgeschichte der bürgerlichen Erziehung. 8. Aufl. München.

Schüle, C. (2000). In britischen Heimen sollen Erzieher vor vielen Jahren Kinder missbraucht haben. Tausende werden verdächtigt. Europas größte Prozesswelle versetzt das Königreich in einen Ausnahmezustand. Was ist Wahrheit, was Hysterie?". In: Die Zeit, Nr. 29.

Stadler, R. & Obermayer, B. (2011). Bruder, was hast du getan? Kloster Ettal. Die Täter, die Opfer, das System. Köln.

Stein, M. (2006). Missing years of abuse in children´s homes. Child and Family Social Work. 11, S. 11 – 21. Zit. nach: Carr, A. et al. (2010). Adult adjustment of survivors of institutional child abuse in Ireland. In: Child Abus & Neglect, Nr. 34, S. 477 – 489.

Wensierski, P. (2006). „Schläge im Namen des Herrn". Die verdrängte Geschichte der Heimkinder in der Bundesrepublik, Hamburg.

Wolfe, D. et al. (2006). The Impact of Child Abuse in Community Institutions and Organizations: Advancing Professional and Scientific Understanding. Zit. nach Flanagan-Howard, R. et al. (2009). Development and initial validation of the institutional child abuse process and coping inventory among a sample of Irish adult survivors of institutional abuse. In: Child Abus & Neglect, Nr. 33, S. 586-597.

Wolff, M. et al. (2012). Mindeststandards und Leitlinien für einen besseren Kinderschutz. Zivilgesellschaftliche Verantwortung und Perspektiven nachhaltiger Organisationsentwicklung. In: Das Jugendamt, Heft 3, S. 121 – 126.

Wyre, R. & Swift, A. (1991). Und bist du nicht willig – Die Täter. Köln.

Die Prävention sexualisierter Gewalt

Strategien des Paritätischen Wohlfahrtsverbandes – Gesamtverband

Norbert Struck

Übersicht

1 Zur Vorgeschichte
   1.1 Das Thema im Paritätischen
   1.2 Das Thema in der Fachdiskussion
2 Der Weg zu einer Paritätischen Arbeitshilfe „Schutz vor sexualisierter Gewalt in Diensten und Einrichtungen"
3 Ausblicke

Auf die seit Anfang 2010 in Deutschland intensivierte öffentliche Diskussion um das Thema sexueller Missbrauch in Einrichtungen hatte der Paritätische Gesamtverband relativ zügig mit einer Arbeitshilfe für seine Mitglieder reagiert: im Dezember 2010 erschien die Arbeitshilfe „Schutz vor sexualisierter Gewalt in Diensten und Einrichtungen" (http://www.der-paritaetische.de/wohlfahrtsmarken-und-materialien/veroeffentlichungen/?no_cache=1). Sie war unter Federführung des zuständigen Referenten von einer kleinen Arbeitsgruppe erstellt worden und dann von den Verbandsgremien beschlossen worden.

    Dieser Artikel informiert über die Vorgeschichte der Arbeitshilfe und über einige Überlegungen bei ihrer Erstellung. Der Paritätische Wohlfahrtsverband ist als Wohlfahrtsverband in Deutschland in allen Handlungsfeldern sozialer Arbeit engagiert. Er ist Dachorganisation seiner rechtlich selbständigen Landesverbände und überregionalen Mitgliedsorganisationen. Bei den Paritätischen Landesverbänden wiederum sind ca. 10.000 rechtlich selbständige Mitgliedsorganisationen zusammengeschlossen.

1 Zur Vorgeschichte:

1.1 Das Thema im Paritätischen

Der Paritätische Landesverband NRW gab 1993 eine Broschüre mit dem Titel „MACHTMISSBRAUCH – Sexuelle Gewalt in Einrichtungen sozialer Arbeit" heraus. Diese Broschüre begann damals mit den Sätzen:

> „Seit mehr als 10 Jahren löst das Thema der sexuellen Gewalt und des sexuellen Missbrauchs an Kindern in der Öffentlichkeit wie auch in der Fachöffentlichkeit der sozialen Arbeit heftige Emotionen aus. Der Kindesmissbrauch in der Familie, das sogenannte bestgehütetste Geheimnis, zeigte sich in der Öffentlichkeit. Die öffentliche Problemverarbeitung reagierte zunächst ungläubig, mit Nichtwahrhabenwollen, dann mit einer Versachlichung und aufklärenden Beiträgen und heute stellen wir wieder Tendenzen von Verharmlosung, Abwehr und Gegenwehr fest. Der sexuelle Missbrauch von Schutzbefohlenen in Einrichtungen sozialer Arbeit ist nach wie vor ein Tabuthema. Der PARITÄTISCHE wurde in jüngster Vergangenheit mehrfach, und dies wurde auch öffentlich bekannt, in den eigenen Reihen mit dem Thema der sexuellen Gewalt an Mädchen und Jungen konfrontiert. Die aufgedeckten Tatsachen, die Festnahmen von Mitarbeitern wegen Tatverdachts, lösten heftige Reaktionen aus, die von engagierten fachlichen Diskussionen bis hin zur Verharmlosung der Ereignisse reichten." (Paritätischer Landesverband NRW, 1993)

Seither haben sich verschiedene Paritätische Landesverbände immer wieder sozial- und fachpolitisch für die Verbesserung des Schutzes vor Machtmissbrauch und sexualisierter Gewalt im sozialen Nahfeld und im institutionellen Kontext eingesetzt. Zuletzt hat der Paritätische Landesverband Berlin im Juni 2010 unter dem Titel „Mädchen und Jungen vor sexueller Gewalt in Institutionen schützen" Handlungsempfehlungen zur Prävention von sexuellem Missbrauch in Institutionen der Jugendhilfe, Kinder- und Jugendfreizeiteinrichtungen, Schule und Kindertagesbetreuungseinrichtungen vorgelegt.

1.2 Das Thema in der Fachdiskussion

Für die Fachöffentlichkeit sind Fragen zum Thema „Sexueller Missbrauch durch Professionelle in Institutionen" (Fegert & Wollf, 2002) allerdings schon länger ein Thema. Sie wurden um die Jahrhundertwende relativ breit diskutiert und von zahlreichen Publikationen und Projekten begleitet. Diese Diskussionen haben in einigen Arbeitsfeldern und Einrichtungen bzw. Organisationen durchaus zu strukturellen Veränderungen geführt. Dennoch sind Schutzkonzepte nicht allgemein und verbindlich verankert worden. Wenn man so will, fehlt ein Stück Ergebnissicherung, so dass viele fachliche Debatten jetzt wieder neu beginnen, obgleich sie eigentlich auf einem Wissensfundament und einer ganzen Reihe fachlicher Konsenspunkte aufbauen könnten. Auf einem Kolloquium „Zur Identität der Sozialen Arbeit" im Juni 2010 hatte ich diesen Sachverhalt in einer knappen These „Zur Diskussion um sexualisierte Gewalt in Einrichtungen" beschrieben und so resümiert (Struck, 2011):

„In den Diskussionen rund um das Jahr 2002 gabt es einige Fixpunkte, die ich als Quintessenz betrachten würde:

- Pädagogische Einrichtungen und Dienste haben ein besonderes Risiko von Machtmissbrauch und sexualisierter Gewalt.
- Fragen sexualisierter Gewalt können und sollen in Einstellungsgesprächen und arbeitsvertraglichen Regelungen thematisiert werden.
- Konzeptionen von Einrichtungen und Diensten sollten Fragen sexualisierter Gewalt thematisieren.
- Einrichtungen und Dienste müssen Routinen der Verankerung des Themas sexualisierte Gewalt in ihren Besprechungen/Fortbildungen verbindlich machen.
- Es muss ein klares und vertrauenswürdiges Konzept für Beschwerdemöglichkeiten und generell Beteiligungsmöglichkeiten der Kinder und Jugendlichen geben.
- MitarbeiterInnen, die sexualisierte Gewalt von KollegInnen wahrnehmen brauchen verlässliche und vertrauenswürdige Verfahren für den Umgang mit dieser Wahrnehmung. (Struck, 2011, S.102)"

Meine Schlussfolgerung lautete damals: „...wenn wir unsere Definitionsmacht behalten wollen und uns nicht massenhaft klinisch-aseptische Verfahren von außen vorschreiben lassen wollen, dann müssen wir schnell Wege finden, verbindlich gemachte Antworten auf Kernfragen unserer Arbeit und ihrer Organisationen zu geben. Die können substanziell oder auf Verfahren hin ausgerichtet sein, aber sie müssen eine auch nach außen hin wahrnehmbare Verbindlichkeit nach innen haben." (Struck, 2011)

Da ich zu der Zeit Vorsitzender der Arbeitsgemeinschaft für Kinder- und Jugendhilfe – AGJ war, habe ich dann versucht, in der AGJ eine Kategorie „Basisstandards der Kinder- und Jugendhilfe" zu verankern und als einen ersten solchen Basisstandard das Thema „Prävention von Machtmissbrauch und sexualisierter Gewalt in Einrichtungen und Diensten der Kinder- und Jugendhilfe" zur Diskussion gestellt. In der Vorlage hieß es damals – im August 2011:

„Zu den folgenden festgestellten Standards gibt es zwar in der Fachdiskussion einen breiten Konsens, sie sind aber derzeit noch nicht flächendeckend umgesetzt. Insoweit beschreiben sie ein realisierbares Arbeitsprogramm für die Einrichtungen und Dienste der Kinder- und Jugendhilfe, das kurzfristig flächendeckend umgesetzt werden muss.

Standard 1: Thematisierung in Einstellungsgesprächen
Bei allen Einstellungsgesprächen, die von Trägern der Kinder- und Jugendhilfe geführt werden, soll die Frage des Schutzes junger Menschen von Machtmissbrauch und sexualisierter Gewalt zur Sprache gebracht werden. Die Träger weisen dabei darauf hin, dass ihnen dieses Anliegen wichtig ist und was sie bisher schon festgelegt haben, um es umzusetzen. Das Ziel ist es, potentielle Täter und Täterinnen durch die offene Ansprache abzuschrecken.

Standard 2: Einholen eines erweiterten polizeilichen Führungszeugnisses vor der Einstellung von Fachkräften
Wer in Einrichtungen und Diensten der Kinder- und Jugendhilfe angestellt wird, um mit jungen Menschen zu arbeiten, muss ein erweitertes polizeiliches Führungszeugnis nach § 30 a Bundeszentralregistergesetz anfordern und vorlegen. Das erweiterte Führungszeugnis enthält zum Zwecke eines effektiven Kinder- und Jugendschutzes auch minder schwere Verurteilungen zu Sexualstraftaten. Im Unterschied zum üblichen Führungszeugnis werden auch Erstverurteilungen zu Geldstrafen von weniger als 90 Tagessätzen und Freiheitsstrafen von weniger als drei Monaten aufgeführt. Wer demnach wegen einer der in § 72 a SGB VIII benannten Straftaten verurteilt wurde, kann nicht beschäftigt werden.

Standard 3: Schaffung von Handlungsfähigkeit durch spezifische arbeitsvertragliche Regelungen
Die Notwendigkeit des Schutzes junger Menschen vor sexualisierter Gewalt soll im Arbeitsvertrag als eine Grundlage der pädagogischen Arbeit angesprochen werden. Der Arbeitnehmer bzw. die Arbeitnehmerin muss sich dabei verpflichten, den Arbeitgeber über gegen ihn bzw. sie eingeleitete Ermittlungsverfahren im Hinblick auf die im § 72a SGB VIII genannten Straftaten unverzüglich zu informieren. Unterlässt er bzw. sie dies, so stellt dies einen Grund für eine fristlose Kündigung dar.

Standard 4: Die Träger dokumentieren in ihren Konzeptionen oder Leitlinien ihr Konzept des Schutzes von jungen Menschen vor Machtmissbräuchen und sexualisierter Gewalt
Je nach Art des Trägers, der Einrichtung oder des Dienstes und nach dem Handlungsfeld können Konzepte zum Schutz von jungen Menschen vor Machtmissbräuchen und sexualisierter Gewalt sehr unterschiedlich aussehen und verschieden ausführlich ausgestaltet sein. Alle Träger der Kinder- und Jugendhilfe sollen aber an einer für sie relevanten Stelle den Stand ihrer Überlegungen zu diesem Thema schriftlich darlegen.

Standard 5: Das Thema Machtmissbrauch wird in den Besprechungsroutinen der Organisation verankert
Einrichtungen und Dienste machen das Thema Machtmissbrauch und sexualisierte Gewalt in Einrichtungen und Diensten mindestens alle 2 Jahre einmal zum Thema ihrer Besprechungsroutinen und überprüfen dabei ihre Vorkehrungen zum Schutz von Mädchen und Jungen in ihrem Handlungsbereich.

Standard 6: Kinder, Jugendliche und Eltern sind in geeigneter Weise über die Maßnahmen des Trägers zum Schutz vor sexualisierter Gewalt zu informieren
Eltern und Kinder müssen darüber informiert sein, dass der Träger sich der Gefährdungen durch Machtmissbrauch und sexualisierter Gewalt bewusst ist und welche Überlegungen und Maßnahmen er trifft, um Jungen und Mädchen zu schützen. Dies soll in einer Weise geschehen, die motiviert, sich an diesem Schutzkonzept ggf. auch selber zu beteiligen und bei Wahrnehmungen von Übergriffen oder Gefährdungen sich an den Träger zu wenden.

Standard 7: Einrichtungen und Dienste der Kinder- und Jugendhilfe sollen über ein Beschwerdemanagement verfügen
Je nach Größe und Art der Einrichtung bzw. des Dienstes kann ein Beschwerdemanagement unterschiedlich ausgestaltet sein, aber jeder Träger der Jugendhilfe soll eine Form der Entgegennahme und Bearbeitung von Beschwerden der Betroffenen dokumentieren und transparent machen. Eine Kultur der Offenheit und Diskussionsbereitschaft und des Ernstnehmens von Beschwerden ist ein wichtiges Präventionselement."

Der Vorstand der AGJ ist diesem Ansinnen nicht gefolgt. Die gravierendsten Einwände kamen damals von Organisationen – insbesondere aus dem kirchlichen Bereich – die eigene Standardpapiere auf den Weg gebracht hatten und diese durch den Vorschlag „unterboten" sahen. Mein Anliegen, „Basisstandards" und nicht „Maximalstandards" verbindlich zu machen, war entweder nicht erkannt oder aber nicht geteilt worden – jedenfalls kam es zu keiner Verabschiedung.

2 Der Weg zu einer Paritätischen Arbeitshilfe „Schutz vor sexualisierter Gewalt in Diensten und Einrichtungen"

Im Juli 2010 traf sich zum ersten Mal eine 8-köpfige Arbeitsgruppe, die sich das Ziel gesetzt hatte, in zwei Arbeitssitzungen eine Arbeitshilfe zu erstellen. Im Kern stellte sich ihr das Problem einer sinnvollen Reduzierung der Komplexität des Themas genauso.

Um wessen Schutz soll es gehen?
Zunächst einmal musste geklärt werden, wessen Schutz in Einrichtungen behandelt werden sollte. Nur die Kinder und Jugendlichen in Einrichtungen der Kinder- und Jugendhilfe in den Blick zu nehmen, wäre offensichtlich zu kurz gegriffen gewesen. Dennoch waren die Aktivitäten rundherum – insbesondere des „Runden Tisches sexueller Kindesmissbrauch" – häufig durch genau diese Verengung des Themas gekennzeichnet. Das schlug sich letztlich auch darin nieder, dass im Bundeskinderschutzgesetz, das zum 1.1.2012 in Kraft trat, fast ausschließlich Regelungen für den Bereich der Kinder- und Jugendhilfe getroffen wurden – der Gesundheitsbereich und der ganze Bereich der Eingliederungshilfe für junge Menschen mit Behinderungen waren so gut wie ausgespart geblieben. Da kranke und behinderte junge Menschen sich oft in besonders gefährdenden Abhängigkeitsverhältnissen befinden und eher häufiger als seltener Opfer sexueller Übergriffe werden, waren diese Ausblendungen sachlich in keiner Weise zu rechtfertigen. Sie können wohl nur mit von Sachverhalten

ziemlich abgehobenen interministeriellen Machtverhältnissen erklärt werden. Also war klar, dass sich unsere Arbeitshilfe auf alle Kinder und Jugendlichen in Einrichtungen der Kinder- und Jugendhilfe, des Gesundheitswesens und der Eingliederungshilfe beziehen sollte.

Überlegt wurde auch, ob sie denn nicht auch den Schutz beispielsweise erwachsener Menschen mit Behinderungen oder von erwachsenen PatientInnen in Therapien umfassen müsse. Gegen diese Ausweitung des Gegenstandsbereiches haben wir uns dann aber entschieden, weil dort sowohl von der Rechtslage her wie auch von den institutionellen Rahmungen her, andere Voraussetzungen vorliegen. Hinzu kam, dass wir uns das Schreiben nicht zusätzlich verkomplizieren wollten.

Wie kann man sich auf das Wesentliche konzentrieren?
Von anderen Arbeitshilfen wissen wir, dass die Implementierungswahrscheinlichkeit umso größer ist, je knapper der Inhalt und je ausgefeilter und detaillierter der Anforderungskatalog ist. Um eine möglichst große Praxisrelevanz zu erreichen, wollten wir also einerseits eine Beschränkung aufs Wesentliche erreichen, aber andererseits auch präzise und konkret genug bleiben, damit eine Umsetzung auch tatsächlich einen Zugewinn an Schutz für junge Menschen darstellt. In einer Arbeitsgruppe von engagierten Menschen aus verschiedenen Handlungsfeldern und teilweise mit langjähriger Schwerpunktsetzung auf Themen sexualisierter Gewalt, war es ein intensiver Diskussionsprozess, bis hier Entscheidungen getroffen waren. Aber die Tatsache, dass unser erster Gliederungsentwurf im Wesentlichen schon das gleiche Aussehen hatte wie die Gliederung der publizierten Broschüre, ist ein Indiz dafür, dass dieser Aushandlungsprozess stabil gelungen ist.

Die Gliederung:

1. Einleitung
2. Grundpositionen des PARITÄTISCHEN
3. Bausteine zur Prävention von sexualisierter Gewalt in Einrichtungen und Diensten
   a. Jeder Träger soll eine Risikoanalyse erarbeiten und ein Schutzkonzept erarbeiten
   b. Der Schutz von Kindern vor sexualisierter Gewalt muss in allen Einstellungsgesprächen angesprochen werden
   c. In die Arbeitsverträge sollen Zusatzvereinbarungen zum Schutz vor sexualisierter Gewalt aufgenommen werden
   d. Erweiterte polizeiliche Führungszeugnisse verlangen
   e. Information und Beschwerdemöglichkeiten von Eltern und Kindern
   f. Routinen der Verankerung und Fortbildung
4. Bausteine zur Intervention bei sexualisierter Gewalt in Einrichtungen und Diensten
   g. Die Notwendigkeit der Dokumentation
   h. Ansprechbarkeit der Landesverbände/Kompetenz der Fachberatungen
   i. Eckpunkte eines Notfallplans im Falle von (sexuellem) Machtmissbrauch
5. Antworten auf einige Fragen, die immer wieder gestellt werden
   j. Muss ich oder die Einrichtung Anzeige erstatten?
   k. Wecken wir nicht „schlafende Hunde"?
   l. Wie gehe ich mit der Presse um?
   m. Wann und wie darf man einem Verdächtigen kündigen?
   n. Darf oder muss ein Arbeitszeugnis Informationen enthalten?
   o. Wem darf oder sollte man einen Verdacht mitteilen?
   p. Können Schadensersatzansprüche gegen die Einrichtung geltend gemacht werden?
   q. Wo fängt der Missbrauch an?
6. Weiterführende Hinweise und Materialien
   Einschlägige Straftaten (StGB) nach § 72 a SGB VIII

Die mit der Arbeitshilfe verfolgte Absicht, haben wir dann so zusammengefasst:
„Eine Arbeitshilfe zur Schaffung von Verbindlichkeit. Diese Arbeitshilfe soll die Erwartungshaltung, die Träger im Bereich des Paritätischen an sich selbst haben und die Außenstehende legitimer Weise an sie richten können, konturieren. Sie versucht deutlich zu markieren, was innerhalb des Paritätischen als grundlegender Standard gilt, und darüber hinaus Anregungen zu geben, wie

die Themenstellung auch weitergehend bearbeitet werden kann. Uns ist bewusst, dass auch die vollständige Umsetzung der nachfolgenden Mindeststandards sexualisierte Gewalt in Einrichtungen und Diensten der Sozialen Arbeit nicht beenden wird. Wir sind aber davon überzeugt, dass die Umsetzung dazu beiträgt, Täterinnen und Tätern ihr Tun zu erschweren und ihnen Sicherheiten in ihrem Agieren zerstören kann. Darüber hinaus wird die erhöhte Aufmerksamkeit und Sensibilisierung in Bezug auf Machtmissbrauch dabei helfen, Gefährdungen und Verletzungen junger Menschen durch sexualisierte Gewalt schneller wahrzunehmen, um dann konsequent Abhilfe zu schaffen und Unterstützung zu gewähren."[1]

3 Ausblicke

Zumindest hat sich die Arbeitshilfe einer sehr großen Nachfrage erfreut, schon bald war die Druckauflage vergriffen und InteressentInnen wurden auf die Internetversion verwiesen.

Die Paritätischen Landesverbände haben das Thema sexualisierte Gewalt in Einrichtungen und die Arbeitshilfe in verschiedenen Formen aufgegriffen und weiterentwickelt. Beispielhaft ist das Portal „Prävention und Intervention bei sexualisierter Gewalt in Einrichtungen" (http://www.paritaet-hessen.org/verband/praevention-intervention-sexualisierte-gewalt/) des Landesverbandes Hessen: „Der PARITÄTISCHE Hessen bietet in diesem Portal seinen Mitgliedsorganisationen eine Plattform, mit der sie auf Fortbildungen, Arbeitshilfen, Broschüren und aktuelle Informationen zum Thema Prävention und Intervention bei sexualisierter Gewalt in Einrichtungen hinweisen können.

Als Dachverband unterstützt der PARITÄTISCHE Hessen darüber hinaus Einrichtungen sozialer Arbeit bei der Suche nach spezialisierten Beratungsstellen zu Prävention und Intervention von sexualisierter Gewalt und bietet daher eine Suchfunktion für ortsnah gelegene Fachberatungsstellen und Verweisberatung an."

Der Gesamtverband hat am 7. Mai 2012 eine „Vereinbarung zur Umsetzung der Empfehlungen des Runden Tisches Sexueller Kindesmissbrauch" mit dem Unabhängigen Beauftragten für Fragen des sexuellen Kindesmissbrauchs (UBSKM) abgeschlossen. Darin verpflichtet er sich insbesondere, seine Mitglieder bei der Umsetzung von Empfehlungen des Runden Tisches sexueller Kindesmissbrauch zu unterstützen, insbesondere durch:

---

[1] S. Arbeitshilfe, S. 8f

- Die Unterstützung seiner Mitglieder bei der (Weiter-)Entwicklung von Arbeitshilfen und Umsetzungsmaterialien
- Die Bearbeitung des Themas sexualisierte Gewalt in Einrichtungen in Aus- und Fortbildungen für Haupt- und Ehrenamtliche und in Sozialmanagementkursen
- Die Platzierung des Themas in Verbandsmedien, Gremien und bei Fachtagungen
- Die Einbindung der Arbeit des UBSKM in Verbandsmedien, Gremien, Fachtagungen.

Durch meine Mitarbeit im Beirat des UBSKM wird eine enge Abstimmung und gute Zusammenarbeit erleichtert.

Der Paritätische kann sich in diesen Prozessen allerdings nur zu Dingen verpflichten, bei denen er selbst die Handlungsmacht hat. Er ist nicht in der Lage und nicht berechtigt, Verträge oder Vereinbarungen zu Lasten seiner Mitglieder zu schließen. Er kann seinen Mitgliedern ggf. Empfehlungen geben, aber er kann sie nicht verpflichten. Im Hinblick auf das vom Runden Tisch vorgeschlagene Modell von Entschädigungen für Opfer sexuellen Missbrauchs kommt diese Differenzierung z.B. zum Tragen. Dort ist vorgesehen, dass Einrichtungen, in deren Verantwortungsbereich es zu sexuellem Missbrauch gekommen ist, sich hinsichtlich zu leistender Rehabilitationsmaßnahmen oder Entschädigungszahlungen verbindlich an Vorgaben einer noch zu gründenden „Clearingstelle" halten sollen. Ein solches Verhalten kann der Paritätische seinen Mitgliedern allenfalls empfehlen, aber er kann nicht stellvertretend für sie entsprechende Verpflichtungen eingehen – auch wenn dies von manchen so gewünscht wird.

Literatur

Fegert, J. & Wolff, M. (2002). Sexueller Missbrauch durch Professionelle in Institutionen. Votum-Verlag: Münster.
Paritätischer Landesverband NRW (1993). Machmissbrauch – Sexuelle Gewalt in Einrichtungen sozialer Arbeit.
Struck, N. (2011). Zur Diskussion um sexualisierte Gewalt in Einrichtungen. In: Thiersch, H. & Treptow, R. (Hrsg.) (2011).Neue Praxis Sonderheft 10. Zur Identität der Sozialen Arbeit Positionen und Differenzen in Theorie und Praxis.

Nachhaltige Prävention sexualisierter Gewalt in Institutionen

Möglichkeiten und Ansätze im Rahmen der Aus- und Weiterbildung

Werner Tschan

Übersicht

1 Workplace Violence
2 Institutionen als Hochrisikobereiche
3 Die Ausbildung als Teil der Präventionsstrategie

1 Workplace Violence

Eine umfassende und nachhaltige Präventionsstrategie gegen sexualisierte Gewalt und andere Formen von Fehlverhalten muss auf verschiedenen Ebenen ansetzen. Erst in ihrem stringenten Zusammenspiel entfalten die einzelnen Aspekte in der Summe den gewünschten Erfolg. Die einzelnen Maßnahmen sollten daher nicht isoliert im Hinblick auf ihre Wirkung beurteilt werden. Alle Schritte in die richtige Richtung helfen mit, das angestrebte Ziel zu erreichen. Sexualisierte Gewalt vollzieht sich stets eingebettet in einem weiten Spektrum von Gewalt allgemein. Betroffene sind in der Regel von mehreren Gewaltformen (Körperliche Gewalt, Drohungen, sexualisierte Gewalt, emotionale Gewalt, Vernachlässigung, strukturelle Gewalt) gleichzeitig tangiert; wir sprechen deshalb von Polyvictimisierung. Ein Begriff, der auch der Tatsache Rechnung trägt, dass sexualisierte Gewalt in der überwiegenden Mehrzahl aller Fälle ein repetitives Geschehen darstellt. Weil zudem häufig nahestehende und wichtige Bezugspersonen als Täter in Erscheinung treten, wird das Bindungsverhalten mitbetroffen, mit dem Resultat äußerst komplexer Traumafolgestörungen. Dieses Wissen ist Voraussetzung, um die Folgen bei Betroffenen korrekt erfassen zu können; und basierend auf diesen Erfahrungen adäquate Interventionen einzuleiten (Tschan, 2013).

Man kann sich die einzelnen Fälle kaum vorstellen (Taleb, 2007), weil vielfach das erforderliche Faktenwissen fehlt. Die Fachwelt nimmt erst zögerlich das wirkliche Ausmaß von Gewalt in Institutionen zur Kenntnis. Dies erinnert an die Anfänge der Auseinandersetzung um sexualisierte Gewalt allgemein (Rush, 1980). Es ist noch nicht so lange her, da konnte man in renommierten medizinischen Fachbüchern lesen, dass Inzest ein extrem seltenes Delikt darstellt (Van der Kolk, 2009). Der 2002 von der Weltgesundheitsorganisation publizierte World Report on Violence and Health (Krug et al., 2002) zeigt einerseits das Ausmaß von Gewalt auf, und anderseits die Auswirkungen von Gewalterfahrungen auf die Gesundheit der Menschen.

Ich vergleiche die Implementierung einer nachhaltigen Gewaltprävention mit der Lawinenprävention und Bergrettung oder den Damm-Schutzbauten entlang von Meeresgebieten. Es sind komplexe Vorhaben, die auf dem Zusammenspiel verschiedener Maßnahmen beruhen – die baulichen Maßnahmen (Lawinenverbauen, Dämme) bilden dabei Bloß eine von vielen Vorgehensweisen; rechtzeitige Wetterwarnungen und ein effizientes Rettungswesen sind ebenfalls von enormer Bedeutung. Die Entwicklung geeigneter Strategien vollzog sich über Jahrzehnte, wenn nicht gar über Jahrhunderte – eine laufende Verbesserung ist die Folge. Ein Versagen der verschiedenen Maßnahmen führt nicht zu einem resignierten Innehalten; im Gegenteil, es ist Anlass für umfassende Kritik und Optimierung. Die Maßnahmen werden nicht erst umgesetzt, wenn der Schnee meterhoch liegt oder die Sturmflut an der Küste tobt – sondern lange vorher. Übertragen auf eine nachhaltige Gewaltprävention bedeutet dies, dass die einzelnen Maßnahmen nicht erst ergriffen werden, wenn sich solche Fälle ereignen, sondern im Sinne eines effizienten Managementstrategie rechtzeitig und vorausschauend (Weick & Sutcliffe, 2003).

Voraussetzung einer solchen Vorgehensweise ist die Anerkennung des Problems durch die Entscheidungsträger (Tschan, 2005). Solange das Bagatellisieren vorherrscht, werden keine Taten folgen. „Bei uns ist so etwas ausgeschlossen ...". Dabei hat sich die grundlegende Erkenntnis in der Forschung zu diesem Bereich schon lange durchgesetzt: „Abuses of professional power and authority occur across all of the helping professions. None are immune. Lawyers, clergy, teachers, physicians, psychotherapist ... have been censured, defrocked, and sued for committing a particular form of power abuse – sexual misconduct" (Simon, 1996, S. 115).

Die wesentlichen Schritte für eine nachhaltige Prävention, die entsprechend in der Ausbildung behandelt werden (Tschan, 2012):

- Curriculum (knowledge, skill, attitudes)
- Personal-Rekrutierung
- Internes/externes Reporting
- Interne Guidelines und Vorgehensweisen
- Basiswissen über Traumafolgestörungen
- Kenntnisse über Täterstrategien
- Hilfen für Betroffene und ihre Angehörigen
- Hilfen für Teams resp. Institutionen
- Hilfen für Fachleute in Schwierigkeiten
- Umgang mit Fachleuten mit Fehlverhalten (disruptive behavior)

Es ist nicht üblich, im akademischen Kontext über die Kursatmosphäre zu reflektieren. Bei der Vermittlung von Wissensinhalten zur Gewaltprävention ist dies jedoch gerade zwingend. Die Teilnehmer müssen sich mit belastendem und unter Umständen traumatisierendem Material auseinandersetzen. Die Kursatmosphäre ist so zu gestalten, dass derartige Auswirkungen möglichst klein gehalten oder aufgefangen werden können. Auch Dozentinnen und Dozenten sind nicht vor sekundären Traumatisierungen gefeit. Der Autor hat zwischen 2005 und 2009 an der Universität Zürich einen interdisziplinären Studiengang zur Prävention von sexualisierter Gewalt entwickelt und umgesetzt. Im Rahmen dieser Vorlesungen war eine erfahrene Dozentin bereit, über die sexualisierten Kriegserlebnisse im Bosnienkrieg zu berichten, welche sie in ihrer damaligen Funktion als Dolmetscherin im Kriegsgebiet erfahren hatte. Sie hatte sich entsprechend vorbereitet und fühlte sich der Aufgabe gewachsen. Als sie eine Begebenheit schilderte, wo eine Mutter mitansehen musste, wie ihre Töchter vergewaltigt und anschließend geköpft wurden, wurde sie von eigenen Emotionen übermannt; sie brach in Tränen aus, und konnte die Vorlesung nicht weiter führen. Der Autor versuchte die Situation aufzufangen und brachte die Lektion zu Ende. Anschließend debriefte er die Dozentin, bis sie sich wieder ok fühlte. Mit den Kursteilnehmern wurde die Situation anschließend ebenfalls eingehend besprochen und die Teilnehmer konnten mitteilen, welche persönlichen Lehren sie aus dieser Begebenheit ziehen können.

Die Kursleitung muss sich stets im Klaren darüber sein, dass unter den Teilnehmenden gewaltbetroffene Personen sein können, bei denen einzelne Lerninhalte Traumaerinnerungen triggern können (Mc Cammon, 2002). Es stellt sich dabei immer wieder die Frage, wie die Kursleitung mit solchen Situationen umgehen soll – ist es besser, die Angelegenheit im vertraulichen Gespräch zu klären, oder soll das Ganze zu einem Thema für den Kurs gemacht werden? Die Entscheidung muss individuell geklärt werden – es sollen an dieser Stelle einige Überlegungen diskutiert werden. Grundsätzlich ist der Kurs nicht für Selbstoffenbarungen in Zusammenhang mit eigenen Traumatisierungen geeignet, da die persönliche Sicherheit der Teilnehmenden nicht gewährleistet ist, welche die Mitteilung biografischer Details zulassen würde. Deswegen rät die Kursleitung davon ab, im Kurs persönliche Erlebnisse preis zu geben. Hingegen wird Betroffenen geraten, in solchen Situationen das persönliche Gespräch mit der Kursleitung zu suchen. Die Kurleitung bemüht sich, eine akzeptierende und beschützende Haltung gegenüber Traumaerfahrungen zu vermitteln, was jedoch nicht mit einer bekennerischen Grundhaltung zu verwechseln ist.

Teilnehmer haben im Kurs hinreichend Gelegenheit, persönliche Betroffenheit auszutauschen. Die Lernatmosphäre unterstützt einen gegenseitigen Lern- und Erfahrungsaustausch mittels geeigneter didaktischer und methodischer Vorgehensweisen. Überhaupt wird die Bedeutung des Erfahrungsaustausches im Kurs immer wieder betont: „never worry alone!" ist ein Leitgedanke im Umgang mit derartigen Erfahrungen. Durch eine klare Strukturierung der Kursinhalte wissen die Teilnehmer, mit welchen Inhalten sie sich auseinandersetzen werden. Die elektronischen Lernhilfen ermöglichen den Teilnehmern eine optimale Vor- und Nachbearbeitung und führen sie schrittweise an die Thematik heran. Im Präsenzunterricht soll neben der Vertiefung des eigentlichen Stoffgebietes der gegenseitige Erfahrungsaustausch gepflegt werden.

Aber aufgepasst: Gewalt-Prävention kann *nie* alle Übergriffe verhindern – kommt es zu erneuten Vorfällen, müssen die bestehenden Vorkehrungen überprüft und die erforderlichen Lehren gezogen werden. Viele Gewalteskalationen können durch eine wirksame Prävention verhindert werden; zudem können derartige Maßnahmen entscheidend dazu beitragen, die Folgen für Betroffene aufzufangen.

2 Institutionen als Hochrisikobereiche

Fachleute setzen sich nicht gerne mit dieser Thematik auseinander. Dies widerspricht grundlegend jedem Selbstverständnis, dass angesehene und wohlverdiente Kolleginnen und Kollegen sich nicht korrekt verhalten sollen (disruptive behavior). Übergriffe und Verbrechen werden als bedauerliche Einzelfälle hingestellt – erst eine systematische Auswertung verdeutlicht jedoch das wirkliche Ausmaß. Jeder Fall eines Machtmissbrauches in einer Institution ist ein Einzelfall – das ist richtig. Aber jeder Fall, der durch adäquate Vorgehensweisen hätte verhindert werden, ist einer zu viel. Es ist ein Schlag ins Gesicht Betroffener, wenn Verantwortungsträger glauben machen wollen, dass sie nichts gewusst haben ... . Die New York Times hat in ihrer Ausgabe von 12. Juli 2012 (Belson, 2012) darüber berichtet, wie der US-amerikanische Fußball-Coach Jerry Sandusky durch die Verantwortlichen der Universität jahrelang gedeckt wurde – analog wie Gerold Becker an der Odenwaldschule in Deutschland (Tschan, 2012). Ein Mitarbeiter der Hausreinigung beobachtete vor über zehn Jahren in den Duschräumen der betreffenden Universität einen älteren Mann, der einen Jugendlichen oral befriedigt. An der Universität herrschte ein Klima des Schweigens – der Mitarbeiter und sein Kollege fürchteten um ihren Job, wenn sie Sandusky anzeigen würden (Bahners, 2012). Paterno, der Cheftrainer, vom früheren Präsidenten Bush als „herausragenden Amerikaner" gewürdigt, hatte Kenntnisse von verschiedenen Vorfällen – er deckte mit seinem Schweigen die kriminellen Machenschaften und weitere Taten von Sandusky, die sich erst in den folgenden Jahren zutrugen. „Charakteristisch für Fälle des jahrelang unentdeckten ... Kindesmissbrauchs ist allerdings, dass der Verbrecher die moralischen Kraftquellen der Institution anzapft, die er manipuliert. Er tarnt sich – auch sich selbst gegenüber – durch Übererfüllung der Erwartungen. Ein solcher Verbrecher ist in der Sonderwelt seiner Umwelt kein Fremdkörper. Eher ist von einer Symbiose zu sprechen, von der Ausnutzung der Besonderheiten einer ins Extreme getriebenen Lebensform" (Bahners, 2012).

Institutionen gelten als Hochrisikobereiche für fachliches Fehlverhalten und sexualisierte Übergriffe. Getarnt durch ihre berufliche Tätigkeit setzen die Täter-Fachleute ihre kriminelle Energie um. Wegleitend ist dabei, dass sie in ihrem Fehlverhalten nicht entdeckt werden wollen, und dass sie möglichst rasch und einfach zum Ziel kommen wollen. Dieser Teil der Täterstrategie wird als *targeting* und *grooming* bezeichnet – das Aussuchen der Opfer und deren Manipulation. Je psychopathischer die Grundstruktur der Täter-Fachleute, desto skrupelloser gehen sie vor (Tschan, 2014). Nachfolgend die Definition für fachliches Fehlverhalten, welche sich an die Definition der American Medical Association (amerikanische Ärztevereinigung) anlehnt (Council, 2002):

> Ein fachliches Fehlverhalten ist durch ein Verhalten einer Fachperson charakterisiert, welches Klienten oder Mitarbeiter negativ beeinträchtigt oder schädigt, resp. beeinträchtigen oder schädigen könnte.
>
> Ein kritisches, jedoch situationsadäquates Verhalten gegenüber Klienten oder Mitarbeitern mit dem Ziel einer Verbesserung der Situation ist nicht als fachliches Fehlverhalten zu bezeichnen.

Angesichts der Tragweite dieser Problematik würde man annehmen, dass der Gesetzgeber längst gesetzliche Meldepflichten geschaffen hätte. Dem ist nicht so – genau so wenig wie wir in Europa gesetzliche Meldepflichten bei Gewaltdelikten kennen. Es mutet reichlich seltsam an, dass ich als Arzt in der Schweiz jeden Hundebiss den Behörden zu melden habe – nicht jedoch Fehlverhalten (und sei es noch so schlimm) von Berufsleuten (Tschan, 2012). Im Gegenteil – Ärzte machen sich strafbar, wenn sie ihre berufliche Schweigepflicht verletzen. Der Gesetzgeber hat sich diese Konsequenzen wohl nie richtig ausgemalt, als er diese Gesetzesbestimmungen erliess.

Sexuelle Übergriffe durch Fachleute werden mit dem Fachbegriff PSM bezeichnet – der Begriff soll mithelfen, die Konfusion durch die nationalen Strafgesetzbestimmungen zu überwinden, welche überall eigene Begrifflichkeiten und Definitionen geschaffen hat; ja teilweise gewisse Delikte nicht einmal vorgesehen hat, wie etwa Vergewaltigungen von männlichen Personen (Tschan, 2014). Der Begriff PSM definiert klare fachliche Anforderungen. Sexualisierte Verhaltensweisen gehören in keiner Berufsdisziplin zum fachlichen Standard – ausser in der Prostitution.

> **Definition von PSM (Professional Sexual Misconduct)**
> PSM umfasst alle sexualisierten Verhaltensweisen im Rahmen einer fachlichen Tätigkeit; Beispiele sind unter anderem:
> - (versuchte) Penetration (vaginal, anal, oral), genitale Stimulationen, unabhängig ob es zu einer Ejakulation oder einem Orgasmus kommt; Frotteurismus
> - sexualisierte Verhaltensweisen wie Küssen, erotische Berührungen, Bilder von intimen Körperpartien herstellen, voyeuristische oder exhibitionistische Verhaltenweisen, Vorzeigen von pornographischem Material
> - sexualisierte Bemerkungen, (versuchtes) Dating

Grenzen definieren in allen Berufsdisziplinen den fachlichen Standard. Dass Ärzten und Pflegepersonen in ihrer Tätigkeit explizit erlaubt ist, alle möglichen Körperöffnungen zu inspizieren, ist nur statthaft im Sinne des informed consent – weil die Fachleute dies zum Vorteil des Patienten tun und weil sie ihm damit helfen. Im Gesundheitswesen hat sich klar eine "zero tolerance" Politik in Bezug auf PSM etabliert, alles andere wäre unstatthaft (Cullen, 1999). Wie es eine Täter-Fachperson in einem Boundary Training einmal formulierte: "Man kann nicht nur ein bisschen Grenzverletzungen begehen; genau so wenig wie man nicht bloß ein bisschen schwanger sein kann".

Das kriminelle Verhalten von Fachleuten beginnt in ihrem Kopf, genauer bei ihren Fantasien. Es sind Fantasien sexualisierten und/oder gewaltbereiten Inhaltes, welche umgesetzt werden – dies im Gegensatz zu sich fachlich und menschlich korrekt verhaltenden Mitarbeitern, welche solchen Gedanken Einhalt gebieten würden. Anstelle eines Krankheitsmodells bevorzuge ich ein Störungsmodell, um das Fehlverhalten zu erklären. Täter-Fachleute leiden nicht primär an einer wie auch immer gearteten Krankheit, sondern sie leiden an einer Störung ihres Beziehungs- und Sexualverhaltens. Sie nutzen ihre Position und ihre Macht aus, die ihnen durch die fachliche Tätigkeit gegeben ist, und suchen in ihrem Tätigkeitsbereich ihre Opfer. Dabei kommt es stets zu einer Verletzung des Auftragsverhältnisses – ob dies mit oder ohne Zustimmung des Auftragsgebers erfolgt ist nebensächlich, weil die Einhaltung fachlicher Grenzen stets eine einseitige Aufgabe von Fachpersonen darstellt. Mit *Targeting* wird das Aussuchen der Opfer bezeichnet; mit *Grooming* das manipulative Vorgehen der Täter. Nachfolgend ist der *path to offense* in einer linearen Darstellung aufgeführt, eingebettet in den institutionellen Kontext:

Abbildung 1: PSM: The path to offense (der Weg zum Übergriff)

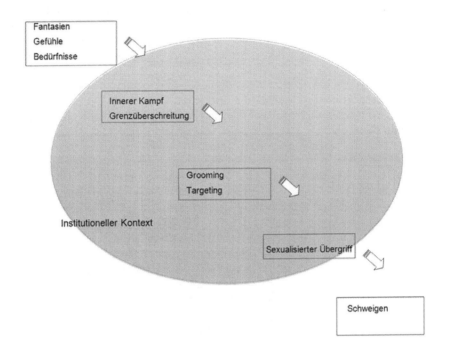

Ohne fundierte Kenntnisse über Täterstrategien ist keine nachhaltige Prävention möglich. Ein Beispiel zur Illustration (Tschan, 2012): Ein neunjähriger Knabe erzählt seinen Eltern, dass ihm ein Pfleger am Geschlechtsteil rum gespielt habe, während er auf der Intensivstation hospitalisiert gewesen sei. Die Angaben des Jungen sind recht wage und selbst nach mehrmaligen Nachfragen kann er kaum genaue Angaben machen – wieso wird erst später klar werden. Jedenfalls gehen die Eltern davon aus, dass hier etwas nicht stimmen kann, und verständigen die Ermittlungsbehörden. Der Mann wird verhaftet, und in Rahmen der nachfolgenden Hausdurchsuchung findet die Polizei auf seinem Mobil-Telefon zwei dokumentierte Vorfälle: einen Übergriff auf den neunjährigen und einen Übergriff auf einen fünfjährigen Jungen. Der Täter gesteht fünf derartige Übergriffe und gibt zu, sedierende Substanzen (nebst den ohnehin schon verordneten) eingesetzt zu haben, um die Opfer zu betäuben. Damit wird auch klar, wieso der

Junge keine genauen Angaben machen konnte, da diese Substanzen zu Wahrnehmungsstörungen und Amnesien führen können. Das Auftragsverhältnis führt zu einer Abhängigkeit, die über das eigentliche Ende der fachlichen Tätigkeit nachwirkt. Der Gesetzgeber muss deshalb angemessene Fristen definieren, um Manipulationsversuchen durch Fachleute vorzubeugen. Ein Arzt beendet eine Behandlung, um ab darauffolgendem Tag mit der Patientin eine intime Beziehung eingehen zu können. Streng rechtlich steht er nicht mehr in einem Auftragsverhältnis. Er hat die Patientin an einen Kollegen überwiesen, der nun die Verantwortung für die weitere Behandlung trägt. Im weltweiten Vergleich gehen die meisten Regelungen von einer zweijährigen Dauer über das eigentliche Ende des Auftragsverhältnisses aus, wobei stets mitbedacht werden muss, dass unter Umständen eine länger dauernde Abhängigkeit besteht, die strafrechtlich relevant sein kann, und welche den Fachleuten eine erhöhte Sorgfaltspflicht auferlegt.

3 Die Ausbildung als Teil der Präventionsstrategie

In der Ausbildung wird einerseits das erforderliche Faktenwissen vermittelt, und gleichzeitig werden Handlungskompetenzen erarbeitet. Zudem wird die eigene Haltung reflektiert. Einen großen Stellenwert innerhalb der Ausbildung nimmt die Vernetzung mit anderen Fachleuten und -disziplinen ein, da dies für die spätere Tätigkeit unabdingbar ist. Je nach Aufgabenbereich muss die Ausbildung unterschiedliche Schwerpunkte setzen. Führungsverantwortliche müssen beispielsweise Kenntnisse darüber haben, wie Präventionsstrategien in der eigenen Einrichtung umgesetzt werden, oder wie sie konkret mit Hinweisen umgehen. Sie müssen Kenntnis darüber haben, wie sie mit betroffenen Opfern umgehen, und was mit den angeschuldigten Fachleuten geschehen soll. Operativ tätige Mitarbeiter müssen Kenntnisse über Täterstrategien haben, und über ein Verständnis verfügen, wie betroffene Opfer reagieren. Mittels einer modulartigen Konzeption wird diesen unterschiedlichen Schwerpunkten Rechnung getragen.

Nachfolgend ein Beispiel über die Zielvorgaben eines Ausbildungszyklus für Führungskräfte. Es sind die Kompetenzen aufgeführt, über welche die TeilnehmerInnen nach der Beendigung der Ausbildung verfügen sollten. Die inhaltliche Gestaltung sowie die didaktischen und methodischen Vorgehensweisen richten sich nach diesen Zielvorgaben.

AbsolventInnen der Ausbildungsseminare zur Gewaltprävention verfügen über folgende Qualifikationen (Wissen, Fertigkeiten, Ansichten):

Kenntnisse über:
- Gewaltentstehung (path to offense), Tatabläufe und deren Prävention
- strukturelle Gewalt und Auswirkungen auf Gewaltentstehung
- Einfluss der Medien inkl. Internet, Mobilkommunikation, etc. auf Gewaltentstehung
- Aufbau und Nutzen von interdisziplinären Netzwerken im Hinblick auf die Gewaltprävention
- Verhaltenssteuerung, interaktivem Verhalten und Zusammenhang mit Persönlichkeitsentwicklung
- Psychotraumatologie und Bindungstheorie für das Verständnis der Folgen
- Täterstrategien und deren Bedeutung in deliktpräventiver Hinsicht
- Assessmentverfahren bei Suizidalität und Gewaltbereitschaft
- Risikofaktoren für Gewaltentstehung (welche Personen sind besonders gefährdet)
- gewaltpräventive Strategien
- rechtliche Rahmenbedingungen
- Verhaltensmaßnahmen und Vorgehensweisen in Zusammenhang mit Gewaltprävention

Handlungskompetenzen (Fertigkeiten):
- Erkennen von Symptomen und Warnhinweisen für drohende Gewalteskalationen
- Einschätzung des Gefahrenpotentials
- Vorgehensweisen und Aufarbeitung von Hinweisen, resp. Verdacht
- Umgang mit Falschbeschuldigungen
- Handlungsstrategien in Krisen
- Kommunikation mit gewaltbereiten Personen und dem Helfernetzwerk
- Kommunikationsstrategie in der Institution (welche Inhalte wann mit wem)
- Regel der Dokumentation
- Umgang mit Betroffenen, Anwendung der psychotraumatologischen Basiskenntnisse im Hinblick auf die Betreuung von Betroffenen
- Aufbau und Implementierung von Hilfesystemen
- Gestaltung von Arbeitsteams (Reporting, interne Kompetenzstelle, Krisenteams)
- Anwendung von Work-Life Balance Konzepten als Teil der Präventionsstrategie

Haltungen:

- Ethische Reflexion der eigenen Rolle in Zusammenhang mit Gewaltprävention
- Umsetzung des Grundsatzes „never worry alone" in der praktischen Tätigkeit
- Reflexion über die gesellschaftliche Tabuisierung der Thematik
- Bedeutung von Opfer- und Täteridentifikationen
- Bedeutung von methodischen und didaktischen Aspekten für die Stoffvermittlung
- Bedeutung der interdisziplinären Ansätze für die Gewaltprävention

Die Teilnehmenden sind qualifizierte Fachleute, die über mehrjährige Berufserfahrung verfügen und die motiviert sind, sich mit den aktuellen Stand der Gewaltprävention auseinanderzusetzen und für ihren spezifischen Fachbereich die notwendigen Zusatzkenntnisse zu erarbeiten. Die Teilnehmenden sind sich bewusst, dass sie sich mit einer schwierigen und anforderungsreichen Materie auseinander setzen, die auch emotional belastend sein kann. Die Thematik stellt hermeneutisch eine enorme Herausforderung dar. Wie soll auf Drohungen und Gewalthandlungen reagiert werden? Die Teilnahme setzt die Bereitschaft voraus, hochkomplexe und interdisziplinäre Sachverhalte aus einer neuen Sichtweise zu analysieren und deren Anwendung im Berufsalltag zu prüfen. Die modulare Struktur der Schulungsangebote in Verbindung mit E-Learning (*blended learning*) ermöglicht den Teilnehmenden eine optimale Nutzung des Angebotes. Die Seminare mit Präsenzunterricht bieten Gelegenheit zur interdisziplinären Vernetzung; zudem können die Teilnehmenden gegenseitig von den Erfahrungen anderer profitieren.

Die Seminar-Teilnehmer erhalten ein Zertifikat basierend auf den geltenden europäischen Bestimmungen über die Anerkennung von Studiengängen (ECTS, European Credit Transfer and Accumulation System). Die Punkteverteilung ist mit einem Leistungsnachweis verbunden. Der Lern-, Vor- und Nachbereitungsaufwand wird mittels dieses Punktsystems angemessen berücksichtigt.

Analoge Vorgehensweisen können auf allen Stufen Anwendung finden, sei es in der curricularen Vermittlung im Rahmen der Berufsausbildung, sei es auf Ebene der Fach-Hochschulen oder auf universitärem Niveau. Wichtig ist in jedem Fall eine Erweiterung im Sinne von interdisziplinären Ausbildungsangeboten im Hinblick auf die spätere praktische Umsetzung des Gelernten. Das Feedback von Kursteilnehmern bestätigte immer wieder die wesentlichen Erkenntnisse, welche aus der interdisziplinären Arbeit gewonnen wurden.

Fachleute müssen in ihrer Ausbildung lernen, wie sie betroffenen Personen helfen können, wie solche Übergriffe ablaufen und wie sie verhindert werden können. Sexualisierte Gewalt zu verhindern, ist eine Aufgabe die uns alle angeht. Die Aufgabe kann nur gemeinsam mit allen involvierten Disziplinen bewältigt werden, und die Gesellschaft muss die notwendigen Mittel und Strukturen bereitstellen. Eine nachhaltige Gewaltprävention bedingt ein Bündel von Maßnahmen, die erst in ihrem Zusammenspiel zum gewünschten Resultat beitragen. Sicherheit und Verantwortung sind knappe Ressourcen. Sie müssen immer wieder geschaffen werden.

In den einzelnen Berufsdisziplinen und Institutionen müssen Mindeststandards in Bezug auf eine nachhaltige Gewaltprävention festgelegt werden. Die Ausbildung kann nur vermitteln, welche Aspekte zu berücksichtigen sind, und wie ein derartiger Implementierungsprozess im Sinne der Organisationsentwicklung zu gestalten ist – die eigentliche Implementierung muss durch die Entscheidungsträger erfolgen. Die Basis jeglicher Prävention aller Formen von fachlichem Fehlverhalten bildet die Betriebskultur: eine Kultur des Hinschauens und der Achtsamkeit muss selbstverständlich werden (Tschan, 2012). Offenheit und Vertrauen im gegenseitigen Umgang bedeutet, dass Fehler angesprochen werden dürfen, und dass gemeinsam Wege zur Verbesserung gesucht werden. Ziel ist nicht, die Mitarbeiter anzuschwärzen. Diese Grundsätze müssen in der Ausbildung vermittelt werden und als Werte durch die Menschen in den Institutionen gelebt werden sowie entsprechend in den Leistungsvereinbarungen mit den Einrichtungen aufgegriffen und als verbindliche Standards vorgegeben werden. Damit schließt sich der Kreis: auch die Aufsichtsorgane bedürfen entsprechender Schulung im Hinblick auf eine nachhaltige Gewaltprävention.

Der Autor war an der Entwicklung von zwei umfangreichen Positionspapieren über die curriculare Verankerung der Thematik im Medizin und Pädagogik beteiligt, welche durch den Runden Tisch der deutschen Bundesregierung zur Prävention von Missbräuchen in die Wege geleitet wurden (www.rundertisch-kindesmissbrauch.de/). In beiden Arbeitsgruppen wurde sehr deutlich die Wichtigkeit einer fundierten Ausbildung für eine nachhaltige Gewaltprävention erkannt. Diese Bemühungen setzen für den europäischen Raum Impulse für eine nachhaltige Gewaltprävention in Einrichtungen (Tschan, 2012). Es soll jedoch stets bedacht werden, was Monika Egli so treffend in einem Expertenbericht über die Heimaufsicht festgehalten hat: „Bei der Umsetzung der Konzepte ist der «Faktor Mensch» entscheidend." (Egli, & Rutschmann, 2011).

Die Wirkung der Gewaltprävention lässt sich nicht messen. Wir können allenfalls aus der Dossier-Kenntnis die Wirkungen im Einzelfall erahnen oder abschätzen. Das Model der Lawinenprävention kann auch in dieser Hinsicht wichtige Impulse vermitteln: Wir lernen über Erfahrungen. Karl Popper (1963) hat den entscheidenden Satz geprägt – "*All our knowledge grows only through the correcting of our mistakes*". Manchmal müssen wir schmerzhaft unsere Grenzen erkennen – die Teilnehmenden müssen sich auch mit dieser Seite der Realität auseinandersetzen.

Literatur

Bahners, P. (2012). Die Putztruppe bringt es an den Tag. Frankfurter Allgemeine Zeitung Nr. 166, 19. Juli.
Belson, K. (2012). Abuse scandal inquiry damns Paterno and Penn State. New York Times, July 12.
Council on Ethical and Judical Affairs, (2000). Physicians with disruptive behavior. American Medical Association: Washington DC.
Cullen, R.M. (1999). Arguments for zero tolerance of sexual contact between doctors and patients. Journal of Medical Ethics; 25:S. 482-486.
Egli-Alge, M. & Rutschmann M. (2011). Expertenbericht über die Heimaufsicht im Kanton Bern (Heiminterne Massnahmen und Abläufe bezüglich der Wahrung der körperlichen Integrität pflegebedürftiger Personen in Institutionen im Kanton Bern) für die Gesundheits- und Fürsorgedirektion des Kantons Bern. Frauenfeld. 15. Dezember.
Krug, E. G. et al. (Hrsg.)(2002). World Report on Violence and Health. World Health Organization: Geneva,
McCammon, S. L. (2002). Schmerzhafte Pädagogik. Der Umgang mit der Traumaproblematik in akademischen Zusammenhängen und Ausbildungen. In: Hudnall Stamm B.(Hrsg.). Sekundäre Traumastörungen. Junfermann: Paderborn. S. 119-131.
Popper, K. (1963). Conjectures and Refutations. Routledge: London.
Rush, F. (1980). The Best Kept Secret. Sexual Abuse of Children. Englewood Cliffs: Prentice-Hall.
Simon, R. I. (1996). Bad men do what good men dream. American Psychiatric Press: Washington DC.
Taleb, N. N. (2007). The black swan. The impact of the highly improbable. Random House: New York.
Tschan, W. (2005). Missbrauchtes Vertrauen. Sexuelle Grenzverletzungen in professionellen Beziehungen. Karger: Basel. 2. Auflage.
Tschan, W. (2012). Sexualisierte Gewalt. Praxishandbuch zur Prävention von sexuellen Grenzverletzungen bei Menschen mit Behinderungen. Huber: Bern.
Tschan, W. (2013). Abuse in doctor-patient relationships. In: Garcia-Moreno C., Riecher-Roessler A. (eds). Violence against women as a risk factor for mental health. Karger: Basel.
Tschan, W. (2014). Professional Sexual Misconduct: causes and consequences. Understanding – Preventing – Treating. Hogrefe: Goettingen.

Van der Kolk, B.A. (2009). Afterword. In: Courtois C.A.& Ford J. D. (Hrsg.). Treating complex traumatic stress disorders. The Guilford Press: New York. S. 455-466.

Weick, K.E. & Sutcliffe, K.M. (2003). Das Unerwartete Managen. Wie Unternehmen aus Extremsituationen lernen. Schäffer & Poeschel: Stuttgart.

Empfehlungen zur nachhaltigen Implementierung der Aus- und Fortbildung von Lehrkräften und anderen an Schulen tätigen Personen zum Schutz von Kindern und Jugendlichen angesichts sexueller Gewalt. (Letztes Zugriffsdatum: 31.07.2012) www.rundertisch-kindesmissbrauch.de/documents/Anlage09EmpfehlungenLehrerbildung.pdf

Sachstandserhebung und Handlungsempfehlungen: Behandlung des Themas "Missbrauch, Misshandlung, Gewalt und Vernachlässigung im Kindes- und Jugendalter" im Rahmen der Aus-, Weiter- und Fortbildung von Ärztinnen und Ärzten, Psychologischen Psychotherapeuten und Kinder- und Jugendlichenpsychotherapeuten in Deutschland. (Letztes Zugriffsdatum: 31.07.2012) www.rundertisch-kindesmissbrauch.de/documents/Anlage11Sachstandserhebung_HandlungsempfehlungenMedPsy.pdf

Prävention stärken

Überblick über Maßnahmen der Deutschen Bischofskonferenz gegen sexualisierte Gewalt[1]

Bettina Janssen

Übersicht

1 Prävention stärken
   1.1 Vatikan
   1.2 Deutsche Bischofskonferenz
2 Kirchliche Präventionsarbeit
3 Handlungsfelder präventiver Arbeit
4 Leitlinien für den Umgang mit sexuellem Missbrauch
5 Rahmenordnung Prävention
   5.1 Koordinationsstelle zu Prävention gegen sexualisierte Gewalt
   5.2 Institutionelle Schutzkonzepte
6. Fortbildung
   6.1 Schulungen und Informationsveranstaltungen
   6.2 Fachtagungen
   6.3 Weltweites E-Learning Projekt
7 Gespräche mit Betroffenen
8 Bundesweite Beratungshotline für Betroffene sexueller Gewalt
9 Wissenschaftliche Aufarbeitung
10 DBK-Onlineportal Prävention
11 Präventionsfonds
12 Runder Tisch „Sexueller Kindesmissbrauch"
13 Schlusswort

---

[1] Dieser Beitrag wurde erstellt auf Basis des Vortrags „Sexueller Missbrauch – Maßnahmen der Deutschen Bischofskonferenz" beim interdisziplinären Workshop „Macht und Missbrauch in Institutionen", am 21.10.2011, Universität Luxemburg. Dieser Beitrag schreibt den in der *Stimme der Familie* veröffentlichten Vortrag der Verfasserin fort, siehe „Sexueller Missbrauch – Maßnahmen der Deutschen Bischofskonferenz", Stimme der Familie 1/2012 S. 6ff. Der Beitrag wurde grundlegend aktualisiert (Stand: 9. April 2013) und um weitere Hinweise in den Fußnoten ergänzt. Die DBK-Pressemitteilungen und Statements sind im DBK-Dossier „Sexueller Missbrauch" http://www.dbk.de/themen/thema-sexueller-missbrauch/ nachzulesen.

1 Prävention stärken

1.1 Vatikan

Die Meldungen über sexualisierte Gewalt[2] durch Kleriker, Ordensangehörige und andere Mitarbeiterinnen und Mitarbeiter in kirchlichem Dienst haben 2010 in Deutschland die Gesellschaft erschüttert und die katholische Kirche in eine tiefe Krise gestürzt. *Papst Benedikt XVI.* hat die Missbrauchsfälle als „offene Wunde" der Kirche bezeichnet. Bei dem Symposium „Auf dem Weg zur Heilung und Erneuerung" in der Päpstlichen Universität Gregoriana in Rom, an dem 110 Bischofskonferenzen und 34 Ordensgemeinschaften vertreten waren, forderte er in einer durch den Kardinalstaatssekretär übermittelten Grußbotschaft die „tiefe Erneuerung der Kirche auf allen Ebenen". Papst Benedikt XVI. ermutigte dazu, die Herausforderung anzunehmen, für Kinder, Jugendliche und schutzlose Erwachsene eine kirchliche Umgebung zu schaffen, die ihre menschliche und geistliche Entwicklung fördert. Auch forderte er auf, auf vielfältige Expertise zurückzugreifen, um überall in der Kirche eine Kultur des wirksamen Schutzes von jungen Menschen und der Unterstützung für die Opfer zu fördern.[3] Nach seiner Überzeugung muss die Krise „Ansporn sein für eine ehrliche Gewissenserforschung und ein engagiertes Programm kirchlicher und persönlicher Erneuerung".[4]

Schon bald nach seiner Amtseinführung am 19. März 2013 hat *Papst Franziskus* die vatikanische Glaubenskongregation dazu angehalten, den Kampf gegen sexuellen Missbrauch durch Kleriker entschieden fortzuführen – und zwar „in der von Benedikt XVI. gewollten Richtung". Schutzmaßnahmen für Kinder sowie die Hilfe für die Opfer sexuellen Missbrauchs sollten gefördert und die notwendigen Strafverfahren gegenüber den Schuldigen fortgeführt werden. Der Umgang mit dem Thema sei „für das Zeugnis der Kirche und ihre Glaubwürdigkeit sehr wichtig", heißt es weiter. Den Opfern des sexuellen Missbrauchs gelte die Aufmerksamkeit und das Gebet des Papstes „in besonderer Weise".[5]

---

[2] Im Folgenden wird der Begriff „Sexualisierte Gewalt" verwendet, da dieser in der Praxis der Präventionsarbeit der Gängige ist. Nur soweit im Text auf die Leitlinien eingegangen wird, wird der juristische Fachterminus „Sexueller Missbrauch" verwandt.
[3] Papst Benedikt XVI, Botschaft an die Teilnehmer des internationalen Kongress „Auf dem Weg zu Heilung und Erneuerung" an der Päpstlichen Universität Gregoriana in Rom, 6.-9. Februar 2012. Vgl. Scicluna, Zollner, Ayotte (Hrsg.) (2012) Tagungsband dtsch. Ausgabe, S. 13.
[4] Papst Benedikt XVI, Hirtenbrief an die Kirche von Irland, vom 19. März 2010, Nr. 2.
[5] Bekanntmachung der Kongregation für die Glaubenslehre, vom 05.04.2013.

1.2 Deutsche Bischofskonferenz

Unter dem Eindruck der schockierenden Meldungen über sexualisierte Gewalt durch Kleriker, Ordensangehörige und andere Mitarbeiterinnen und Mitarbeiter in kirchlichem Dienst und dem starken Leidensdruck der Betroffenen hat die Deutsche Bischofskonferenz sich bereits auf ihrer *Frühjahrsvollversammlung 2010* konkrete Maßnahmen zur Verbesserung des Schutzes der Mädchen und Jungen, jungen Männern und Frauen vorgenommen, damit sich diese Verbrechen im kirchlichen Bereich nicht wiederholen können. Vier Aufgaben wurden dabei besonders hervorgehoben: 1. Verantwortung verorten; 2. Die Leitlinien aus dem Jahr 2002 auswerten; 3. Die Prävention stärken; 4. Die Wahrheit aufdecken.[6]

Zur *3. Aufgabe „Prävention stärken"* formulierten die deutschen Bischöfe in der Erklärung der Frühjahrsvollversammlung 2010:

> „Die Zukunft verlangt weitere Schritte zur umfassenden Prävention. Wir fordern die Gemeinden und besonders die Verantwortlichen in unseren Schulen und der Jugendarbeit auf, eine *Kultur des aufmerksamen Hinschauens* zu pflegen. Wir unterstützen eine Pädagogik, die der Stärkung der Persönlichkeit jedes einzelnen Kindes und Jugendlichen verpflichtet ist. Die Forderung nach Prävention betrifft alle Bereiche der Gesellschaft, wo Kinder und Jugendliche zu Erwachsenen ein Verhältnis besonderen Vertrauens unterhalten und zugleich von ihnen abhängig sind.
>
> In Deutschland gibt es viele Initiativen der Zivilgesellschaft und Einrichtungen des Staates gegen sexuelle Gewalt an Kindern und Jugendlichen. Sie helfen dabei, Aufklärung und Prävention zu stärken. Wir wollen von ihnen lernen und zeitnah das Gespräch suchen, um klarer zu erkennen, was der Kirche zur Prävention sexuellen Missbrauchs in ihrem eigenen Bereich möglich und abverlangt ist. Wir Bischöfe führen auch Gespräche mit Opfern. Wir werden tun, was wir zu tun im Stande sind, damit die Wunden heilen können und keine neuen zugefügt werden."

Die deutschen Bischöfe beriefen aus ihrer Mitte *Dr. Stephan Ackermann, Bischof von Trier, zum Beauftragten für Fragen sexuellen Missbrauchs im kirchlichen Bereich,* um die Entwicklung aller Maßnahmen zu koordinieren, zu vernetzen sowie ihre Umsetzung voranzubringen und über die Schritte der Umsetzung auf den unterschiedlichen Handlungsfeldern und den unterschiedlichen Ebenen inner- und außerkirchlich zu informieren.

---

[6] Vgl. Erklärung der Frühjahrs-Vollversammlung der Deutschen Bischofskonferenz aus Anlass der Aufdeckung von Fällen sexuellen Missbrauchs an Minderjährigen im kirchlichen Bereich, Pressemeldung Nr. 35a der Deutschen Bischofskonferenz, vom 25.02.2010.

Hierzu gehört auch, die Zusammenarbeit zwischen den (Erz-)Bistümern und mit den Orden in allen relevanten Fragen auszubauen und für die Verbindung mit kirchlichen wie nicht-kirchlichen Initiativen Sorge zu tragen.[7]

2 Kirchliche Präventionsarbeit

Kirchliche Präventionsarbeit ist sehr komplex und vielschichtig: Die Maßnahmen sollen kirchliche Mitarbeiterinnen und Mitarbeiter qualifizieren und sensibilisieren, Hinweise auf sexualisierte Gewalt zuerkennen, das heißt Risiken ausmachen, und angemessen darauf reagieren zu können. Der Fokus liegt dabei darauf, eine „*Kultur der Achtsamkeit*" zu entwickeln und dazu Schutzmaßnahmen und -konzepte im kirchlichen Handlungsfeld nachhaltig zu etablieren und weiterzuentwickeln. Dies braucht Zeit, bietet aber auch die Chance, effektiv und nachhaltig dafür Sorge zu tragen, dass die Rechte und Bedürfnisse von Mädchen und Jungen, jungen Männern und Frauen sowie von erwachsenen Schutzbefohlenen im Mittelpunkt stehen. Auf der Internetseite des Bistums Trier[8] heißt es zum Beispiel dazu[9]:

> „Ziel der präventiven Arbeit ist es, am Aufbau einer „Kultur der Achtsamkeit" mitzuwirken. Es geht also um mehr als nur isolierte Maßnahmen. Es geht um ein Umdenken: Im Sinne einer Qualitätsentwicklung sollen neue Gewohnheiten entstehen, die gemeinsam gelebt werden. Zu diesem Umdenken gehört auch, dass man bewusst von gewohnten Denkmustern und Wahrnehmungsfiltern zurücktritt und eine „Weitwinkelsicht" einnimmt; die neue Sicht kann helfen, das bisher Übersehene und noch nie Gesehene früher (also rechtzeitig) zu bemerken.
> - Mehr Achtsamkeit hilft, eine sicherere Umgebung für Kinder und Jugendliche aufzubauen und feinfühliger dafür zu werden, wie die Rechte von Kindern und Jugendlichen und ihre Partizipation gewährleistet werden.
> - Mehr Achtsamkeit beginnt damit, dass die Einzelnen anders mit sich selbst umgehen – mit den eigenen Gefühlen, mit Ideen und Kritik, mit Transparenz und Zusammenarbeit; sie hilft dann auch, Kinder- und Jugendschutz selbstverständlich umzusetzen."

---

[7] Vgl. THEMA JUGEND, Interview mit Bischof Dr. Stephan Ackermann, Heft 4/2011, S.11.
[8] http://cms.bistum-trier.de/bistum-trier/Integrale?MODULE=Frontend&ACTION=ViewPage&Page.PK=8223
[9] Siehe hierzu auch beispielhaft die Internetseiten zur Prävention des EB Berlin EB Freiburg, EB Köln, EB Hamburg, B. Eichstätt, B. Würzburg, B. Aachen, B. Hildesheim, B. Essen, B. Limburg, B. Münster u.a..

3 Handlungsfelder präventiver Arbeit

Die Vielschichtigkeit kirchlicher Präventionsarbeit ist nur verständlich, wenn man die Struktur der katholischen Kirche und die Handlungsfelder für präventive Arbeit kennt und damit die Vielzahl der Handlungs- und Kommunikationsstränge und die Komplexität der Anstrengungen angemessen bewerten kann:

Die *Deutsche Bischofskonferenz* ist ein Zusammenschluss der katholischen Bischöfe aller Diözesen in Deutschland. Derzeit gehören ihr *65 Mitglieder*[10] *aus den 27 deutschen Diözesen* an. Sie wurde eingerichtet zur Förderung gemeinsamer pastoraler Aufgaben, zur gegenseitigen Beratung, zur Koordinierung der kirchlichen Arbeit, zum gemeinsamen Erlass von Entscheidungen sowie zur Kontaktpflege zu anderen Bischofskonferenzen. Oberstes Gremium der Deutschen Bischofskonferenz ist die Vollversammlung aller Bischöfe, die regelmäßig im Frühjahr und Herbst für mehrere Tage zusammentrifft.

In den (Erz-)Bistümern gibt es unterschiedliche Organisationsstrukturen, Zuständigkeiten und Traditionen. Diese bilden sich in einer Vielzahl verschiedener Träger, Einrichtungen und Maßnahmen ab. Die Arbeit mit Kindern und Jugendlichen findet in der Regel in amtlicher oder verbandlicher Trägerschaft statt sowie in Ordensgemeinschaften und geistlichen Gemeinschaften. Der Großteil der Aktivitäten mit Kindern und Jugendlichen oder erwachsenen Schutzbefohlenen erfolgt vor Ort: in den Pfarreien, Schulen und Kindergärten, Verbänden und Gruppierungen, durch die örtliche Caritas, in Krankenhäusern. Verantwortliche sind hauptberufliche und hauptamtliche sowie nebenamtliche Mitarbeiterinnen und Mitarbeiter und viele Ehrenamtliche.[11]

Im Folgenden werden die wesentlichen Präventionsmaßnahmen beschrieben, die im Bereich der Deutschen Bischofskonferenz initiiert wurden. Es sind Schritte auf dem Weg zu einer verstärkten „Kultur der Achtsamkeit":

---

[10] Stand: März 2013.
[11] Vgl. Handreichung der Jugendkommission zur Prävention von sexualisierter Gewalt im Bereich Jugendpastoral. Hrsg. vom Sekretariat der Deutschen Bischofskonferenz. Bonn 2011. (Die deutschen Bischöfe – Jugendkommission; 33). S. 11.

4 Leitlinien für den Umgang mit sexuellem Missbrauch

Um eine einheitliche Vorgehensweise zu gewährleisten hatten die deutschen Bischöfe bereits 2002 „*Leitlinien zum Vorgehen bei sexuellem Missbrauch Minderjähriger durch Geistliche*"[12] verabschiedet. Die Leitlinien dienten der Intervention, enthielten aber auch präventive Elemente.

Lange Zeit waren es wohl die einzigen Regelungen zum Umgang mit sexuellem Missbrauch in Institutionen in Deutschland. Aufgrund der Anfang 2010 neu bekannt gewordenen Fälle sexuellen Missbrauchs und der dadurch verursachten breiten Diskussion haben die deutschen Bischöfe die Leitlinien im Jahr 2010 deutlich überarbeitet. Die schrecklichen Erkenntnisse und Erfahrungen der vergangenen Monate hatten gezeigt, dass diese grundsätzlich funktionierten, aber nicht in allen Punkten präzise genug waren.[13] Bei der Überarbeitung standen für die Bischöfe dann folgende präventive Punkte im Vordergrund:

1. Die Leitlinien sollten Vertuschung und Verschleierung von sexuellem Missbrauch verhindern.
2. Die Leitlinien sollten dazu beitragen, dass Täter, die Kinder und Jugendliche missbraucht haben, in der Arbeit mit Kindern und Jugendlichen nicht mehr eingesetzt werden.
3. Möglichst viele Opfer sollten ermutigt werden, sich bei den zuständigen Stellen zu melden.
4. Die Leitlinien sollten dazu beitragen, Kinder zu schützen und den Kinderschutz zu gewährleisten.[14]

Insofern präzisierten die überarbeiteten „Leitlinien für den Umgang mit sexuellem Missbrauch Minderjähriger durch Kleriker, Ordensangehörige und andere Mitarbeiterinnen und Mitarbeiter im Bereich der Deutschen Bischofskonferenz" vom 1. September 2010 die Zusammenarbeit mit den Strafverfolgungsbehörden sowie die Stellung der diözesanen Ansprechpersonen und die Bestellung eines interdisziplinären Arbeitsstabs. Außerdem legten die überarbeiteten Leitlinien 2010 fest, dass die in der Kinder- und Jugendarbeit eingesetzten Mitarbeiterinnen und Mitarbeiter je nach Art, Dauer und Intensität ihrer Tätigkeit, ein erweitertes polizeiliches Führungszeugnis vorlegen müssen, wie es auch im Kinder- und Jugendhilfegesetz (SGB VIII) vorgesehen ist. Dies sollen nur einige Beispiele sein. Die Leitlinien 2010 wurden für drei Jahre ad experimentum in Kraft gesetzt. 2013 werden diese erneut überprüft: Neue wissenschaftliche Fach-

---

[12] Leitlinien mit Erläuterungen, vom 26. September 2002.
[13] Vgl. DBK-Pressemitteilung, Leitlinien zum Vorgehen bei sexuellem Missbrauch, vom. 31.08.2010.
[14] Statement Bischof Dr. Stephan Ackermann, vom 31.08.2010.

expertisen, neue Regelungen und Praxiserfahrungen in den vergangenen Jahren machen Änderungen und Verdeutlichungen der bestehenden Regelungen erforderlich. So wird zum Beispiel der Teil „Prävention" (Leitlinie 48 bis 52), der in den Leitlinien 2002 und 2010 enthalten war, nun von der Rahmenordnung Prävention[15] abgedeckt und kann in den überprüften Leitlinien 2013 weitestgehend entfallen.

5 Rahmenordnung Prävention

Die „*Rahmenordnung zur Prävention von sexuellem Missbrauch an Minderjährigen im Bereich der Deutschen Bischofskonferenz*", die am 23. September 2010 in der Herbstvollversammlung in Fulda verabschiedet wurde, ist das eigentliche *Kernstück der kirchlichen Präventionsarbeit*. Sie soll dazu beitragen, sexuelle Übergriffe soweit nur irgend möglich zu verhindern. Bereits psychische und physische Grenzverletzungen sind zu vermeiden. Dies umfasst auch sexuelle Übergriffe durch Schutzbefohlene untereinander sowie beim Umgang mit den Medien, insbesondere bei der Nutzung von Handy und Internet.[16]

Die Rahmenordnung 2010 sollte – wie die Leitlinien 2010 – eine abgestimmte Vorgehensweise gewährleisten. Sie sollte die bereits vorhandenen sowie die noch entstehenden kirchlichen Präventionsinitiativen und -maßnahmen inhaltlich auf eine gemeinsame verbindliche Grundlage stellen, um eine zukunftsorientierte Koordinierung und damit eine nachhaltige Stärkung der Präventionsaktivitäten zu sichern. 2010 gab es im kirchlichen Bereich bereits eine Vielzahl an guten und effektiven Präventionsinitiativen (zum Beispiel BDKJ, Caritas, Erzbistum Freiburg).[17]

Die Rahmenordnung „Prävention" wurde für drei Jahre ad experimentum in Kraft gesetzt und wird 2013 parallel zu den Leitlinien 2010 überarbeitet. In der Rahmenordnung 2010 heißt es einleitend:

> „Die Prävention von sexuellem Missbrauch ist integraler Bestandteil der kirchlichen Arbeit mit Kindern und Jugendlichen. Als Grundprinzip pädagogischen Handelns trägt Prävention dazu bei, dass Kinder und Jugendliche in ihrer Entwicklung zu eigenverantwortlichen, glaubens- und gemeinschaftsfähigen Persönlichkeiten gestärkt werden. Diese Rahmenordnung verpflichtet alle, die im Bereich der Deut-

---

[15] Siehe hierzu unter 4.
[16] In Anwendung und Konkretisierung der Rahmenordnung 2010 erarbeitete die Kommission für Erziehung und Schule (VII) und die Jugendkommission (XII) für den Bereich Jugendpastoral entsprechende Handreichungen. Vgl. Die deutschen Bischöfe. Erklärungen der Kommissionen. Nr. 32 + 33.
[17] Statement Bischof Dr. Stephan Ackermann, vom 23. September 2010, S. 3.

schen Bischofskonferenz für das Wohl und den Schutz von Kindern und Jugendlichen Verantwortung tragen."

Für kirchliche Institutionen und Verbände, in denen mit erwachsenen Schutzbefohlenen gearbeitet wird, gelten die Regelungen der Rahmenordnung „Prävention" entsprechend (Rahmenordnung Prävention, 2010, Pkt. V).

5.1 Koordinationsstelle zu Prävention gegen sexualisierte Gewalt

In Umsetzung der Rahmenordnung „Prävention" haben die (Erz-)Bistümer sog. diözesane Koordinationsstellen zur Unterstützung, Vernetzung und Steuerung der diözesanen Präventionsaktivitäten eingerichtet, als konzeptuelles und operatives Zentrum der Prävention gegen sexualisierte Gewalt im (Erz-)Bistum. Um der Bedeutung und der Komplexität der Aufgabe gerecht zu werden, wurden Fachstellen auch als Stabstellen des Generalvikars installiert[18], da immer wieder Fragestellungen auftreten, die durch Leitungsentscheidung und in Rücksprache mit dem Generalvikar entsprechend der Richtlinienkompetenz der Leitung geklärt werden müssen.[19] Zur Wahrnehmung und Leitung dieser Koordinationsstellen wurden inzwischen in allen (Erz-)Bistümern sog. *Präventionsbeauftragte* [20] benannt.

Die Präventionsbeauftragten tragen dafür Sorge, dass mit der Umsetzung der Vorgaben der Rahmenordnung „Prävention" auch die entscheidenden Schritte hin zu einer „Kultur der Achtsamkeit", das heißt des Hinsehens, des Eingreifens und des Schutzes der Kinder und Jugendlichen sowie der erwachsenen Schutzbefohlenen getan werden kann.

---

[18] Zum Beispiel im Erzbistum Köln, Bistum Trier.
[19] Vgl. Jahresbericht der Fachstelle Kinder- und Jugendschutz im Bistum Trier 2012, S. 3.
[20] Die regelmäßig aktualisierte Liste der Präventionsbeauftragten steht im Internet unter: http://www.praevention-kirche.de/fileadmin/redaktion/praevention/portalseite/Downloads/Praevent ions beauftragte.pdf

Der Aufgabenbereich der diözesanen Präventionsbeauftragten ist vielfältig. So obliegt ihnen in aller Regel:

- die Beratung und Abstimmung bei der Entwicklung und Umsetzung von trägerspezifischen Präventionskonzepten
- die Qualifizierung und Information der für Präventionsfragen geschulten Personen
- die Vernetzung der Präventionsarbeit inner- und außerhalb der Diözese
- die Evaluation und Weiterentwicklung von verbindlichen Qualitätsstandards
- die Beratung von Aus- und Weiterbildungseinrichtungen
- die Fachberatung bei der Planung und Durchführung von Präventionsprojekten
- die Vermittlung der Fachreferenten
- die Entwicklung und Information von Präventionsmaterialien und -projekten
- die Öffentlichkeitsarbeit in Kooperation mit der jeweiligen Pressestelle.[21]

Die Präventionsbeauftragten sind untereinander inzwischen gut vernetzt und tauschen sich regelmäßig auf Tagungen aus. Der Austausch ist sehr wichtig, um Synergien zu erreichen und damit auch Kosten zu sparen. Denn es stehen viele Fragen im Raum: Was sind die nächsten Schritte? Wo können und sollten wir besser zusammenarbeiten? Wer hat schon Erfahrungen zu der Problematik, die ein anderer nutzen kann? Wie erreichen wir Ehrenamtliche? Welche Inhalte sind in den Schulungen für die Mitarbeiterinnen und Mitarbeiter wichtig und wie überprüfen wir, ob die Schulungen auch das gewünschte Ergebnis erreichen? Wie müssen wir die verschiedenen Bereiche wie Schulen, Seelsorge, Jugendarbeit passgenau ansprechen?[22]

---

[21] Vgl. Rahmenordnung „Prävention". Mary Hallay-Witte, Prävention geht alle an! In: Stimme der Familie, 1/2012 S. 8. Jahresbericht der Fachstelle Kinder- und Jugendschutz im Bistum Trier 2012, S. 3.
[22] Interview zur Fachtagung der Präventionsbeauftragten am 19./20.02.2013 mit Dr. Andreas Zimmer vgl. http://cms.bistum-trier.de (Stand: April 2013).

5.2 Institutionelle Schutzkonzepte

Um die Gefährdungsmomente in den Diözesen, Ordensgemeinschaften, kirchlichen Institutionen und Verbänden möglichst gering zu halten, müssen *transparente, nachvollziehbare und kontrollierbare Strukturen und Prozesse* in institutionellen Schutzkonzepten festgeschrieben werden. Alter, Geschlecht und die spezifischen Bedürfnisse zum Beispiel von Menschen mit Behinderung oder Menschen mit Migrationshintergrund sind dabei zu berücksichtigen. „*Partizipation*" ist bei der Erstellung der entsprechenden Schutzkonzepte ein ernstzunehmendes Stichwort; dies bezieht die altersgerechte Beteiligung von Kinder und Jugendlichen sowie erwachsenen Schutzbefohlenen mit ein.[23] Gleichzeitig ist die Überprüfung der Präventionsziele, -konzepte und -maßnahmen durch *Evaluationen* notwendig, um sie effektiv und damit nachhaltig gestalten und weiterentwickeln zu können. Nur so ist die Verbesserung der Qualität der eingeleiteten Schritte und letztlich auch deren Akzeptanz von allen Beteiligten zu erreichen.

Jede Einrichtung ist anders und hat ihr spezielles Profil. In einem Kindergarten müssen andere Aspekte beachtet werden als in einer Fachschule für Erzieherinnen oder in der Jugendarbeit. Vor allem muss man überlegen: Gibt es in der Einrichtung besondere Situationen, in denen ein großes Abhängigkeitsverhältnis und/oder eine starke körperliche Nähe vorkommen? In einer „Kultur der Achtsamkeit" setzt genau hier die Prävention an.

---

[23] Hierzu u.a. auch: Ursula Enders, Schutz vor sexuellem Missbrauch in Institutionen, Handbuch, 2012. Ursula Enders, Zart war ich, bitter war's: Handbuch, 2003. Zusammenfassende Darstellung über institutionelle Konzepte zur Verhinderung von sexuellem Missbrauch und den anderen Formen der Kindesmisshandlung, erarbeitet im Rahmen der bundesweiten Fortbildungsoffensive 2010-2014 zur Stärkung der Handlungsfähigkeit (Prävention und Intervention) von Mitarbeiterinnen und Mitarbeitern der Kinder- und Jugendhilfe zur Verhinderung von sexualisierter Gewalt. Annette Haardt-Becker, Julia von Weiler, Prävention bei sexualisierter Gewalt gegen Kinder und Jugendliche – Worüber sprechen wir eigentlich, Engagement 1/2011, S. 3.

Die Grundlage für ein institutionelles Schutzkonzept bilden insbesondere folgende *Eckpunkte*, die in der Rahmenordnung festgelegt sind:

- *Personalauswahl und -entwicklung*: Um ein Klima der Abschreckung für potentielle Täter zu schaffen, muss die Institution ihre konsequente Haltung von Anfang an deutlich machen. Zu einem wirksamen Schutzprogramm gehört es deshalb, das Thema „sexualisierte Gewalt" bereits im Vorstellungsgespräch, während der Einarbeitungszeit, in weiterführenden Mitarbeitergesprächen und in der Aus- und Fortbildung anzusprechen. Entsprechend den gesetzlichen und arbeitsrechtlichen Regelungen müssen Mitarbeiterinnen und Mitarbeiter sowie ehrenamtlich Tätige ein erweitertes Führungszeugnis vorlegen (vgl. § 72a Abs. 1 und 4 SGB VIII, § 30a BZRG).

- *Verhaltenskodex*: Die Festlegung auf klare Verhaltensregeln stellt im Hinblick auf den jeweiligen Arbeitsbereich ein fachlich adäquates Nähe-Distanz-Verhältnis und einen respektvollen Umgang und eine offene Kommunikationskultur gegenüber den betreuten Kindern und Jugendlichen sowie gegenüber den erwachsenen Schutzbefohlenen sicher. Die Sinnhaftigkeit sollte in regelmäßigen Abständen überprüft und angepasst werden. Besondere Situationen (Freizeitmaßnahmen, Ministrantenwallfahrt etc.) erfordern gegebenenfalls konkrete Zusatzregelungen.[24] Die Regeln dieser Verhaltenskodizes sollen dann von den Mitarbeiterinnen und Mitarbeitern als verbindlich anerkannt werden; durch Unterschrift verpflichten sie sich, sich entsprechend zu verhalten.

- *Dienstanweisungen und hausinterne Regelungen*: Um das Wohl und den Schutz der Kinder und Jugendlichen sowie der erwachsenen Schutzbefohlenen zu sichern, kann der Träger über den Verhaltenskodex hinaus Dienstanweisungen und hausinterne Regelungen erlassen, die auch arbeitsrechtliche Verbindlichkeit haben.

- *Beratungs- und Beschwerdewege*: In dem institutionellen Schutzkonzept werden verbindliche in- und externe Beratungs- und Beschwerdewege mit zuständigen Ansprechpersonen beschrieben. Diese sind in angemessener Weise allen Beteiligten bekanntzumachen.

---

[24] Handreichung 33, Jugendpastoral, 2011, S. 17.

- *Qualitätsmanagement*: Um zu gewährleisten, dass die Präventionsmaßnahmen nachhaltig Beachtung finden und ein fester Bestandteil des Schutzkonzepts sind, muss eine für Präventionsfragen geschulte Person in jeder Einrichtung zur Verfügung stehen, die bei der Umsetzung von Schutzkonzepten beraten und unterstützen kann.

6 Fortbildung

6.1 Schulungen und Informationsveranstaltungen[25]

Prävention gegen sexualisierte Gewalt erfordert Schulungen und Informationsveranstaltungen insbesondere zu Fragen von Täterstrategien, Psychodynamiken der Opfer, Dynamiken in Institutionen sowie begünstigenden institutionellen Strukturen, Straftatbeständen und weiteren einschlägigen rechtlichen Bestimmungen, zur eigenen emotionalen und sozialen Kompetenz, sowie zu Kommunikations- und Konfliktfähigkeit. Ziel der Schulungen ist es, Personen zu sensibilisieren und in ihrer Handlungskompetenz zu stärken und sie so zu informieren, dass sie wissen, an wen sie sich wenden können, um Hilfe zu erhalten. Zu den Programmen gehört, die Schulungen nach einem gewissen Zeitraum zu wiederholen. Praxisorientierte Online-Module befinden sich hierzu in Vorbereitung.

Es wird auf allen Ebenen geschult: Geschult werden Personen in leitender Verantwortung sowie haupt-, neben- oder ehrenamtlich tätige Personen in der Kinder-, Jugendarbeit oder in der Arbeit mit erwachsenen Schutzbefohlenen sowie alle weiteren in diesem Bereich leitenden Verantwortlichen. Im Sinne einer Erziehungspartnerschaft wird das Thema Prävention gegen sexualisierte Gewalt auch mit Eltern bzw. Personensorgeberechtigten besprochen.

Seit geraumer Zeit sind die Schulungen im Bereich der Deutschen Bischofskonferenz gestartet.[26] Auch Bischöfe, Weihbischöfe und Generalvikare sowie die deutschen Auslandsseelsorger durchliefen die Einheiten je nach Art, Dauer und Intensität im Umgang mit Kindern und Jugendlichen oder mit erwachsenen Schutzbefohlenen.

Die Thematik ist unschön und „unbequem", und die anberaumten Schulungen stoßen manchmal auf Protest. Sätze wie „Andere missbrauchen Kinder und

---

[25] Die Schulungen und Informationsveranstaltungen sind ebenfalls Teil des institutionellen Schutzkonzepts.
[26] Vgl. statt vieler den Jahresbericht der Fachstelle Kinder- und Jugendschutz im Bistum Trier, 2012, S. 3.

wir werden geschult" sind dann auch schon einmal zu hören. Mit Beginn der Schulung ändert sich das meist. Dann wird deutlich, wie viel das Thema mit dem eigenen Alltag zu tun hat, mit den eigenen Haltungen, den eigenen Ritualen, der eigenen Sprache.[27]

Der Umfang der Schulungen soll an zwei folgenden Beispielen deutlich gemacht werden:

Für das *Erzbistum Hamburg* bedeutet dies beispielsweise: Bis Ende 2013 werden 450 Priester, Diakone, Seminaristen und pastorale Mitarbeiter geschult. Im Bereich der Caritas und der Malteser des Erzbistums werden es um die 5000 Mitarbeiter sein (incl. Personal für Kita und die Betreuung erwachsener Schutzbefohlene); im Bereich kath. Schulen ca. 1050 Lehrer incl. Schulleitungen. Für den Bereich Krankenhäuser und Ehrenamt liegen noch keine Zahlen vor.[28]

Im *Bistum Trier* müssen 6.000 Hauptamtliche und voraussichtlich etwa 30.000 Ehrenamtliche geschult werden. Die Schulung der Hauptamtlichen sind 2012 gestartet und sollen binnen drei Jahren abgeschlossen sein. Der gesamte Prozess ist auf 10 Jahre angelegt.[29]

6.2 Fachtagungen

Neben den Schulungen und Informationsveranstaltungen in den Diözesen und Institutionen sowie den regelmäßigen Treffen der Präventionsbeauftragten veranstaltet das Sekretariat der Deutschen Bischofskonferenz einmal im Jahr eine große Fachtagung für Generalvikare, Personalverantwortliche, diözesane Präventionsbeauftragte und Ansprechpersonen für Hinweise auf sexualisierte Gewalt. Die Fachtagung dient dem persönlichen und fachlichen Austausch sowie der Information zu aktuellen Themen. Es geht darum voneinander zu lernen, um schneller und wirksamer handeln zu können. Regelmäßig nehmen daran auch internationale Gäste und Referenten teil.[30]

---

[27]Vgl. aus dem Bistum Aachen http://praevention.kibac.de/nachrichtenansicht?view=detail&id=f68b5f6a-2896-4711-bb29-435448f6c99f, Vgl. Jahresbericht der Fachstelle Kinder- und Jugendschutz, Bistum Trier, S. 3.
[28] Information der Fachstelle Kinder- und Jugendschutz im Erzbistum Hamburg, vom 9. April 2013.
[29] Information sowie Jahresbericht der Fachstelle Kinder- und Jugendschutz im Bistum Trier, 2012, S. 3.
[30] DBK-Pressemitteilung Amerikanische und deutsche Präventionsbeauftragte gegen sexuellen Missbrauch treffen sich zum Austausch, vom 07.07.2011. DBK-Pressemitteilung Fortbildungsveranstaltung für kirchliche Mitarbeiter im Kampf gegen sexuellen Missbrauch, vom 07.10.2013. DBK-Pressemitteilung Deutsche Bischofskonferenz organisiert Fortbildungstagung für kirchliche Mitarbeiter, vom 16.11.2012.

So ging es bei der letzten *Tagung* um das Thema „*Opfergerechter Umgang mit Tätern*". Die Tagung fand unter fachlicher Beratung der Deutschen Gesellschaft für Prävention und Intervention bei Kindesmisshandlung und -vernachlässigung e.V. (DGfPI) im November 2012 in Bad Honnef statt. Über 100 Teilnehmer diskutierten gemeinsam mit Fachexperten in Workshops über unterschiedliche Aspekte wie einen angemessenen Umgang mit Tätern, deren Bestrafung und Verbleib im kirchlichen Dienst, eine mögliche Gefahren-minimierung, die Verantwortung der Kirche sowie den Umgang mit Tätern in Öffentlichkeit und Medien.

Rev. Msgr. Edward J. Arsenault vom St. Luke Institute, Maryland, berichtete über die Erfahrungen mit den amerikanischen Konzepten zum Umgang mit Tätern. Es ging darum, für die kirchlichen Verantwortlichen Handlungsmöglichkeiten zu einer Problematik aufzuzeichnen, zu der es bisher im deutschsprachigen Raum keine fest vorgezeichneten bewährten Konzepte gibt. Die zurückliegenden Monate hatten gezeigt, dass die sehr schwierige Problematik, eine Schärfung der Position erfordert, die die katholische Kirche in Deutschland dazu einnehmen will.[31] 2013 findet die Fachtagung des Sekretariats der Deutschen Bischofs-konferenz in Kooperation mit dem Zentrum für Kinderschutz (CCP) der Päpstlichen Universität Gregoriana im November 2013 in München-Freising statt. Das Thema der gemeinsamen Tagung lautet „Von der Vergangenheit lernen – Konsequenzen für die Zukunft". Der Hauptreferent wird dann Msgr. Dr. Stephen J. Rossetti von der Catholic University of America, USA, sein. Er hat beim Symposium 2012 in Rom[32] zu dem Thema „Aus unseren Fehlern lernen" gesagt, was für die kirchliche Präventionsarbeit nach wie vor Geltung hat:„Die katholische Kirche befindet sich jetzt in einer entscheidenden Phase. Auf mehreren Kontinenten haben führende Vertreter der katholischen Kirche über Jahrzehnte hinweg denselben, schmerzvollen Lernprozess durchlebt. Muss nun jedes Land der Welt den gleichen qualvollen Weg gehen? Die Kirche weiß jetzt, welche die wesentlichen Elemente eines effektiven Kinderschutzprogramms sind. Wir sollten sie heute weltweit umsetzen, ... Würde die katholische Kirche pro-aktiv und engagiert ein solches weltweites Kinderschutzprogramm umsetzen, dann könnte sie ihrer Berufung gerecht werden: weltweit führend zu sein bei der Förderung der Sicherheit und des Wohles von Kindern. Ein großer

---

[31] DBK-Pressemitteilung Deutsche Bischofskonferenz organisiert Fortbildungstagung für kirchliche Mitarbeiter, vom 16.11.2012.
[32] Vgl. DBK-Pressemitteilung internationaler Kongress in Rom – Wir müssen den Opfern weiter zu hören, vom 08.02.2012.

Teil des Programms muss dem zügigen und wirksamen Umgang mit den Tätern gewidmet sein."³³

6.3 Weltweites E-Learning Projekt

Das Zentrum für Kinderschutz (CCP) der Päpstlichen Universität Gregoriana eröffnete Ende Januar 2012 in München ein internationales Zentrum für Kinderschutz. An dem Zentrum wird vom Institut für Psychologie der Päpstlichen Universität Gregoriana in Kooperation mit der Klinik für Kinder- und Jugendpsychiatrie/Psychotherapie am Universitätsklinikum Ulm ein weltweites E-Learning Projekt zur Problematik des sexuellen Kindesmissbrauchs und sexualisierter Gewalt aufgebaut.³⁴ Zielgruppe dieses *internetgestützten Qualifizierungsangebots* sind Priester, Diakone, pastorale Mitarbeiter, Religionslehrer sowie Ehrenamtliche und Katecheten. Das Lernprogramm ist webbasiert und besteht aus multimedialen Modulen, das heißt aus Texten und Audio- bzw. Videosequenzen. Das Programm wird zunächst in vier Sprachen entwickelt: Deutsch, Englisch, Spanisch und Italienisch.

7 Gespräche mit Betroffenen

Von Beginn an war die Arbeit auf den verschiedenen Ebenen von kirchlichen wie nicht-kirchlichen Experten unterschiedlicher Fachrichtungen mit fundierter fachlicher Erfahrung und Kompetenz in der Arbeit mit Betroffenen sexuellen Missbrauchs begleitet. Viele Begegnungen und Gespräche haben seither stattgefunden. Papst Benedikt XVI. hat sich bei seinem Deutschlandbesuch 2011 in Erfurt mit einer Gruppe von Opfern sexuellen Missbrauchs durch Priester und kirchliche Mitarbeiter getroffen.³⁵ Kardinäle und (Erz-)Bischöfe, Mitglieder der Bistums- und Ordensleitungen und insbesondere auch Ansprechpersonen für Hinweise auf sexuellen Missbrauch haben mit den Betroffenen und ihren Angehörigen in den letzten drei Jahren gesprochen, um die oft schweren Lebensschicksale und Folgen des sexuellen Missbrauchs zu erfahren und herauszufin-

---

³³Vgl. Tagungsband, deutsche Ausgabe 2012, zum Kongress „Auf dem Weg zu Heilung und Erneuerung" an der Päpstlichen Universität Gregoriana in Rom, 6.-9. Februar 2012. Scicluna, Zollner, Ayotte (Hrsg.), S. 44. http://elearning-childprotection.com/
³⁴Siehe http://elearning-childprotection.com/ und http://www.uniklinik-ulm.de/struktur/kliniken/kinder-und-Jugendpsychiatriepsychotherapie/home/forschung/forschungsprojekte/gregoriana.html
³⁵Siehe Pressemitteilung des Heiligen Stuhls Papst Benedikt XVI. trifft Opfer sexuellen Missbrauchs, vom 23.09.2013.

den, wie es zu der Tat kommen konnte, welche Hilfen nötig und möglich sind und welche Vorkehrungen für die Zukunft zu treffen sind. Die Gespräche verliefen dabei für beide Seiten sicher nicht immer einfach und unkompliziert und nicht selten waren die Lernerfahrungen auf beiden Seiten von schmerzvollen Prozessen begleitet – geschuldet den oftmals vielen Jahren des Schweigens. Wichtig für die Prävention war nach den Gesprächen, diese in den Kommissionen bzw. Arbeitsstäben zu reflektieren bzw. diese Erfahrungen mit den diözesanen Präventionsbeauftragten rückzukoppeln, um die Expertise der Opfer zum Beispiel zu Tatorten und zu Täterstrategien für die weitere Präventionsarbeit vor Ort nutzen zu können. Dies entsprach in aller Regel auch dem Wunsch der Betroffenen.[36]

8 Bundesweite Beratungshotline für Betroffene sexueller Gewalt

Im Auftrag der Deutschen Bischofskonferenz startete die Lebensberatung des Bistums Trier im März 2010 eine bundesweite Beratungshotline für Betroffene sexualisierter Gewalt. Das Ziel dieses *weltweit einmaligen Angebots der katholischen Kirche* war es, die Betroffenen zu ermutigen, über die sexualisierte Gewalt zu sprechen, die ihnen im Bereich der katholischen Kirche angetan wurde, und sie bei der Aufarbeitung des Erlebten zu unterstützen. Dafür standen geschulte Fachberater und Therapeuten bereit. Die gebührenfreie Telefonhotline, verbunden mit der Möglichkeit zu Internetberatung, war für viele Betroffene erster Anlaufpunkt, Beratungs- und Beschwerdestelle und diente ihnen so als *Türöffner und Lotse in der Vermittlung weiterer Beratungsangebote* in ihrer Nähe. Von Anfang an wurde das Angebot der Hotline auch von Betroffenen in Anspruch genommen, bei denen die Beschuldigten nicht aus den Reihen kirchlicher Funktionsträger, sondern zum Beispiel aus dem Bereich Familie, staatliche Schule oder Gesundheitswesen stammten.

Das Hotline-Angebot war nach Freischaltung bis September 2011 vorgesehen, wurde dann jedoch zunächst bis April 2012 und später bis Dezember 2012 verlängert. Ende Dezember 2012 erfolgte die Abschaltung, da eine sinkende Nachfrage schon seit längerer Zeit eine Aufrechterhaltung des Telefon-, Internet- und postalischen Beratungsangebots nicht mehr rechtfertigte. Betroffene können sich weiterhin an die diözesanen Ansprechpartner und Ehe-, Familien- und Lebensberatungsstellen der jeweiligen Bistümer sowie die Beratungsstellen des Deutschen Caritasverbandes und die Telefonseelsorge wenden und deren

---

[36] Hierzu vgl. Dr. Christoph Haep, Interview mit Bischof Dr. Stephan Ackermann, Engagement 1/2011 S. 34, 38f. Vgl. THEMA JUGEND, Interview mit Bischof Dr. Stephan Ackermann, Heft 4/2011, S.11.

umfangreiche Angebote in Anspruch nehmen. Neben eigener qualifizierter Beratung vermitteln sie auch, soweit gewünscht, den Kontakt zu nichtkirchlichen Beratungsstellen.[37]

Anfang des Jahres 2013 wurde der „*Tätigkeitsbericht zum Abschluss der Telefonhotline der Deutschen Bischofskonferenz für Betroffene sexuellen Missbrauchs*" bekannt gemacht.[38] Der Einblick in das „Dunkelfeld" von sexualisierter Gewalt, den Betroffene und ihre Angehörigen ermöglicht haben, erfordert nun weitere Schritte.[39] Mit den Ergebnissen des Abschlussberichts können Forschungsfragen präzisiert gestellt werden. So ist ein nächster Schritt, die Datensätze der katholischen Hotline mit den Datensätzen der telefonischen Anlaufstelle der Unabhängigen Beauftragten, Dr. Christine Bergmann, in Verhältnis zu einander zu stellen und die Ergebnisse zu vergleichen.

Um die Erkenntnisse des Abschlussberichts für die Präventionsarbeit aufzuarbeiten, wurde der Abschlussbericht bei der Jahrestagung der diözesanen Präventionsbeauftragten im Februar 2013 in Erfurt vorgestellt und diskutiert. Die Ergebnisse werden auch bei der Überarbeitung der Rahmenordnung 2013 berücksichtigt.

---

[37] Siehe auch http://www.dbk.de/themen/thema-sexueller-missbrauch/
[38] S.a. DBK-Pressemitteilung und Statements v. 17.01.2013. Tätigkeitsbericht zum Abschluss der Telefonhotline der Deutschen Bischofskonferenz für Betroffene sexuellen Missbrauchs, vorgestellt am 17.01.2013.
[39] vgl. DBK-Pressemitteilung Deutsche Bischofskonferenz stellt Abschlussbericht zur Hotline für Betroffene sexuellen Missbrauchs vor, vom 17.01.2013.

9 Wissenschaftliche Aufarbeitung

Zahlreiche Erhebungen, Berichte und wissenschaftliche Veröffentlichungen sind seit 2010 zu dem Thema „Sexueller Missbrauch in der katholischen Kirche" erschienen.[40] Nimmt man die wissenschaftlichen Veröffentlichungen zu der Thematik „Konfessionelle Heimerziehung"[41] hinzu, so erscheint die katholische Kirche hier im Vergleich zu anderen Institutionen ein bereits gut erforschter gesellschaftlicher Bereich zu sein.[42] Die deutschen Bischöfe haben darüber hinaus 2011 zwei Forschungsprojekte in Auftrag gegeben:

- *Analyse forensisch-psychiatrischer Gutachten:* Am 7. Dezember 2012 konnte die Deutsche Bischofskonferenz und das Institut für Forensische Psychiatrie der Universität Duisburg-Essen in Trier die Ergebnisse der Studie *„Sexuelle Übergriffe durch katholische Geistliche in Deutschland – Eine Analyse forensischer Gutachten 2000-2010"*[43] vorstellen. Der

---

[40] *Zum Beispiel:*
ipp München, Sexueller Missbrauch, psychische und körperliche Gewalt im Internat der Benediktinerabtei Ettal - Individuelle Folgen und organisatorisch-strukturelle Hintergründe, 2013. Tätigkeitsbericht zum Abschluss der Telefonhotline der Deutschen Bischofskonferenz für Betroffene sexuellen Missbrauchs, vorgestellt am 17.01.2013.
Bistum Rottenburg-Stuttgart, Bericht der Kommission sexueller Missbrauch Oktober 2002 bis 6. Februar 2013, 2013.
Professor Dr. med. Norbert Leygraf u.a., Sexuelle Übergriffe durch katholische Geistliche in Deutschland – Eine Analyse forensischer Gutachten 2000-2010, 2011.
Dr. Arnfried Bintig, Grenzverletzungen im AKO Pro Scouting am Aloisiuskolleg - Bad Godesberg, 2013.
Prof. Dr. jur. Julia Zinsmeister. Abschlussbericht der Untersuchung schwerer Grenzverletzungen zum Nachteil von Kindern und Jugendlichen am Aloisiuskolleg Bonn – Bad Godesberg (1950-2010), 2011.
Merzbach, Internat Collegium Josephinum Bonn und Ordensschule in Glanerbrück, Zur Untersuchung sexuellen Missbrauchs Minderjähriger - Zweiter Bericht, Redemptoristen, 2011.
P. Prof. Dr. Franz Schmid, kath. Stiftungsfachhoch-schule München, Fehlverhalten von Ordensangehörigen in pädagogischen Einrichtungen der Salesianer Don Boscos von 1945 bis 1975. Erscheinungsformen, Ausmaße, Erklärungsansätze, Folge, 2011.
[41] *Zum Beispiel:*
Prof. Dr. Wilhelm Damberg u.a., RUB, Mutter Kirche - Vater Staat, Erforschung der Kirchlichen Heimerziehung in der frühen Bundesrepublik Deutschland (1949-1972), 2010.
Prof. Susanne Schäfer-Walkmann, Die Zeit heilt keine Wunden - Studie zur Heimerziehung in den 1950er und 1960er Jahren in der Diözese Rottenburg-Stuttgart, 2011.
Dr. Bernhard Frings, Heimerziehung im Essener Franz Sales Haus 1945 bis 1970, 2012.
[42] So die Präventionsbeauftragten auf der Jahrestagung 2013 in Erfurt. Vgl. auch http://cms.bistumtrier.de/bistum-trier/Integrale?SID=CRAWLER&MODULE=Frontend&ACTION=ViewPage&Page.PK=9098
[43] Siehe http://www.dbk.de/fileadmin/redaktion/diverse_downloads/Dossiers_2012/2012_Sex-Uebergriffe-durch-katholische-Geistliche_Leygraf-Studie.pdf

Schwerpunkt der Studie lag dabei nicht auf einer umfassenden historischen Abbildung, sondern auf Vorwürfen, die zwischen den Jahren 2000 und 2010 begutachtet wurden. Seit den Leitlinien 2002[44] beauftragten (Erz-)Bistümer kontinuierlich forensisch-psychiatrische Gutachten. Die Vorfälle selbst lagen dabei häufig deutlich länger zurück.[45] Ziel der Studie war es, die Gruppe katholischer Geistlicher, die aufgrund vorgeworfener sexueller Übergriffe psychiatrisch und psychologisch begutachtet wurden, in Bezug auf forensische und klinisch relevante Aspekte zu beschreiben. Empirische Daten über die Persönlichkeit beschuldigter Priester und deren Taten wurden mit allgemein bei sexuellen Missbrauchshandlungen bekannten Befunden abgeglichen, um wissenschaftlich fundierte Erkenntnisse zu erhalten. Die Wissenschaftler haben inzwischen auf verschiedenen kirchlichen und nicht-kirchlichen Veranstaltungen ihre Ergebnisse vorgestellt und werden sie nun in eigenen Fachpublikationen veröffentlichen.

- *interdisziplinäres Forschungsverbundprojekt*: Für die Durchführung eines weiteren Forschungsprojekts wird zurzeit ein neuer Kooperationspartner gesucht.[46]

10 DBK-Onlineportal Prävention

Mit Verabschiedung der Rahmenordnung ging im September 2010 das bundesweite DBK-Onlineportal Prävention www.praevention-kirche.de online. Durch das Portal werden die vielfältigen Internetangebote und Konzepte der verschiedenen Akteure zum Thema Prävention durch Verlinkungen und Einstiegsinformationen organisiert. So wird ein Einblick über die vielfältigen bereits bestehenden Angebote gegeben und Vernetzung ermöglicht. Die Internetseite wird regelmäßig aktualisiert. Die Internetseite hält auch die Kontaktdaten und Informationen zu den diözesanen Präventionsbeauftragten, zu den diözesanen Ansprechpartner und Ehe-, Familien- und Lebensberatungsstellen sowie zu den

---

[44] Siehe oben 3.1
[45] Vgl. DBK-Pressemitteilung Deutsche Bischofskonferenz stellt die Ergebnisse der Analyse forensisch-psychiatrischer Gutachten vor, vom 07.12.2013.
[46] DBK-Pressemitteilung Forschungsprojekte zur Aufarbeitung sexuellen Missbrauchs laufen an, vom 13.07.2011. DBK-Pressemitteilung Forschungsprojekt zur Aufarbeitung sexuellen Missbrauchs an Minderjährigen im kirchlichen Bereich, vom 05.08.2011. DBK-Pressemitteilung Deutsche Bischofskonferenz will kriminologisches Forschungsprojekt zum Thema sexueller Missbrauch mit neuem Partner durchführen, vom 09.01.2013. Pressebericht von Erzbischof Dr. Robert Zollitsch bei der Abschlusspressekonferenz der Frühjahrs-Vollversammlung Auszug Punkt 5 des Pressebrichtes: Aufarbeitung sexuellen Missbrauchs Minderjähriger im kirchlichen Bereich, vom 21.02.2013.

Beratungsstellen des Deutschen Caritasverbandes und der Telefonseelsorge bereit, deren umfangreiche Angebote Betroffene und ihre Angehörigen in Anspruch nehmen können.[47]

11 Präventionsfonds

Die Deutsche Bischofskonferenz hat im März 2011 die Einrichtung eines Präventionsfonds bekanntgegeben.[48] Er ist mit € *500.000* ausgestattet. Mit mehr als 80 %[49] der Gelder wurden seither kirchliche und nicht-kirchliche Präventionsprojekte in allen Teilen Deutschlands gefördert. Die Palette der geförderten Präventionsprojekte reicht von Fachtagungen, Vorträgen und Seminaren über Theaterstücke bis zu Präventionskisten und Illustrationen von Icons für Broschüren und Internetseiten.[50]

12 Runder Tisch „Sexueller Kindesmissbrauch"

Die katholische Kirche arbeitete von April 2010 am Runden Tisch „Sexueller Kindesmissbrauch" der Bundesregierung mit, um gemeinsam mit Bund, Ländern und anderen betroffenen Institutionen gesamtgesellschaftliche Lösungen zu entwickeln. Nach Abschluss des Runden Tischs im November 2011[51] ging die gemeinsame Arbeit im Beirat und in den Arbeitsgruppen des Unabhängigen Beauftragten weiter. Vorrangige Aufgabe war das Monitoring der Umsetzung der Empfehlungen aus dem Abschlussbericht des Runden Tisches und die Mitwirkung und die Unterstützung der Kampagne „Kein Raum für Missbrauch".[52] Gleichzeitig ging es um die Etablierung eines sog. ergänzenden

---

[47]Siehe oben 6.2
[48]DBK-Pressemitteilung Sexueller Missbrauch Minderjähriger - Bischofskonferenz und Ordensobernkonferenz regeln die materiellen Leistungen der Kirche in Anerkennung des Leids, vom 02.03.2011. Siehe auch letzter Absatz der DBK-Pressemitteilung Amerikanische und deutsche Präventionsbeauftragte gegen sexuellen Missbrauch treffen sich zum Austausch, vom 07.07.2011.
[49]Stand: April 2013.
[50]Die Veröffentlichung der geförderten Projekte ist in Planung.
[51]Abschlussbericht des Runden Tischs Sexueller Kindesmissbrauch http://www.rundertischkindesmissbrauch.de/downloads.htm. Siehe auch Statement von Bischof Dr. Stephan Ackermann zum Abschluss des Runden Tischs „Sexueller Missbrauch" vom 30.11.2011.
[52]Siehe auch DBK-Dossier Missbrauch unter „Vereinbarung zur Umsetzung der Empfehlungen des Runden Tisches Sexueller Kindesmissbrauch Katholische Kirche unterstützt Unabhängigen Beauftragten der Bundesregierung", vom 18.06.2013.
Weitere Informationen auf der Internetseite des Unabhängigen Beauftragten Johannes-Wilhelm Rörig http://beauftragter-missbrauch.de/.

Hilfesystems durch Bund, Länder und Institutionen, das auch mit dem bereits seit März 2011 bestehenden ergänzenden Hilfesystem[53] der katholischen Kirche kompatibel sein sollte.

13 Schlusswort

In einem Interview[54] hat Bischof Dr. Stephan Ackermann gesagt:

> „Vom Anspruch unseres Glaubens her sind wir in der Pflicht, einen Neuanfang zu setzen und uns glaubwürdig für Kinder- und Jugendschutz einzusetzen. Wenn wir es schaffen, uns da miteinander auf den Weg zu machen, dann wird etwas in Bewegung kommen. Und jedes Kirchenmitglied kann etwas dazu tun, dass eine neue Kultur der Achtsamkeit entsteht."

Aus dem gemeinsamen Anliegen heraus, allen Kindern und Jugendlichen und erwachsenen Schutzbefohlenen einen sicheren Lern- und Lebensraum zu bieten, in dem ihre menschliche und geistliche Entwicklung gefördert sowie ihre Würde und Integrität geachtet wird, ist inzwischen etwas in Bewegung gekommen: Wesentliche Elemente eines effektiven Kinder- und Jugendschutzprogramms sind im Bereich der katholischen Kirche in Deutschland auf den Weg gebracht. Das „Rad" musste dabei „nicht neu erfunden" werden, es mussten nur die „Schrauben neu justiert" werden. Auf dem Weg hin zu einer langfristigen „Kultur der Achtsamkeit"[55] wird das Bisherige immer wieder reflektiert und auf Grund vertiefter Erkenntnisse zu den Vorkommnissen der Vergangenheit neu ausgerichtet werden müssen. Es gibt nun eine intensive Vernetzung und Zusammenarbeit auch mit nicht-kirchlichen Fachberatungsstellen gegen sexualisierte Gewalt. Dies alles ist als Zeichen des Fortschritts und der Hoffnung positiv zu vermerken.

Tragfähige Aufarbeitung und Schutzprogramme funktionieren jedoch nur, wenn sich das wachsende Bewusstsein langfristig auf allen Ebenen verbreitet und es dort Menschen mit der notwendigen Überzeugungskraft und einem ausdrücklichen, nicht nachlassenden pro-aktiven Einsatz in der Sache gibt, dann

---

[53] Vgl. DBK-Pressemitteilung, „Sexueller Missbrauch Minderjähriger - Bischofskonferenz und Ordensobernkonferenz regeln die materiellen Leistungen der Kirche in Anerkennung des Leids", vom 02.03.2011.
[54] In: Zeitschrift für Jugendschutz und Erziehung, Thema Jugend: Macht und Missbrauch, 4/2011, S. 11f.
[55] Siehe oben 2.

kann Prävention einen wesentlichen Beitrag dazu leisten, dass die „offene Wunde"[56] besser und schneller heilt und keine neuen zugefügt werden[57].
Und auch die beste Prävention gibt keinen 100 % Schutz gegen sexualisierte Gewalt. Stellt sich die katholische Kirche – und letztlich die gesamte Gesellschaft – auch zukünftig ihrer Aufgabe alles erdenklich Mögliche zur Verhinderung von sexualisierter Gewalt und zur Aufarbeitung der Vergangenheit zu tun, stellt sie sich ihrer Verantwortung. Sie macht deutlich: Schuld haben immer konkrete Personen und die Verantwortung für die stattgefundenen Taten liegt beim Täter.

---

[56] Siehe oben 1.1.
[57] Vgl. Erklärung der Frühjahrs-Vollversammlung der Deutschen Bischofskonferenz aus Anlass der Aufdeckung von Fällen sexuellen Missbrauchs an Minderjährigen im kirchlichen Bereich, Pressemeldung Nr. 35a der Deutschen Bischofskonferenz, vom 25. Februar 2010. Aufgabe „3. Prävention stärken".

Möglichkeiten der Gefängniskontrolle durch einen externen Beauftragten

Michael Walter

Übersicht

1 Zugang zur Fragestellung
2 Kontrollwege
3 Komplementäre Schwerpunktsetzung
4 Von der Vielfalt der Eingaben zu konzeptionellen Schwerpunkten
5 Kontrolle und Erfolg

1 Zugang zur Fragestellung

Die Möglichkeit, das Geschehen in Haftanstalten rechtlich überprüfen zu können, ist für einen Rechtsstaat eine Selbstverständlichkeit. Denn Gefängnisse sind nicht nur deshalb gefährliche Orte, weil sich dort Normbrecher aufhalten, sondern ebenso deshalb, weil die vom Staat eingerichteten und unterhaltenen Strafanstalten als „totale Institutionen" (Goffman, 1973, S.13 f) den Aufsichtsbediensteten und anderen – mitunter auch Mitgefangenen – einen intensiven Zugriff auf die dort Inhaftierten erlauben. Die Unterworfenheit und Ohnmacht der einen und die Machtpositionen der anderen Seite schaffen Ungleichgewichte, durch die Übergriffe zwar nicht zwangsläufig herbeigeführt, aber infolge der verschiedenen Versuchungssituationen erheblich wahrscheinlicher werden. (Neubacher & Walter., 2002, S.69f) Wenn aber der Staat durch sein Strafrechtssystem Menschen in eine derartig prekäre Lage bringt, trägt er zugleich eine erhöhte Verantwortung, diese Menschen vor solchen „Nebenwirkungen" zu bewahren, die jenseits der eigentlichen Strafe auftreten. Soll doch die „moderne" Freiheitsstrafe allein in der weitgehenden Aufhebung der Fortbewegungsfreiheit, nicht jedoch etwa dem permanenten Gefühl persönlichen Bedroht-Seins bestehen.

Fraglich ist mithin nicht das Ob einer Kontrolle, vielmehr „lediglich" das Wie (Koeppel, 1999). Hier hat das Land Nordrhein-Westfalen einen schmerzlichen Lernprozess durchmachen müssen. Trotz der Möglichkeit gerichtlicher Überprüfung des Vollzugshandelns und trotz der institutionalisierten Dienst- und Fachaufsicht über die Haftanstalten hatte sich in der Vollzugsanstalt in Siegburg ein Klima entwickelt, in dem schließlich Gefangene des als erzieherisch deklarierten Jugendvollzugs einen schwächeren Mithäftling über viele Stunden hinweg – gleichsam ungestört – grausam zu Tode quälen konnten. In den nachfolgenden Untersuchungen offenbarten sich Abgründe, die indessen zuvor nicht als solche erkannt und beseitigt worden waren.[1] Die damalige Justizministerin schuf daraufhin die Institution eines Ombudsmannes, an den Eingaben aller Art gerichtet werden können und der eigene Anstaltsbesuche durchführt.[2] Der Ombudsmann wurde in der anschließenden Wahlperiode vom nachfolgenden Justizminister zu einem Justizvollzugsbeauftragten mit zusätzlichen Beratungsaufgaben „ausgebaut". Als gegenwärtiger Inhaber dieses Amtes blickt der Verfasser des folgenden Beitrags auf das Vollzugsgeschehen. Bedingt durch diese Sicht geht es nicht um eine emotionsfreie Durchmusterung verschiedener Kontrollstrategien. Vielmehr steht die Einrichtung des Justizvollzugsbeauftragten im Mittelpunkt und führt zu der (selbst-)kritischen Frage, welche Chancen ein derartiger externer Beauftragter hat und – umgekehrt –, welche Risiken mit seinen Aktivitäten verbunden sind.

2 Kontrollwege

Aus der Perspektive des Justizvollzugsbeauftragten erscheinen andere Kontrollmöglichkeiten als Alternativen oder als „Konkurrenz". Freilich macht es wenig Sinn, zu anderen intakten Kontrollwegen eine Konkurrenz aufzubauen. Überzeugender ist ein ergänzender Ansatz, der dort Schwerpunkte setzt, wo bisher der Ansprechpartner für Kritik und nötige Verbesserungen fehlte. Aus diesem Blickwinkel war zu klären, in welchen Fällen die neue Instanz tätig werden sollte und in welchen eher nicht. Das rechtliche Instrumentarium für eine entsprechende Akzentsetzung liefert das dem Justizvollzugsbeauftragten – ebenso wie schon dem vorherigen Ombudsmann – gegebene Recht der Selbstbefassung. Danach

---

[1] Siehe dazu M. Walter: Der Skandal von Siegburg und der künftige Umgang mit jungen Strafgefangenen, i. Zeitschrift für Jugendkriminalrecht und Jugendhilfe (ZJJ), 18 (2007), S. 72 f. u. ders.: Der Häftlingsmord von Siegburg: Zu Formen seiner gesellschaftlichen Verarbeitung, ZJJ, 20 (2009), S. 149 f.
[2] Rechtsvergleichend und zur Initiative in NRW vgl. K. P. Rotthaus: Ein Ombudsmann für das deutsche Gefängniswesen, i. Bewährungshilfe, 55 (2008), S. 373 f.

entscheidet er jeweils selbst darüber, ob und in welchem Ausmaß er ein Anliegen aufgreift.[3]

Zunächst braucht er bei den vielen Konstellationen nur subsidiär tätig zu werden, die in erster Linie im Wege innerer Korrekturen zu regeln sind. Hierzu gehören beispielsweise organisatorische Fragen, angefangen mit dem Einkauf der Gefangenen bis hin zur Küchennutzung, Wäscheausgabe oder der (Un-) Zulässigkeit bestimmter Wasserkocher. Das Strafvollzugsgesetz von 1977 sieht im Konfliktfall die Beschwerde zum Anstaltsleiter vor (§ 108), der Gefangene kann dazu die Sprechstunde aufsuchen (Abs. 1 S. 2). Falls sich Unstimmigkeiten nicht ausräumen lassen, greifen manche Gefangenen recht schnell zur Dienstaufsichtsbeschwerde an das Justizministerium. Die setzt eine schuldhafte Pflichtverletzung voraus und stellt daher ein „schweres Geschütz" dar. Sie zieht deswegen eine Verhärtung der Fronten nach sich und fördert selten Lösungen, die in der Sache weiterführen.

Im Hinblick auf Fortschritte in der Vollzugsgestaltung sieht das Gesetz den Anstaltsbeirat als ein vollzugsnahes Gremium vor, das „bei der Gestaltung des Vollzuges und bei der Betreuung der Gefangenen mitwirkt" (§ 163 S. 1 StVollzG). Die Mitglieder des Beirats „können namentlich Wünsche, Anregungen und Beanstandungen entgegennehmen" (§ 164 Abs. 1 S. 1 StVollzG). Der Anstaltsbeirat ist teils anstaltsintern tätig, er unterstützt den Anstaltsleiter bei seiner Arbeit (§ 163 S. 2 StVollzG), teils aber auch extern, soweit seine Mitglieder eigenständig Gefangene „in ihren Räumen aufsuchen" und vor allem mit ihnen kommunizieren, ohne dass „Aussprache und Schriftwechsel" überwacht werden (§ 164 Abs. 2 S. 2 StVollzG).

Definiert man den Justizvollzugsbeauftragten als ein externes Kontrollorgan, wofür insbesondere seine Unabhängigkeit vom Vollzugssystem spricht, sieht er sich vor allem der gleichfalls externen Kontrolle durch den Petitionsausschuss des Landtags von NRW[4] und dem gerichtlichen Antragsverfahren gem. §§ 109 f. StVollzG gegenüber. Der Parlamentsausschuss ist insofern noch „externer", als er von der Struktur der Gewaltenteilung her als Legislative die Exekutive zu kontrollieren hat und zugleich Abgeordnete der verschiedenen Fraktionen in sich versammelt, mithin auch die Opposition repräsentiert. Er hat zwar wie auch der Justizvollzugsbeauftragte keine Regelungskompetenz, ist also nicht befugt, konkret einzugreifen. Doch besitzt sein Votum erhebliches politisches Gewicht, das seinerseits durchaus und keineswegs selten zu konkreten Änderungen führt. In das Verwaltungsgeschehen eingreifen kann demgegenüber

---

[3] Die einschlägige Allgemeinverfügung (AV) des Justizministeriums vom 13.12.2010 bestimmt in Nr. 6 Abs. 1: Der Justizvollzugsbeauftragte wird ausschließlich im Wege der Selbstbefassung tätig. Ein Rechtsanspruch darauf, dass er sich mit einer an ihn gerichteten Eingabe befasst, besteht nicht.
[4] S. Art. 41 a Abs. 1 Landesverfassung NRW

das Vollstreckungsgericht im Antragsverfahren nach den §§ 109 f. StVollzG. Es ist indessen auf rechtliche Prüfungen beschränkt und nicht befugt, den Anstaltsleitungen die Beurteilungsspielräume oder das Handlungsermessen zu nehmen. Außerdem fehlt im vollstreckungsgerichtlichen Verfahren das Vollstreckungsrecht als Durchsetzungsrecht, weshalb ein Gefangener das ihm zugesprochene Recht faktisch nicht verwirklichen im Sinne von erzwingen kann, wenn die Anstalt den Gerichtsspruch zu umgehen sucht (was offenbar gar nicht so selten geschieht, etwa im Wege einer raschen Verlegung in eine andere Anstalt).

Selbst falls man in unserem Kontext die verfassungs- und die internationalrechtlichen Kontrollwege einmal ausklammert, wird kein Mangel an Rechtsbehelfen erkennbar. Wo nun soll das Besondere der Kontrolle gerade durch den Justizvollzugsbeauftragten liegen?

3   Komplementäre Schwerpunktsetzung

Wenn keine konkurrierende Eingabenbearbeitung vorgenommen und eine bloße Dopplung der Beschwerde- und Kontrollwege vermieden werden soll, muss der Schwerpunkt Fragestellungen gelten, die ansonsten eher unbearbeitet bleiben. Das heißt zunächst, dass etwa die Klärung konkreter rechtlicher Einzelprobleme, etwa ein Streit über die Höhe des zu zahlenden Arbeitsentgelts, nach wie vor dem gerichtlichen Antragsverfahren verbleibt. Ebenso wenig sinnvoll erscheint es, funktionierende informelle Mechanismen durch externe Interventionen zu unterbrechen. Falls sich Schwierigkeiten im Gespräch mit der Anstaltsleitung oder eventuell durch Vermittlung des Anstaltsbeirats regeln lassen, ist demgegenüber die Tätigkeit des Justizvollzugsbeauftragten subsidiär.

Bei der Bearbeitung von „Störungen" der unterschiedlichsten Art zeigt sich jedoch, dass das Problem häufig sowohl eine individuelle als auch gleichzeitig eine strukturelle Seite hat. So können beispielsweise Spannungen zwischen Gefangenen und Bediensteten jeweils auf einzelne Punkte, etwa ein unkorrektes Verhalten eines Gefangenen oder eines Bediensteten, zurückgeführt werden. Das allgemeine „Reiz"-Klima, aus dem die verschiedenen Ordnungsstörungen hervorgegangen sind, mag aber mit auf dem Empfinden der Gefangenen beruhen, nicht richtig angehört und ernst genommen zu werden. Solange nur das Einzelproblem einer Lösung zugeführt wird, fehlt gleichsam ein Teil, nämlich die Bearbeitung der tiefer liegenden strukturellen Mängel. Da dem Justizvollzugsbeauftragten aufgegeben ist, an der Verbesserung der Vollzugsgestaltung mitzuwirken[5], muss er seinen Schwerpunkt auf die Eingaben und

---

[5] Die AV vom 13.12.2010 bestimmt in Nr. 4: Der Justizvollzugsbeauftragte wertet die aufgrund seiner Tätigkeit gewonnenen Erkenntnisse kontinuierlich aus. Auf der Grundlage dieser Auswertung

wahrgenommene Schwierigkeiten lenken, die auf derartige breitere Zusammenhänge verweisen. In diesem Sinne kommt es auf komplementäres Arbeiten an. Dabei liegen die Schwierigkeiten nahezu auf der Hand, denn man sieht einzelnen Konflikten deren strukturelle Anteile nicht immer gleich so ohne weiteres an. Zudem muss der Blick vor allem auf Momente gerichtet werden, die sich aus der Sicht ex ante produktiv bearbeiten lassen, für die Lösungen bei realistischer Betrachtung vorstellbar sind. Um zum vorherigen Beispiel zurückzukehren, könnte man danach fragen, ob die Gefangenen die Möglichkeit haben, ihre Anliegen institutionell in der Gefangenenmitverantwortung vorzutragen und ob dadurch ein gewisser Spannungsabbau denkbar erscheint. Je wahrscheinlicher derartige Perspektiven gegeben sind, desto mehr drängt sich eine entsprechende Bearbeitung auf.

Worin nun können die Stärken liegen, die ein Justizvollzugsbeauftragter einzubringen vermag? Drei ineinander greifende Momente lassen sich benennen:

- die externe und verwaltungsunabhängige Stellung,
- die Freiheit von politischen Machtkämpfen und Ritualen,
- der Blick auf die kriminologische Forschung und das wissenschaftliche Gespräch.

Viele strukturelle Probleme werden von Praktikern klar erkannt und analysiert. Sie haben im Berufsalltag nur häufig nicht die Möglichkeiten für Abhilfe zu sorgen. Die hierarchische Anordnung der Verwaltung schafft Abhängigkeiten, unter denen Mängel hingenommen werden, etwa deshalb, weil die Kritik aus unterschiedlichen Gründen für das eigene berufliche Fortkommen hinderlich wäre. Demgegenüber können Worte, die nicht entsprechenden Einschränkungen unterliegen, befreiend wirken. Eindrücke aus dem Vollzugsalltag können an die politisch Verantwortlichen, die ministerielle „Hausspitze", weitervermittelt werden, ohne Filterungen, Färbungen oder Beimischungen spezifischer Interessen des zwischengeschalteten Apparats, weil kein Dienstweg eingehalten werden muss. Es gibt weniger Rücksichtnahmen.

Der Vollzug leidet unter der zentralen Problematik, dass die politischen Auseinandersetzungen wenig mit den Defiziten zu tun haben, die bei Gefängniskontrollen der verschiedensten Art sichtbar werden. Hier besteht die Chance, solche Diskrepanzen sichtbar zu machen, sie zu benennen, um die Aufmerksamkeit von politischen Schaukämpfen auf die wahren Probleme zu lenken. Der

---

erarbeitet er Empfehlungen zur Optimierung und Fortentwicklung der organisatorisch-strukturellen Bedingungen des Justizvollzugs. Nr. 3 enthält die Verpflichtung, das Justizministerium in grundsätzlichen Angelegenheiten des Justizvollzugs zu beraten, insbesondere bei dessen kontinuierlicher Fortentwicklung.

Strafvollzug bietet politisch betrachtet ein Feld, auf dem eine Ministerin oder ein Minister zum „Wanken" gebracht und schlimmstenfalls zum Rücktritt veranlasst werden kann. Der Stoff, aus dem die einschlägigen Auseinandersetzungen sind, besteht aus Sicherheitsgeschichten der plakativen Art: ein Gefangener konnte ausbrechen oder im Rahmen einer Lockerung Spektakuläres veranstalten, z.B. bei einer Ausführung dem begleitenden Beamten entschwinden. Über solche Ereignisse wissen Medien zu berichten, sie nähren die Vorstellung vom „fidelen Gefängnis" und der Unfähigkeit seiner Bediensteten. Im Rahmen parlamentarischer Attacken werden die Geschehensabläufe minutiös rekonstruiert und Schuldige und Versäumnisse gesucht. „Ideal" sind dann organisatorische Mängel, da für die am ehesten eine politische Haftung des Ministers konstruierbar ist. Obwohl die oppositionelle Aufbereitung und noch mehr die ministerielle Abwehr derartiger Angriffe Kräfte bindet und verzehrt, wissen alle Insider (einschließlich der an den Kämpfen beteiligten), dass der vollzugliche Schuh an ganz anderen Stellen drückt, deren Realitäten nicht zu Schaukämpfen verwendet werden. Man denke an fehlende Arbeit, an fehlende Ausbildungsplätze, an fehlende Therapieplätze an fehlende Entlassungsplanungen u.a.m. Die damit verbundene Misere zeigt sich indessen in Eingaben und bei Anstaltsbesuchen. Letztere werden unabhängig von vorherigen Meldungen oder Beschwerden durchgeführt und gestatten getrennte Gespräche mit den verschiedenen Gruppierungen (insbes. Anstaltsleitung und Führungskräfte, Personalrat, Gefangenenmitverantwortung – GMV – Anstaltsbeirat und einzelnen Gesprächspartnern) sowie Besichtigungen mit wechselnden Schwerpunkten. Viele Gefangene sitzen die längste Zeit des Tages passiv auf den Zellen herum und gucken wertlose TV-Sendungen. Bestimmte Momente, die für das Verständnis für die Straftaten und deren Bewältigung von zentraler Bedeutung sind, finden nicht die ihnen gebührende Aufmerksamkeit.

Ein markantes Beispiel liefert das *Verbrechensopfer*. Es wird im gegenwärtigen Haftbetrieb kaum wahrgenommen, weil man sich oft schon durch die Sorge um die Gefangenen überfordert fühlt. Insofern hilft der Blick in die kriminologisch-viktimologische Forschung. Ein Impuls, der auf den ersten Blick mehr Arbeit macht, wird zunächst – nach unverbindlich-abstrakter Anerkennung – erst einmal abgewehrt. Erneut offenbart sich eine Lücke, die ein Justizvollzugsbeauftragter mit komplementären Bemühungen füllen kann. Denn einem unbefangenen Zeitgenossen leuchtet nicht ein, warum bei der Gestaltung der Haft und der Vorbereitung der Integration des Gefangenen in die Gesellschaft der von den Delikten Verletzte und eventuell andere konkret gefährdete Menschen ausgeklammert bleiben sollen. Zu berücksichtigen ist dabei nicht zuletzt, dass Verletzte – wie Täter – in familiären Bindungen leben. Ihre Probleme sind häufig nicht isoliert zu verstehen, sondern jeweils im familialen System. Deshalb kann die Opferhilfe, die eine bevorstehende Entlassung des Täters/Gefangenen notwendig macht, auch darin bestehen, die sozialen Kräfte dieses Beziehungsgeflechts, in das das Opfer eingebunden ist, zu stärken. Die gesamte Opferseite wird bislang bei der Planung der Täter-Reintegration weitgehend vernachlässigt, weshalb hier ein erheblicher Nachholbedarf besteht. Darauf zu hoffen, die staatliche Vollzugsverwaltung werde schon noch die Lücke erkennen und füllen, ist angesichts der bereits erkannten und verwalteten Defizite zu optimistisch. Wir begegnen vielmehr einem geradezu exemplarischen Feld für komplementäre Anstrengungen.

4 Von der Vielfalt der Eingaben zu konzeptionellen Schwerpunkten

Die Eingaben, mit denen dem Justizvollzugsbeauftragten „Beschwerden, Anregungen, Beobachtungen und Hinweise"[6] mitgeteilt werden, und zwar von „jedermann", sind eine Fundgrube vollzuglicher Probleme. Sie geben die Sichtweisen der jeweiligen Autoren wider und lassen erkennen, welche Ereignisse einerseits als nicht hinnehmbar erlebt, andererseits aber als abänderbar betrachtet werden. Außerdem äußert der Betreffende zumeist recht klar, wie er sich die Regelung seines Anliegens vorstellt. Eingaben kommen auch von Frauen, aber in geringerem Umfang. Einen Eindruck vom konkreten Aufkommen im Jahre 2011 vermittelt die nachfolgende Tabelle.

---

[6] S. Nr. 5 der schon erwähnten AV vom 13.12.2010

	Jan.	Feb.	März	April	Mai	Juni	Juli	Aug.	Sep.	Okt.	Nov.	Dez.	Gesamt
Eingaben	42	48	33	29	37	41	56	49	25	35	39	42	476
Art der Anliegen (eine Eingabe kann Anliegen sowohl individueller als auch allgemeiner Art enthalten)													
Allgemein	6	6	6	4	2	3	6	3	2	1	3	3	45
Individuell	33	43	25	22	35	36	49	47	20	33	35	36	414
Unzuständigkeit des JVB	3	1	3	3	2	2	1	1	3	1	2	3	25
Gesamt													484
Individuelle Anliegen nach Themenbereichen (eine Eingabe kann mehrere Anliegen verfolgen):													
Medizinische Versorgung	2	5	4	3	7	5	7	2	2	5	1	4	47
Arbeit und Arbeitsentgelt	6	4	2	2	2	3	4	4	2	4	1	1	35
Behandlung	11	9	3	7	9	16	16	14	8	10	9	7	119
Umgang mit Gefangenen	6	6	2	6	4	12	5	6	3	4	5	5	64
Außenkontakte	6	9	1	1	4	3	5	6	1	5	9	4	54
Verlegung und offener Vollzug	4	8	2	4	8	7	13	6	3	6	12	8	81
Nutzung eigener Sachen	1	8	1	1	-	1	-	3	2	1	2	5	25
Sonstige Anliegen (ohne solche von Bediensteten)	10	16	14	7	11	12	23	23	6	10	12	13	157
(Individuelle) Anliegen von Bediensteten	4	5	4	2	5	-	2	8	4	5	7	4	50
Gesamt													632

Aus der Übersicht ergibt sich, dass insgesamt 476 Eingaben erfasst wurden. Die meisten betrafen individuelle Anliegen. Aber es gab auch Mitteilungen, die schon von vornherein allgemeine Fragen ansprachen, etwa zu organisatorischen Maßnahmen oder dem Angebot von Ausbildung und Behandlungsmaßnahmen. Ganz trennscharf ließ sich diese Unterteilung nicht durchführen. Denn selbst hinter Grundsatzfragen können sich zugleich individuelle Interessen verbergen. Unzuständigkeit lag beispielsweise vor, falls der Sachverhalt allein den psychiatrischen Maßregelvollzug oder den Justizvollzug eines anderen Bundeslandes betraf.

Die individuellen Anliegen auf thematische Gruppen aufzuteilen, erwies sich als schwierig. Das kommt u.a. durch die Sammelrubrik „Sonstige Anliegen (ohne solche von Bediensteten)" zum Ausdruck, die mit insgesamt 157 Zählungen die größte Gruppe darstellt. Die Eingaben bieten eine große thematische Vielfalt und Breite. Selbst die verbleibenden Gruppen, die wir gebildet haben, mussten teilweise recht blass bleiben, wenn etwa „Behandlung" als Überschrift fungierte. Immerhin werden einige Richtungen erkennbar, insbesondere der Wunsch nach mehr Außenkontakten und entsprechenden Freiheiten. Die Verlegungswünsche werden oft mit besseren Kontaktmöglichkeiten zu Lebenspartnern und Familienangehörigen begründet und hängen mit Besuchswünschen zusammen. Andere Anliegen, wie etwa eine bestimmte Ausbildung machen zu können, kommen in unseren Eingaben ebenfalls vor, aber weniger häufig.

Bei Bediensteten geht es um Probleme rund um den Arbeitsplatz, vom Wunsch, nicht in eine neu erbaute ferner gelegene Anstalt versetzt zu werden, bis hin zu Klagen über Mobbing durch Kollegen, Klagen über den Dienstplan und über ausbleibende Beförderungen.

Die nachstehende Tabelle zeigt, wie sich die Eingaben auf die Personengruppen verteilen. Erwartungsgemäß stellen die Gefangenen den größten Anteil. Aber immerhin hatten wir auch 64 Eingaben Bediensteter. Sie brauchten sich nicht an den Dienstweg zu halten, und ohne ihre Zustimmung erfährt der Dienstherr von der Angelegenheit nichts. Für Bedienstete sind die Möglichkeiten, sich über ihre Lebensbedingungen in der Anstalt zu beschweren, vergleichsweise stärker begrenzt als für Gefangene. In über der Hälfte der Fälle (38) fand ein mündliches Gespräch statt, wohingegen bei den Gefangenen das schriftliche Verfahren überwog.

Erklärungsbedürftig erscheint die dritte Gruppe der Sonstigen mit 101 Eingaben. Diese im Wege eines Ausschluss-Verfahrens gebildete Gruppe ist nicht ganz homogen. Es dominieren insoweit Eingaben von Angehörigen Gefangener, die sich beispielsweise im Anschluss an einen Besuch im Gefängnis Sorgen machen, vor allem um ihre Kinder – oft im Jugendvollzug – oder um den Lebensgefährten. Die „Sonstigen" können sich per E-Mail melden und in der

Zuversicht äußern, dass ihr Schreiben weder direkt noch indirekt den Vollzugsbediensteten bekannt wird.

Tabelle 2: Verteilung der Eingaben auf Personengruppen

	Nur schriftlich	Nur mündlich	Schriftlich und mündlich	Gesamt:
Bedienstete (AVD u. Werkdienst)	26	11	27	64
Gefangene	232	4	75	311
Sonstige	69	1	31	101
Gesamt:	327	16	133	476

Die Quantitäten vermitteln einen Eindruck von (einem Teil) der Tätigkeit des Justizvollzugsbeauftragten. Sie sagen zum Gewicht des Vorgetragenen jedoch kaum etwas aus. Wenn freilich bestimmte Verfahrensweisen in einem fort beanstandet werden, lenkt das den Blick auf den strukturellen Hintergrund und provoziert die Frage, ob insoweit alles befriedigend geregelt sei. Doch gibt es hier kaum einen Mechanismus: Wenn immer wieder über das Essen oder den Kaufmann geschimpft wird, muss das nicht heißen, dass dieser besonders schlechte Angebote unterbreite. Sichtbar wird „lediglich" der empfundene Mangel an Wahlmöglichkeiten und Autonomie. Der allerdings ist strukturell bedingt, nur wenig abänderbar.

Wir haben den Bogen weiter gespannt und die jeweiligen Haftbedingungen auch unter der Voraussetzung analysiert, dass lediglich vereinzelte Beschwerden haben hellhörig werden lassen. Exemplarisch lässt sich das für den Jugendvollzug sagen. Denn schon seit längerem ist bekannt, dass aus diesen Anstalten relativ selten schriftliche Eingaben kommen, ohne dass man behaupten könnte, die dortigen Gefangenen seien mit dem Haftleben besonders zufrieden. Ein wesentlicher Grund für die Zurückhaltung dürfte in der geringen Vertrautheit der Jugendlichen und Heranwachsenden mit schriftlichen Beanstandungen liegen. Eine einzelne Eingabe konnte dann die kleine Zahl der Eingaben wettmachen, sie hatte es gleichsam in sich. Sie erfolgte zu einem *Disziplinarverfahren* gegen einen Gefangenen, der mit einem Mithäftling eine körperliche Auseinandersetzung hatte. Die Eingabe verdeutlichte nicht lediglich den kurzen summarischen Prozess, durch den die Sache abgewickelt worden war. Sichtbar wurden darüber hinaus die prinzipiellen Mängel dieser beliebten Form der vollzuglichen Problembewältigung, und zwar jenseits der eventuellen Eigenheiten einzelner Akteure. Es ergab sich ein Widerspruch zwischen einem strafähnlichen Verfahren, das jedenfalls rudimentär als fair erlebt werden soll, und einer faktischen Lage, in der Ankläger und Richter voreingenommen sind und die gesamte Prozedur als „erzieherisch" begreifen, als Lehrstunde – vor allem zur Einordnung und Selbstdisziplinierung. Aus der anschließenden Problematisierung des Geschehens ist inzwischen ein Gesprächskreis erwachsen, der nicht lediglich die schwierige Zone zwischen Erziehung und Disziplinierung ausleuchtet, sondern außerdem Ausschau hält, welche Vorgehensweisen die fragwürdigen Praktiken der Disziplinierung einschränken und ersetzen könnten. Denn gerade im Vollzug, wo man den Gefangenen rund um die Uhr „hat", müsste es doch eigentlich möglich sein, mit gewaltsamen Auseinandersetzungen unter Gefangenen anders umzugehen als sie gewissermaßen durch staatliche Disziplinargewalt „herunterzuknüppeln". Zu den einschlägigen Stichwörtern zählen u.a. Verbalisierung, Deeskalation und eventuell Mediation sowie das Erlernen von Gruppenfähigkeit. Der Weg aus der Gewalt besteht für gewöhnlich im Erlernen gewaltfreier Umgangsformen. Auch in dieser Hinsicht sollte der Staat mit gutem Beispiel vorangehen und Vorbilder liefern. Abzuwarten bleibt, wie sich die gemeinsamen Anstrengungen von Praktikern, Ministeriumsmitarbeitern und Justizvollzugsbeauftragtem, die durch diese einzelne Eingabe in Gang gekommen sind, entwickeln werden. Bislang wirken sie immerhin schon in die Fortbildungsarbeit hinein.

Man ist, wie das Beispiel veranschaulicht, mitunter schnell bei grundsätzlichen Fragen. Sie lassen sich aus Praxisbezügen heraus herleiten, und eventuelle Antworten können zugleich wieder auf Praxisgeschehen bezogen werden. Damit wird der Vollzugsalltag nicht lediglich in dem Sinne kontrolliert, ob auch alles seine Ordnung habe. Sondern die Kontrolle gewinnt eine konstruktive Seite, die zu gangbaren Verbesserungen hinführen soll.

5 Kontrolle und Erfolg

Die Frage nach einem Erfolg weist in verschiedene Richtungen. Zunächst ist zu fragen, auf welche Person oder Institution sie sich beziehen soll. So ist ein Erfolg dessen, der eine Eingabe tätigt, von dem Erfolg zu unterscheiden, den das System der Eingaben und proaktiven Beobachtungen für den Justizvollzug als staatliche Einrichtung hat. Daher kann die Zielerreichung eines einzelnen Gefangenen, zum Beispiel die verlangte Zahlung einer Vergütung, für diesen einen Erfolg, für den Vollzug oder das gesamte Justizsystem hingegen einen Misserfolg bedeuten, etwa falls die Gutschrift in der Sache nicht gerechtfertigt war. Umgekehrt mag die bereits erwähnte Beschwerde über ein schon durchgeführtes Disziplinarverfahren dem Gefangenen, der bereits alles erlitten hat, nur noch wenig nutzen, kann aber dennoch für den Justizvollzug sehr hilfreich sein, indem sie auf Mängel verweist und Verbesserungen des Umgangs anstößt.

Der Erfolg lässt sich des Weiteren als Wirksamkeit verstehen, so dass Umfang und Intensität des Bewirkbaren oder Bewirkten den Maßstab bilden. In dieser Hinsicht waren und sind Grenzen zu betonen: Anders als das übergeordnete Ministerium oder eventuell der Anstaltsleiter und anders als die zuständigen Gerichte kann der Justizvollzugsbeauftragte keine Sachverhalte selbst regeln und in diesem Sinne intervenieren, sondern nur Empfehlungen aussprechen. Doch insoweit muss zwischen (eingeschränktem) rechtlichem Können und faktischem Einfluss unterschieden werden. Denn die Erfahrung hat gezeigt, dass nicht selten allein die Erkundigung nach der Situation eines Gefangenen die Dinge in Bewegung zu setzen vermag. So hat beispielsweise die Nachfrage, ob es zutreffe, dass der Gefangene XY bereits seit Monaten keinerlei Arbeit oder Beschäftigung habe, zu der Antwort geführt, man habe ihn nunmehr seit wenigen Tagen in einem Betrieb unterbringen können. Freilich dürfen derartige Effekte nicht überschätzt werden. Unklar bleibt nämlich, ob gleichsam neue Kapazitäten aufgetan wurden oder aber ob dafür ein anderer Gefangener „hinten heruntergefallen" ist. Ferner kann es sich um eine beschleunigte Erledigung handeln, die letztlich die Angelegenheit nicht wesentlich vorangebracht hat.

Den Fällen, in denen schon die Erkundigungen des Justizvollzugsbeauftragten Veränderungen bewirken, stehen andere gegenüber, bei denen Verfasser von Eingaben den Kontakt rasch nach der Anrufung des Justizvollzugsbeauftragten wieder bewusst abbrechen. Das geschieht dann mit dem Hinweis, seit dem Bekannt-Werden der Schreiben sei man beträchtlichen Repressalien ausgesetzt. Die wolle man nicht länger ertragen. Sie seien schlimmer als die Probleme, die zur Einschaltung des Justizvollzugsbeauftragten geführt hätten. Bisher ist es nicht gelungen, in diesen – glücklicherweise seltenen – Fällen eine akzeptable Lösung zu finden. Wir entsprechen einem derartigen Wunsch, geben aber der Anstaltsleitung Nachricht. Vonseiten der Mitarbeiter ist stets mitgeteilt worden, die betreffenden Befürchtungen (gelegentlich auch von Bediensteten!), bei Fortsetzung des Kontakts weiteren Nachteilen oder gar Bedrohungen ausgesetzt zu sein, träfen nicht zu und ließen sich nicht nachvollziehen. Wie auch immer die Lage im Einzelfall zu beurteilen ist, bleibt ein bitterer Nachgeschmack. Er signalisiert die Grenzen, an die externe Kontrollen stoßen können.

In der überwiegenden Zahl der Fälle wurde die Angelegenheit formal abgeschlossen, ohne dass sich Aussagen zu den näheren Auswirkungen machen lassen. Wenn zum Beispiel ein längeres Gespräch zwischen Anstaltsleiter oder Abteilungsleiter einerseits und Gefangenem andererseits herbeigeführt worden ist, bleibt abzuwarten wie sich danach die Beziehungen entwickelt haben. Die

Kommunikation kann hoffnungsvoll vorangekommen sein, die Fronten können sich aber ebenso weiter verhärtet haben. Oder: Ein Gefangener erreicht seine Verlegung in eine andere Anstalt, ist mit unserer Unterstützung erfolgreich, nur wissen wir nicht, ob diese Verlegung im Ergebnis auch für die soziale Integration hilfreich war.

Die Vorgänge spielen sich selten nur bilateral zwischen den Petenten und dem Justizvollzugsbeauftragten ab. Sie werden zugleich aufmerksam von anderen wahrgenommen. Es wird – beabsichtigt oder nicht – ein Exempel vorgeführt, dessen Ausgang weder für Gefangene noch für Bedienstete von vornherein sicher ist. Insofern darf man insgesamt von einer eher positiven Botschaft ausgehen, jedenfalls soweit wir unsere Ideale umsetzen konnten. Dann wurde beispielhaft deutlich, dass ein Mensch selbst als Gefangener in der Situation der Übermacht des Staates dieser nicht grenzenlos ausgeliefert ist, vielmehr einen neutralen Ansprechpartner finden kann, der den kritischen Blick auch auf die „andere Seite" richtet.

Die Chance dieses kritischen Blicks stellt einen Wert dar, der kaum zu hoch zu veranschlagen ist. Dadurch, dass sich alle Beteiligten, einschließlich der Aufsichtsbediensteten, an den Justizvollzugsbeauftragten wenden, entsteht ein vielseitiges Bild, das in seiner Komplexität lediglich partielle Einblicke und einseitig gefärbte Darstellungen übertrifft. Es bewirkt eine fortwährende Unzufriedenheit, die zu gestalterischem Handeln herausfordert. Gleichsam als Verkörperung dessen erscheint u.a. die schriftliche Berichterstattung im jährlichen Tätigkeitsbericht. Sie ermöglicht die Aufbereitung von Problemstrukturen ebenso wie das Aufzeigen von weiterführenden kriminalpolitischen Wegen.

Literatur

Goffman, E. (1973). Asyle. Über die Merkmale totaler Institutionen.
Koeppel, S. (1999) Kontrolle des Strafvollzuges. Individueller Rechtsschutz und generelle Aufsicht. Ein Rechtsvergleich.
Neubacher, F. & Walter, M. (Hrsg.) (2002). Sozialpsychologische Experimente in der Kriminologie, 2002. Lit Verlag, S. 69-92.

Institutionelle Selbstverpflichtung

Ein Ansatz zur situations- und einrichtungsbezogenen Prävention

Ulla Peters

Übersicht

1 Zerstörerische und verstörende Vorgänge
2 Die Debatte um Gewalt in pädagogischen Institutionen im luxemburgischen Kontext
3 Institutionelle Selbstverpflichtung

"Die Kritik an den Verhältnissen und Zuständen in der Heimerziehung war zu jedem Zeitpunkt ihrer Geschichte bekannt" (Kappeler, 2009)

1 Zerstörerische und verstörende Vorgänge

Ausserfamiliäre Institutionen, Einrichtungen der Jugenhilfe, Internate, Schulen, laizisitische und kirchliche Vereine der Jugendarbeit als Orte und Gelegenheitsstrukturen für Erwachsene, Jugendliche und Kinder zur eigenen Befriedigung von Bedürfnissen sexueller oder machtorientierter Provienz zu benutzen, sind in den letzten beiden Jahren ins Zentrum öffentlicher und wissenschaftlicher Debatten gerückt. Andresen und Heitmeyer (2012) sprechen von „zerstörerischen Vorgängen", von der „existenziellen Missachtung der Integrität von Kindern" durch sexuelle Gewalt in pädagogichen Kontexten (Andresen & Heitmeyer, 2012, S. 11). Verstörend ist, dass unabhängig von organisationalen Settings oder der ideologischen und weltanschaulichen Ausrichtung der Einrichtungen, ähnliche Prozesse der Unterwerfung, der gewaltsamen Aneignung von Menschen, ihrer Körper und Gefühle und der systematischen Vertuschung stattgefunden haben (Andresen & Heitmeyer, S. 35). Diese gilt es zu rekonstruieren und aufzuarbeiten, um hieraus wie aus Forschung zu diesen Fragen, zu lernen, wie Organisationen statt gezieltes Schweigen, erhöhte Aufmerksamkeit sicherstellen, wie sie Strukturen des achtsamen Umgangs mit Menschen und Problemen etablieren und Kulturen der Nicht-Verletzung befördern können. „Täter dürfen nicht mehr darauf vertrauen können, nicht entdeckt oder geschützt zu werden," so ein Fazit von Christine Bergmann[1] (Bergmann 2012, S. 110). Eine Antwort auf diese Aufforderung sind Selbstverpflichtungen von Einrichtungen zur situations- und täterbezogenen Prävention. Sie übernehmen damit die Verantwortung die hierfür notwendigen Standards, Hilfekonzepte, Prozesse und Strukturen zu verankern. Eine zweite Forderung, die damit verbunden ist, und das steht für den luxemburgischen Kontext noch weitgehend aus, ist die „systematische und konsequente Aufarbeitung der Thematik und der Fälle in den Einrichtungen selbst" (Bergmann 2012, S.109).

Vergleichbar mit dem Prozess der Enttabuisierung sexueller Gewalt in Familien Mitte der 1980er Jahre ging auch im Feld pädagogischer Einrichtungen die Initiative zur Aufdeckung der Taten von Betroffenen aus, die ihre Erlebnisse oft nach vielen Jahren des Schweigens zum ersten Mal öffentlich beschreiben und besprechen. Sexuelle Übergriffe und Gewalt in pädagogischen Kontexten werden meist erst dann aufgedeckt, wenn sich die Kinder und Jugendlichen in einer anderen Einrichtung befinden oder wenn sie erwachsen sind (vgl. Conen 2002, S. 197). Es scheint auch so zu sein, dass – dies war zu beobachten – das Sprechen einzelner andere Opfer ermutigt, zu sprechen und von ihren Erlebnissen zu berichten.

Hinzukommen muss, das zeigt die jeweilige Dynamik der Diskurse, eine gesellschaftliche Bereitschaft, diese Berichte und Erfahrungen als wahr anzusehen, als Problem zu bearbeiten und Verantwortung zu übernehmen für die Taten und für das Benennen von Tätern und Täterinnen.[2] Es muss zugleich eine Motivation geben, über Lösungen nachzudenken.[3] Dies scheint aktuell in einigen

---

[1] Dr. Christine Bergmann war von März 2010 bis Oktober 2011 in Deutschland die Unabhängige Beauftragte zur Aufarbeitung des sexuellen Kindesmissbrauchs

[2] Zum Beispiel wird im Fall der Odenwaldschule immer wieder darauf verwiesen, dass es einen ersten Bericht des Reporters Jörg Schindler in der Frankfurter Rundschau (FR) vom 17.11.1999 zum jahrelangen Missbrauch durch den Leiter Gerold Becker gab, der aber keine weitere Diskussion oder eine weitere Aktivität nach sich gezogen hat (vgl. FR vom 8.3.2010 „Der Lack ist ab")

[3] Die deutsche Regierung antwortete auf diese Welle von Zeugenaussagen im März 2010 mit der Einsetzung einer Unabhängigen Beauftragten zur Aufarbeitung des sexuellen Kindesmissbrauchs, der ehemaligen Familienministerin Christine Bergmann. Eine telefonische Anlaufstelle für Opfer sexuellen Missbrauchs wurde eingerichtet. Gleichzeitig wurden im März 2010 zwei Arbeitsgruppen, die sogenannten Runden Tische, eingerichtet, die den Auftrag hatten, den sexuellen Kindesmissbrauch der Vergangenheit aufzuarbeiten. Dies waren zum einen der Runde Tisch „Heimerziehung in den 50er und 60er Jahren" (http://www.rundertisch-heimerziehung.de/ (Abrufdatum 13.07.2012), dessen Abschlussbericht im Januar 2011 vorgelegt wurde und zum anderen der Runde Tisch "Sexueller Kindesmissbrauch in Abhängigkeits- und Machtverhältnissen in privaten und öffentlichen Einrich-

Ländern der Fall gewesen zu sein, wobei dies unterschiedliche Ursachen haben kann.

„Wodurch die Tabuisierung sexueller Gewalt gegen Kinder und Jugendliche in vielen gesellschaftlichen Bereichen durchbrochen werden konnte, welche Bedingungen dafür ausschlaggebend gewesen sind, welche Institutionen und Personen welche Rollen eingenommen haben und wie der mediale Einfluss einzuschätzen ist, wird gründlich rekonstruiert werden müssen. Zu rekonstruieren ist aber auch, wem welche Schuld zugeschrieben wird, welche Formen der Verantwortung für zurückliegende Taten diskutiert werden, wer die öffentliche Diskussion bestimmt und nicht zuletzt, welche Lehren aus den Erfahrungen und dem Wissen der Betroffenen und den bereits vorliegenden und zu erwartenden Forschungsbefunden zu ziehen sind." (Andresen & Heitmeyer, 2012, S. 12).

Damit sind wesentliche Dimensionen benannt, die in einer Auseinandersetzung mit Gewalt in pädagogischen Kontexten fokussiert werden könnten. Ich möchte in meinem Beitrag hier ansetzen und die Thematisierung um grenzverletzendes Verhalten von Professionellen entlang einiger dieser Aspekte für Luxemburg beispielhaft nachzeichnen und insbesondere die Frage stellen, welche Lehren sich aus den Befunden für pädagogische Arbeitskontexte ziehen lassen. Gleichzeitig werde ich vor dem Hintergrund von Forschungsbefunden einige Ideen zur möglichen Bearbeitung dieser Fragen aus organisationssoziologischer und professionstheoretischer Sicht beitragen (Ley & Ziegler 2012).

In diesem Kontext wird das Thema der „institutionellen Selbstverpflichtung" als eine Form einer organisationsbezogenen Antwort auf die Anforderung, Kinder und Jugendliche vor Übergriffen durch Professionelle zu schützen, bearbeitet.

Organisationen entwickeln komplementär zu den Strategien von Tätern und Täterinnen Mechanismen, die kurzfristig die Handlungs- und Kommunikationsfähigkeit der Organisation erhalten und gleichzeitig schützend gegenüber den Tätern und verletzend und missachtend gegenüber den Opfern wirken. Organisa-

---

tungen und im familiären Bereich" http://www.rundertisch-kindesmissbrauch.de/ (Abrufdatum: 20.05.2012), der seinen Abschlussbericht im November 2011 veröffentlichte (ttp://www.rundertischheimerziehung.de/documents/RTH_Abschlussbericht.pdf und
http://www.rundertisch-kindesmissbrauch.de/documents/111130AbschlussberichtRTKM111213.pdf (Abrufdatum beider Dokumente 20.05.2012)
Ein Ergebnis des „Runden Tisches Heimerziehung" ist Ausschreibung eines 10 Millionen Euro umfassenden Forschungsprogramms im Sommer 2011 und damit die wissenschaftliche Aufarbeitung und die forschungsbasierte Erarbeitung von Erkenntnissen und Lösungen (vgl. den Beitrag von Christine Bergmann in diesem Band) Gegenstand des Programms sind auch Juniorprofessuren, die sich speziale den Themenfeldern Machtmissbrauch in pädagogischen Kontexten widmen

tionssoziologisch können Übergriffe auf Kinder und Jugendliche als Fehler in der organisationalen Aufgabenerfüllung betrachtet werden, die abgesichert durch institutionelle Rahmungen und normative Orientierungen zu „Realitätsverzerrungen zum Zwecke der Machtausübung führen" (Oelkers 2011) und diese Macht so legitimieren.

Als mögliche wirksame institutionelle Rahmungen werden diskutiert die „elitäre Überlegenheit eines pädagogischen Konzepts" bzw. die religiös motivierte Überhöhung („Heiligkeit") von Personen und Positionen. „Sexualisierte Körperlichkeit" wie „Förderversprechen" in Sportvereinen und für die Heime der 1950er und 1960er Jahre die „Ungleichwertigkeit durch etikettierte Asozialität", die Kinder und Jugendliche Gewalt ausliefern können (Andresen & Heitmeyer 2012, S. 27). Hagemann-White hat 2011 im Auftrag der Europäischen Kommission eine Studie zur Vereinheitlichung europäischer Rechtsvorschriften zu sexueller Gewalt gegen Frauen und Kinder vorgelegt, die im Anhang ergänzend ein Modell zur Tätergenese[4] präsentiert. Das Mehrebenemodell (makro, meso, mikro, ontogenetisch) basiert auf einer umfangreichen Sichtung und Analyse vorhandener Forschungen. Faktoren, die die Genese von Täterschaft begünstigen und in unserem Kontext relevant sein könnten sind vor allem Faktoren der Meso- und Makroebene wie Straffreiheit, Normen von Überlegenheit, der Status von Kindern und Jugendlichen, machtorientierte Vorstellungen männlicher Heterosexualität und daran geknüpfte Formen sexueller Befriedigung (Andresen & Heitmeyer 2012).

Ausgelöst durch die breite öffentliche Thematisierung der jahrelangen sexuellen Gewalt durch Gerold Becker, den Leiter der reformpädagogischen Odenwaldschule beschrieb die deutsche Gesellschaft für Erziehungswissenschaft (DGfE) im Februar 2011 in einer Stellungnahme (DGfE 2011) „Vorfälle, in denen pädagogische Fachkräfte den ihnen anvertrauten Kindern und Jugendlichen in verschiedenen Formen sexuelle Gewalt zufügen" als „schwere Verstösse gegen die Professionsethik" (DGfE 2011, S. 2) und sie fragt, was die Pädagogik für diese Formen von Gewalt „strukturell anfällig" mache (DGfE 2011, S. 2).

Eine Reihe von pädagogischen Institutionen, Wohlfahrtsverbänden sowie die Kirchen verfassten in der Folge der durch die Odenwaldschule ausgelösten Debatte und durch die Aufdeckung weiterer Vorfälle in anderen Einrichtungen Stellungnahmen zum Umgang mit sexualisierter Gewalt in ihren Einrichtungen

---

[4]http://ec.europa.eu/justice/funding/daphne3/multi-level_interactive_model/bin/html/factormodel/factormodel.html (Abrufdatum 20.07.20112)
http://ec.europa.eu/justice/funding/daphne3/multi-level_interactive_model/understanding_perpetration_start_uinix.html (Abrufdatum 20.07.20112)

mit dem Ziel einer größeren Sensibilisierung und Enttabuisierung des Themas (Caritasverband, 2010; EKD 2010; Der Paritätische, 2010).

In diesem Beitrag möchte ich an die begrifflichen Klärungen anschließen, die in der Stellungnahme der DGfE vorgenommen werden und die Termini sexueller Missbrauch, sexuelle Übergriffe, sexuelle und sexualisierte Gewalt in dem hier formulierten Verständnis verwenden. Danach wird der Begriff „sexueller Missbrauch" im juristischen Diskurs verwendet, so z.b. in der UN-Kinderrechtskonvention und bezeichnet sexuelle Handlungen von Erwachsenen, die diese gegen den Willen an Kindern und Jugendlichen vornehmen. Von sexuellen Übergriffen ist die Rede in symmetrischen Beziehungen, z.b. zwischen Kindern und Jugendlichen, die gegen deren Willen geschehen. In Abgrenzung dazu thematisiert der Begriff „sexuelle Gewalt" den Zusammenhang von Macht und Sexualität und der von der DGfE gewählte Terminus der „sexualisierten Gewalt" soll darauf verweisen, dass nicht die Sexualität an sich das Problem ist, sondern die *„gewaltvolle Machtaus–übung, die sich des Mediums der Sexualität bedient.* Bei allen Formen sexualisierter Gewalt in pädagogischen Kontexten wird das Recht von Kindern, Jugendlichen und Erwachsenen auf körperliche und psychische Unversehrtheit durch moralisch und pädagogisch nicht legitimierbare Strukturen und Handlungen einzelner PädagogInnen beeinträchtigt" (DGfE 2011: 3).

Im Folgenden wird es nicht nur um sexualisierte Gewalt gehen, sondern auch um körperliche Züchtigungen, Demütigungen und Missachtung, als Formen von Gewalt, denen Kinder und Jugendliche in pädagogischen Kontexten begegnen und ausgesetzt sein können.

2 Die Debatte um Gewalt in pädagogischen Institutionen im luxemburgischen Kontext

In Luxemburg richtete die katholische Kirche, nach dem Bekanntwerden der ersten Missbrauchsfälle in Einrichtungen in kirchlicher Trägerschaft, von April bis Juli 2010 (6.04. – 16.07.2010) eine telefonische Anlaufstelle für Opfer von physischem und sexuellem Missbrauch ein, die sogenannte "Hotline Cathol"[5]. Verantwortlich für die Anlaufstelle war der Abgeordnete und langjährige Mitar-

---

[5] vergleiche den Beitrag von Willems/Ferring in diesem Band, der sich auch auf den Bericht der Hotline Cathol und die Aktivitäten in diesem Umfeld bezieht (http://www.cathol.lu/archidioceseerzbistum/opfer-von-gewalt-victimes-de/article/klagen-erkenntnisse-empfehlungen-Abrufdatum 20.07.2012)

beiter des luxemburgischen Ministeriums für Familie und Integration Mill Majerus und seiner Frau Simone Majerus-Schmit, die sich auf ein multidisziplinäres Team stützte.[6]

Am 17. November 2010 wurde der Abschlussbericht der Hotline Cathol der Presse vorgestellt. Ein zusammenfassendes Fazit lautet, dass "im Umfeld der katholischen Kirche in Luxemburg zahlreiche Menschen Opfer von sexuellem Missbrauch und Misshandlung geworden sind" (Tageblatt 18.11.2010). 138 Anrufe sind bei der Kontaktstelle innerhalb von drei Monaten eingegangen, davon berichteten 109 Anrufer und Anruferinnen über Misshandlungen in und/oder ausserhalb der Kirche, 100 berichten von Gewalt im Umfeld der Kirche, davon 39 über sexuelle Gewalt[7].

Der Bericht schlägt "unter anderem die Aufarbeitung der Geschichte der Luxemburger Heime und Internate durch die Universität und eine Verlängerung der Verjährungsfristen bei sexuellem Missbrauch", ebenso wie einen Runden Tisch vor, der die die Umsetzung der vorgeschlagenen Maßnahmen begleiten soll (ebd.). Mill Majerus formuliert in einer parlamentarischen Anfrage im Februar 2011 nochmals die wichtigsten Ergebnisse und Forderungen und fragt die Regierung, wie sie mit den Ergebnissen des Berichts umgehen und welche Konsequenzen sie daraus ableiten will. Er schreibt, dass die Erlebnisschilderungen, die sie von Betroffenen in der kurzen Zeit des Bestehens der Hotline erhalten haben, auf viele Opfer schliessen lassen und eine vertiefte Untersuchung notwendig sei.

> "Les auteurs du rapport ... se prononcent en faveur d'une étude scientifique approfondie avec pour objectif l'évaluation du vécu des pensionnaires des centres d'accueils et pensionnats luxemburgeois au cours des années 1950 à 1975'. D'apres les témoignages reçus par le centre ... beaucoup d'enfants auraient en effet été victimes, au sein de telles institutions, de violences psychiques et physiques et d'autres maltraitances graves."[8] (QP 23.02.2011)

Das Ministerium sieht in seiner Antwort auf die Anfrage keine Notwendigkeit einer Aufarbeitung der vergangengen Übergriffe. Es argumentiert, dass die aktuell getätigten Investitionen zur Verbesserung der Situation von Kindern und

---

[6] Mill Majerus ist 2011 bei einem Autounfall verstorben. Das Bistum hat eine ständige Missbrauchsbeauftragte benannt, die weiterhin stundenweise telefonisch erreichbar ist. Das Bistum finanziert die Therapiekosten von 12 Missbrauchsopfern (http://www.cathol.lu/archives/991b-communiques-mitteilungen/article/missbrauchsbeauftragte-ernannt Abruf 20.07.2012)

[7] siehe zu weiteren Ergebnissen den Beitrag von Willems/Ferring in diesem Band.

[8] „Die Autoren des Berichts ... sprechen sich für eine vertiefende wissenschafliche Studie aus, die sich mit den Erlebnissen der Heimbewohnerinnen in den Jahren 1950-1975 beschäftigt. Nach den Berichten, die die Hotline erhalten hat ... waren viele Kinder in diesen Einrichtungn Opfer physischer, psychischer und anderer schwerer Verletzungen."(Übersetzung Verfasserin)

Jugendlichen in der Heimerziehung auch rückwirkend Gerechtigkeit herstellen und als Engagement des Ministeriums angesehen werden können, zukünftig pädagogische Einrichtungen so zu gestalten, dass Kinder und Jugendliche geschützt sind. „Wir investieren in die Zukunft und in die Qualitätsentwicklung der jetzigen und zukünftigen Strukturen", so das Resumee.

"Le Ministère de la Famille et de l'Intégration a engagé une collaboration importante avec l'Université du Luxembourg sur la question de la qualité de la prise en charge dans les centres d'accueil. Le souci de ce travail est entre autre d'assurer que des situations comme celles décrites par les auteurs du rapport mentionné dans la question parlementaire ne puissent plus se reproduire à l'avenir.

.... Avec les moyens engagés dans cette collaboration ... le Ministère de la Famille peut ainsi rendre justice aux victimes d'abus passés en mettant tout en oeuvre pour éviter des abus futurs." (Réponse commune à la question parlementaire n° 1279)[9]

Wie diese Antwort gedeutet werden kann, lässt sich nur vermuten. Ist es fehlendes Interesse, fehlender Druck von seiten der Opfer, ein nicht-etablierter fachlicher und wissenschaftlicher Diskurs zu diesen Fragen? Irritierend ist zumindest, dass keine Notwendigkeit gesehen wird, Verantwortung zu übernehmen für Einrichtungen, die über 100 Jahre in der Trägerschaft des Ministeriums waren und in denen viele junge Menschen auch unter verletzenden und demütigenden Bedingungen gelebt haben.

Im April 2011 gründete sich eine Interessengemeinschaft der Opfer mit dem Namen « Associatioin de défense des inérêts des victimes d'abus sexuels et/u pysiques de la part de l'Eglise catholique ».

Es hat bisher auch keine der im Abschlußdokument der « Hotline Cathol » erwähnten Einrichtungen in irgendeiner Form auf den Bericht reagiert. Es gab von Trägerverband der Einrichtungen (Entente des gestionnaires des centres d'accueil (EGCA)) angeregt, im September 2011 eine kurze Information der Träger zu möglichen strukturellen Antworten und organsationellen Bedingungen, die Gelegenheiten minimieren, dass Kinder und Jugendliche Übergriffe ausgeliefert sind. Ein Träger hat dazu eine Arbeitsgruppe eingerichtet, die eine konzeptionelle Antwort auf diese Fragen diskutiert und erarbeitet. Im Rahmen des vom Ministerium erwähnten Projekts zur Qualität in der Heimerziehung hat

---

[9] „Das Ministerium für Familie und Integration hat eine wichtige Zusammenarbeit mit der Universität in der Frage der Qualität der Heimerziehung begonnen. Ein Anliegen dieser Arbeit ist es auch, dass Situationen wie diese die im Bericht auf den sich die Anfrage bezieht beschrieben sind, zukünftig nicht mehr vorkommen. ... mit den Mitteln, die in diese Kooperation fliessen ... kann das Ministerium den Missbrauchsopfern der Vergangenheit Gerechtigkeit widerfahren lassen, weil es alles versucht, zukünftigen Missbrauch zu verhindern." (Übersetzung: die Verfasserin)

es allgemeine Informationen (Informations-Bulletin) zum Thema gegeben und im November 2011 wurde ein Workshop zum Thema « Machmissbrauch und sexualisierte Gewalt in Einrichtungen der Kinder- und Jugendhilfe organisiert. Auch hier war die Resonanz verhalten.

Anders motiviert und im Kontext eines freien Zusammenschlusses von zivilgesellschaftlichen Organisationen (Nicht-Regierungsorganisation), einzelnen Interessierten, Beratungseinrichutungen zum Thema sexuelle Gewalt hat sich Anfang 2011 unter dem Namen « Plateforme Luxembourgeoise Contre les Abus Sexuels" (PLCAS) ein Forum konstituiert, die sich zur Aufgabe gemacht hat, Beispiele guter Praxis im Umgang mit sexualisierter Gewalt zu sammeln.[10] Mitte 2012 liegt ein fertiges Dokument[11] vor, was von einigen Einrichtungen und Organisationen und Einrichtungen im Sinne einer Selbstbefragung als Orientierung fèr die Bewertung und Entwicklung von Strukturen genutzt wird. Es gibt abgesehen von einer Handvoll grundsätzlicher Zeitschriftenartikeln[12] zur Frage, keine öffentliche Diskussion.

Im Februar 2012 setzte das Bistum unter der Leitung des ehemaligen Ombudsmann Marc Fischbach eine Kommission ein, die bis Ende April 2012 über Entschädigungen für 29 Opfer nachdenken sollte. Geplant war ein Beitrag von 5000 Euro[13], allerdings nur für die Opfer sexueller Gewalt und nicht für diejenigen physischer und psychischer Misshandlungen. „120.000 Euro Ablass"[14] titelte die Zeitschrift Tageblatt als die Kommission Ende Juni 2012 die Ergebnisse der Beratungen veröffentlichte: 24 Anträge wurden akzeptiert und die Opfer erhielten 5000 Euro Entschädigung und so die Einschätzung des Redakteurs „Die Behandlung seiner Opfer ist kein Ruhmesblatt für das Luxemburger Bistum." (ebd.).

Fast zeitgleich mit der Einsetzung der Kommission erklärte der Generalstaatsanwalt Robert Biever (am 25.0.1.2012) vor der parlamentarischen Justizkommission, dass alle von seiner Behörde und von der Hotline Cathol weitergegebenen Fälle, kein einziger juristische Folgen haben werde.

Warum es in Luxemburg anscheinend besonders schwer fällt, sich der Geschichte des Machtmissbrauchs in pädagogischen Kontexten zu stellen, Verant-

---

[10] „La plateforme s'est donnée l'objectif de recueillir les bonnes pratiques dans les domaines de la prévention et de l'intervention en matière maltraitance pour les rendre accessible, sous forme de référentiel, à chaque organisation et établissement travaillant avec des mineurs." (Référentiell pour la protection du mineur contre les abus sexuels et autres violences 2012: 1)

[11] Référentiell pour la protection du mineur contre les abus sexuels et autres violences 2012: 1. Das Dokument ist über ECPAT Luxembourg http://www.ecpat.lu/contacts.htm zu beziehen.

[12] Insbesondere die Wochenzeitschrift d'Lëtzeburger Land hat den Prozess in Luxemburg auch inhaltlich kommentiert (1.04.2010; 1.07.2010; 27.01.2012;

[13] Kurschat, I. 2012. „Für die bin ich immer noch eine Nummer", Land 17.02.2012

[14] Schneider, R. 2012. 120.000 Euro Ablass, Tageblatt 3.07.2012

wortung zu übernehmen und das Leid und die Geschichte der Opfer anzuerkennen, ist bislang eine nur unbeantwortete Frage, ebenso wie die Annahme, dass es einen zukünftig reflektierteren Umgang mit diesen Themen gibt, ohne den Blick in die Vergangenheit zu wagen.

3 Institutionelle Selbstverpflichtung

Neben der – für die Geschichte der Heimerziehung und der Erziehung in öffentlicher Verantwortung - wichtigen Aufarbeitung der in der Vergangenheit liegenden Missbrauchsfälle, richtet sich an die heutigen Institutionen der Kinder- und Jugendhilfe die Frage, wie schützen sie in ihren Einrichtungen Kinder vor Übergriffen. Erziehung in öffentlicher Verantwortung und in pädagogischen Kontexten ist in besonderem Maße aufgefordert, ihrem Schutzauftrag gerecht zu werden (Andresen & Heitmeyer 2012 ; Baldus & Utz 2011).

Ursula Enders (2010)[15] sieht in einer Selbstverpflichtung einen Baustein präventiver Strukturen von sexuellem Missbrauch in Institutionen. Verbindliche Verhaltensregeln, sollten im Sinne einer "Kultur der Grenzachtung" im Umgang mit Kindern- und Jugendlichen festlegt werden. Mit Bezug auf die UN-Kinderrechtskonvention empfiehlt sie ausdrücklich, das Recht auf Achtung der persönlichen Grenzen und das Recht auf sofortige Hilfe in Notlagen und auf Schutz vor Grausamkeit und Ausnutzung als Kernelemente einer Selbstverpflichtung zu verankern. Die Verhaltensregeln sind nicht als Verbote zu verstehen. Sie sollten in Form einer "positiv formulierten Selbstverpflichtung" festgehalten und durch alltagsnahe Beispiele illustriert werden. Gintzel[16] sieht die institutionelle Selbstverpflichtung als eine, auf struktureller Ebene, notwendige Massnahme. Ergänzt werden sollte sie jedoch um partizipatorische Ansätze, die die Selbstbehauptungspotentiale und Rechte der Kinder und Jugendlichen stärken.

Ein wesentlicher Aspekt ist hierbei der Umgang mit sexualisierten Grenzverletzungen im Einrichtungsalltag. Inwiefern wird die Problematik offen thema-

---

[15] Enders, U. (2010): Prävention von sexuellem Missbrauch in Institutionen. Bausteine präventiver Strukturen. Verfügbar unter: http://www.zartbitter.de/content/e158/e66/e6417/PrventionvonMissbrauchinInstitutionen1.pdf (Abrufdatum 30.10.2010)

16 Gintzel, U. (2006): Wie kann man in der Pädagogik durch Partizipation die betroffenen Mädchen und Jungen stärken bzw. schützen? In: Fegert J.M., Wolff, M. (Hrsg.) (2006) Sexueller Missbrauch durch Professionelle in Institutionen-Prävention und Intervention- ein Werkbuch 2., aktualisierte Auflage 2006. Weinheim und München: Juventa Verlag, pp. 148-160

tisiert? Wie wird im Falle einer sexualisierten Grenzverletzung gehandelt? Gibt es dazu einen Krisenplan?

Inwiefern findet ein Austausch mit anderen Institutionen statt? Gibt es Unterstützung für die MitarbeiterInnen durch z.b. unabhängige, externe Beratung? Werden die MitarbeiterInnen durch Fortbildungen sensibilisiert und unterstützt?

Fragen stellen sich zudem zum alltäglichen Umgang mit den Kindern und Jugendlichen. Distanz und Nähe und Formen hilfreicher, heilender und respektvoller Körperlichkeit und Körperkontaktes sind ebenso professionell zu gestalten wie altersabhängig und im Wissen um die Erfahrungen und Möglichkeiten von Kindern und Jugendlichen, z.b. Arten von Behinderung und Traumatisierung. Bestehen hierzu institutionelle Verhaltensregeln und fachliches Wissen? Wie werden die Kinder und Jugendlichen an der Ausarbeitung Regeln beteiligt? Weitergehend stellt sich die Frage, inwiefern die Arbeit der Professionellen in einen Ethikkodex eingebettet ist. Dies sind Themen, die im Rahmen einer Selbstverpflichtung bearbeitet und die vor dem Hintergrund von Forschung zur Prävention von Gewalt fundiert begründet werden können.

Ursula Enders (2010) [17] sieht in einer Selbstverpflichtung einen Baustein präventiver Strukturen von sexuellem Missbrauch in Institutionen. Verbindliche Verhaltensregeln, sollten im Sinne einer *"Kultur der Grenzachtung"* im Umgang mit Kindern- und Jugendlichen festlegt werden. Mit Bezug auf die UN-Kinderrechtskonvention empfiehlt sie ausdrücklich, das Recht auf Achtung der persönlichen Grenzen und das Recht auf sofortige Hilfe in Notlagen und auf Schutz vor Grausamkeit und Ausnutzung als Kernelemente einer Selbstverpflichtung zu verankern. Die Verhaltensregeln sind nicht als Verbote zu verstehen. Sie sollten in Form einer "positiv formulierten Selbstverpflichtung" festgehalten und durch alltagsnahe Beispiele illustriert werden.

---

17 Enders, U. (2010): Prävention von sexuellem Missbrauch in Institutionen. Bausteine präventiver Strukturen. Verfügbar
unter:
http://www.zartbitter.de/content/e158/e66/e6417/PrventionvonMissbrauchinInsti tutionen1.pdf (30.10.2010)

Institutionelle Selbstverpflichtung 237

So diskutieren Kindler und Schmidt-Ndasi in ihrer Expertise zur Wirksamkeit von Massnahmen zur Prävention sexueller Gewalt gegen Kinder (vgl. Amyna e.V. 2011S. 50 ff) Studien zur

- situationsbezogenen Prävention (Veränderung von Gelegenheitsstrukturen: Zugang zu Opfern erschweren, Risiko der Entdeckung erhöhen, Hilfsmittel zur Tatvorbereitung verringern und Personen im Umfeld zum Wahrnehmen und zum Eingreifen befähigen und ermutigen) und
- Medienkampagnen, als eine Strategie, die bislang in der Präventionsdiskussion wenig beachtet wurden (Amyna e.V. 2011, S. 50ff).

Während zu den situations- und tatgelegenheitsbezogenen Präventionsansätzen und den vorliegenden Studien dazu nicht abschliessend Vorschläge diskutiert werden können, sind für die Autoren Überschneidungen zu etablierten Ansätzen von Prävention überaus deutlich, so z.b. die „Befähigung von Erwachsenen zum Schutzhandeln" (Amyna e.V. 2011, S.51). Für die Wirksamkeit von Medienkampagnen wird vermutet, dass „hiermit Disclosureprozesse bei ältere Jugendlichen unterstützt und die Grundlagen für eine intensivere Beschäftigung mit der Thematik gelegt werden können" (Amyna e.V. 2011, S. 53).

Inzwischen liegen eine Reihe von Vorschlägen für institutionelle Konzepte vor, die diese Forschungen, die Fachdebatten und für den deutschsprachigen Raum auch die Expertisen und Vorschläge des Runden Tisches Kindesmissbrauch aufgreifen[18]. Auf einer Tagung[19] im März 2012 in Berlin stellte Mechthild Wolff die wichtigsten Erkenntnisse vor und forderte insbesondere institutionelle Lernprozesse im Hinblick auf die Entwicklung veränderter und partizipativer Haltungen, die „nicht verordnet werden könnten". „Nicht Papier, sondern Prozesse." sind entscheidend, konzeptionelle Vorgaben müssen in programmatische und alltagstaugliche, zum Handeln befähigende Vorschläge umsetzbar sein. Institutionen sind, so Wolff, „gefährdet", sich nach innen und außen zu verschließen und eine Dynamik von Geschlossenheit zu entwickeln, ebenso wie jedes Erziehungsverhältnis in sich das Risiko von Verletzung und Missbrauch birgt. Beteiligung, Schutz und Vertrauen sind die Basis für professionelle Beziehungen, diese müssen allerdings stets neu hergestellt werden. Für Christian

---

[18] exemplarisch seien hier die Vorschläge der deutschen Gesellschaft zur Prävention (2010) genannt und die Ergebnisse des Runden Tisches Kindesmissbrauch (2012) – beide online verfügbar: www.rundertisch-kindesmissbrauch.de/Anlage03Leitlinien/(Abrufdatum 20.07.2012) http://www.dgfpi.de/bufo_konzept.html (Abrufdatum 20.07.2012)
[19] vgl. Arbeitsgruppe Fachtagungen Jugendhilfe, 2012. Tagungsbericht. http://www.fachtagungen-jugendhilfe.de/veranstaltungen/tagungsbericht.phtml?termine_id=3479 (Abrufdatum: 20.05.2012)

Schrapper bedeuten die Erkenntnisse des Runden Tisches, dass die untersuchte Jugendhilfepraxis auf drei Ebenen versagte[20]:

- *konzeptionell*, da sie Kinder und Jugendliche vornehmlich als Objekte der Besserung und Verwahrung begriff,
- *Strukturell*, da es keine oder schlecht wahrgenommene fachliche, rechtliche und öffentliche Kontrollinstanzen gab und
- *praktisch*, angesichts der unzureichenden Ausstattung vieler Institutionen und der häufig mangelhaften Qualifikation des Personals.

Für institutionelle Schutzkonzepte bedeuten dies Kinder und Jugendliche als Subjekte der Förderung und Bildung mit Rechten und mit Schutzbedürfnissen zu verstehen, eine ausreichende Reflexion und Kontrolle auf fachlicher, rechtlicher und öffentlicher Ebene zu gewährleisten und die erforderliche quantitative und qualitative pädagogische Arbeit ist zu sichern. Die Leitlinien des Runden tisches können hier als „als Minimalanforderungen des Kinderschutzes in Institutionen" verstanden werden."[21].

Sie umfassen die Handlungsebenen der Prävention, der Intervention und der langfristigen Aufarbeitung und Initiierung von Veränderungen. Diese Ebenen können als grundlegende Präventionsbausteine eines Schutzkonzeptes vor sexualisierter Gewalt betrachtet werden. Dazu gehören z.B. eine einrichtungsinternen Analyse zu arbeitsfeldspezifischen Gefährdungspotentialen und Gelegenheitsstrukturen, die Bereitstellung eines internen und externen Beschwerdeverfahrens, ein Notfallplan für Verdachtsfälle und die Aufarbeitung und konstruktive Fehlerbearbeitung. Die Erarbeitung von Schutzkonzepten[22] kann im Sinne eines partizipativen Organisationsentwicklungsprozesses gemeinsam und mit Kindern und Jugendlichen und den MitarbeiterInnen gestaltet werden. Die Befragung von Kindern und Jugendlichen gibt Auskunft über deren individuell empfundenen Ängste sowie deren Schutzbedürfnis.

Das Ziel von Schutzkonzepten ist es, ein Klima des Schutzes, eine spürbare Atmosphäre, in einer Institution zu schaffen. Dies umfasst die pädagogische Grundhaltung der Professionellen und die Kultur der Einrichtung im Gesamten. Neben diesen Handlungsorientierungen halten Ley und Ziegler (2012), „Demokratisierungsprozesse in pädagogischen Institutionen gerade in organisations-

---

20 Vgl. Arbeitsgruppe Fachtagungen Jugendhilfe, 2012. Tagungsbericht. Verfügbar unter: http://www.fachtagungen-jugendhilfe.de/veranstaltungen/tagungsbericht.phtml?termine_id=3479 (Abrufdatum 20.05.2012)
21 Untergruppe 1 des Runden Tisches Kindesmissbrauch: www.rundertisch-kindesmissbrauch.de/Anlage03Leitlinien/_(Abrufdatum 20.07.2012)
[22] Der Begriff Schutzkonzepten hat den Begriff der Selbstverpflichtung in der Diskussion scheinbar abgelöst, weil er eine stärkere Handlungsaufforderung und Konkretisierung enthält

und professionstheoretischer Hinsicht für das wesentliche Vehikel im Kontext von Machtmissbrauch" (Ley & Ziegler 2012, S. 276). Eine „Capability for Voice", wie sie in Anschluss an Bonvin 2009, die Möglichkeit des Widerspruchs von AkteurInnen bezeichnen, braucht spezifische Rahmenbedingungen, die - so die Autoren - für Institutionen durchaus „kostspielig" sind (Verlust von ideellen und materiellen „Investitionen", Risiko der Enttäuschung, das Gefühle von Scham und Beschämung) (Ley & Ziegler 2012, S.276). Aber sie nennen auf der Seite derjenigen, die zum Sprechen ermutigt werden sollte, das, was wir schon über Disclosureprozesse wissen, sie müssen sich dazu berechtigt fühlen, ein Berechtigungssinn, ein „sense of entitlement" muss für sie gegeben sein. In Referenz auf eine Studie von Annette Laureau verweisen sie darauf, dass hier auch lebenslagenspezifische Muster und Wahrnehmungen zum Tragen kommen, die bei manchen Kindern eher einen „sense of constraint" aktivieren, der Unterwerfung unter Autoritäten näher legt als die Erwartung, dass diese ihr Handeln an kindlichen Bedürfnissen ausrichten (Ley & Ziegler 2012, S. 276/278). Als notwendig, um die reale Möglichkeit einer „Capability for Voice" für Kinder und Jugendliche zu etablieren erachten sie die Machtbeschränkung von Professionellen durch kollektive professionelle Selbstkontrolle (Ley & Ziegler 2012, S.277).

Mit Bezug auf das von Klatetzki organisationssoziologisch gerahmte Konzept, Organisationen als emotionale Arenen zu beschreiben, „als eine Verkettung von Interaktionsszenarien ..., die durch Emotionen motiviert werden" (Klatetzki 2010, S. 488, zit. nach Ley&Ziegler 2012, S. 270) erfährt die Idee der professionellen Selbstkontrolle eine wichtige Erweiterung, weil auch affektuelles Handeln systematisch in Organisationsanalysen einzubeziehen wäre. Und damit so die Pointe dieser Perspektive, die „Verwundbarkeit des Menschen" (Ley & Ziegler 2012, S. 271), die wie Judith Butler argumentiert zu den Grundbedingungen des Menschseins gehört, abhängig, verletzbar und auf Schutz und Hilfe von anderen angewiesen zu sein – dies nicht nur als Kinder (Butler 2005).

Literatur

Andresen, Sabine/Heitmeyer, Wilhelm (Hrsg.) 2012: Zerstörerische Vorgänge. Missachtung und sexuelle Gewalt gegen Kinder und Jugendliche in Institutionen. Weinheim/Basel: Beltz/Juventa
Baldus, Marion/Utz, Richard (2011). Sexueller Missbrauch in pädagogischen Kontexten. Faktoren. Interventionen. Perspektiven. Wiesbaden: VS-Verlag

Butler, Judith 2005: Gefährdetes Leben. Politische Essays. Frankfurt am Main: Suhrkamp

Bundschuh, Claudia (2010): Sexualisierte Gewalt gegen Kinder in Institutionen. Nationaler und internationaler Forschungsstand - Expertise im Rahmen des Projekts „Sexuelle Gewalt gegen Mädchen und Jungen in Institutionen". München PDF-Dokument: http://www.dji.de/sgmj/Expertise_Bundschuh_mit_Datum.pdf

Caritasverband, D. (2010). Empfehlungen des Deutschen Caritasverbandes zur Prävention von sexuellem Mißbrauch sowie zum Verhalten bei Mißbrauchsfällen in den Diensten und Einrichtungen der Caritas, insbesondere in der Kinder-, Jugend-, und Behindertenhilfe. http://www.caritas.de/sexuellermissbrauch (Abrufdatum: 20.09.2011)

Conen, M.-L. (1998). Institutionelle Strukturen und sexueller Missbrauch durch Mitarbeiter. In G. Amann & R. Wipplinger (Hrsg.). Sexueller Missbrauch. Überblick zu Forschung, Beratung und Therapie. Tübingen: dgvt-Verlag. pp. 713-726

Conen, M.-L. (2002). Institutionen und sexueller Missbrauch. In D. Bange & W. Körner (Hrsg.). Handwörterbuch sexueller Missbrauch. Göttingen, Bern, Toronto, Seattle: Hogrefe. pp. 196-202

Conen, Marie-Luise 2002. Arbeitshilfen für die Personalauswahl zur Vermeidung der Einstellung pädophiler Mitarbeiter. In: erschienen in: Fegert, Jörg, M. / Wolff, Mechthild (Hrsg): Sexueller Missbrauch durch Professionelle in Institutionen. Prävention und Intervention. Münster: Votum Verlag 2002, pp. 53-64

Diakonieverbund Schweicheln (Hrsg.) (2008). Handlungsorientierungen für die Praxis zum grenzwahrenden Umgang mit Jungen und Mädchen und zu sicherem Handeln in Fällen von (massivem) Fehlverhalten. http://www.diakonieverbund.de/Materialien/Materialien (abgerufen 19.07.2012)

Evangelische Kirche Deutschland (2010). Hinweise für den Umgang mit Fällen von Pädophilie, sexuellem Missbrauch Minderjähriger und Kinderpornographie bei Mitarbeitern/Mitarbeiterinnen der evangelischen Kirche. http://www.ekd.de/download/100318_hinweise_missbrauch.pdf (Abrufdatum 20.09.2011)

gegen sexuellen Missbrauch an Mädchen und Jungen. München

Gintzel, U. (2006): Wie kann man in der Pädagogik durch Partizipation die betroffenen Mädchen und Jungen stärken bzw. schützen? In: Fegert J.M., Wolff, M. (Hrsg.) (2006) Sexueller Missbrauch durch Professionelle in Institutionen-Prävention nd Intervention- ein Werkbuch 2., aktualisierte Auflage 2006. Weinheim und München: Juventa Verlag

Hagemann-White, Carole (2011). Machbarkeitsstudie zur Bewertung der Möglichkeiten, Aussichten und des bestehenden Bedarfs für die Vereinheitlichung der einzelstaatlichen Rechtsvorschriften auf den Gebieten Gewalt gegen Frauen, Gewalt gegen Kinder und Gewalt wegen sexueller Orientierung.

Kappeler, M. (2011). Anvertraut und Ausgeliefert. Sexuelle Gewalt in pädagogischen Einrichtungen. Berlin: Nicolai-Verlag.

Kindler, Heinz/Amyna e.V. (Hrsg.) (2003): Evaluation der Wirksamkeit präventiver Arbeit

Kindler, Heinz/Schmidt-Ndasi, Daniela/ Amyna e.V. (Hrsg.) (2010): Wirksamkeit von Maßnahmen zur Prävention und Intervention im Fall sexueller Gewalt gegen Kinder. Expertise im Rahmen des Projekts „Sexuelle Gewalt gegen Mädchen und Jungen in Institutionen". München PDF-Dokument: http://www.dji.de/sgmj/Expertise_Amyna_mit_Datum.pdf

Leitlinien der Erzdiözese Luxemburg für den Umgang mit sexualisierter Gewalt an Minderjährigen im kirchlichen Bereich, April 2011

Réponse commune à la question parlementaire n° 1279 du 23 février 2011 de Monsieur le Député Mill Majerus. 30.03.2011- Réf.: 2010 - 2011 / 1279 – 03

Wolff, M. (2010): „"...und plözlich ist es Thema!" Sexuelle Gewalt in Institutionen.http://www.kinderschutz-zentrum kiel.de/FT_21.04.10/Sexuelle%20Gewalt%20in%20Institutionen.pdf. (Abrufdatum 30.10.2010)

Liste der Autoren und Mitarbeiter

Dr. Christine Bergmann, ehemalige Bundesministerin und unabhängige Beauftragte der Bundesregierung zur Aufarbeitung sexuellen Kindesmissbrauchs in Deutschland.

Wolfgang Billen, MA Gerontologie, Pflegedirektor im Maison de Soins „Op Lamp" in Wasserbillig.

Dipl. Kfm. Jean Philippe Décieux, Doktorand an der Universität Luxemburg in der Forschungseinheit INSIDE.

Prof. Dr. Dieter Ferring, Professor für Psychologie an der Universität Luxemburg und Direktor der Forschungseinheit INSIDE. Einer seiner Forschungsschwerpunkte ist die Bewältigung von Lebenskrisen und kritischen Lebensereignissen.

Dr. Bettina Janssen, Rechtsanwältin und Mediatorin sowie Leiterin des Büros für Fragen sexuellen Missbrauchs Minderjähriger der Deutschen Bischofskonferenz in Bonn.

Dr. Heinz Kindler, Mitarbeiter des Deutschen Jugendinstituts in München. Er arbeitete dort unter anderem im Projekt Sexuelle Gewalt gegen Mädchen und Jungen in Institutionen.

Prof. Dr. Günter Krampen, Professor für Psychologie an der Universität Trier sowie Leiter der Abteilung für klinische Psychologie, Psychotherapie und Wissenschaftsforschung und zugleich Direktor des Leibniz-Zentrums für Psychologische Information und Dokumentation.

Prof. Dr. Ulla Peters, Professorin für Soziologie an der Universität Luxemburg. Sie arbeitet u.a. über Vernachlässigung und Gewalt in der Gesellschaft.

Caroline Residori, M.A. Soz. Man., ehemalige wissenschaftliche Mitarbeiterin an der Universität Luxemburg in der Forschungseinheit INSIDE. Sie ist heute Angestellte des Ministère de la Famille et de l'Intégration in Luxemburg.

Dr. Marie Schneider, ehemalige Doktorandin an der Universität Luxemburg in der Forschungseinheit INSIDE.

Prof. Dr. Christian Schrapper, Professor am Institut für Pädagogik an der Universität Koblenz Landau. Er beschäftigt sich unter anderem mit den sozialpädagogischen Handlungsfeldern der Kinder- und Jugendhilfe.

Prof. Dr. Georges Steffgen, Professor für Psychologie an der Universität Luxemburg in der Forschungseinheit INSIDE. Er beschäftigt sich unter anderem mit Cyberbullying, Gewalt in Medien und Aggression sowie Gewalt in Schulen.

Norbert Struck, Fachreferent für Jugendhilfe des Paritätischen Gesamtverbandes Berlin und ehemaliger Vorsitzender der Arbeitsgemeinschaft für Kinder- und Jugendhilfe (AGJ).

Dr. Werner Tschan, Leiter einer Praxis für Psychiatrie und Psychotherapie in Basel und Gründer des Internationalen Instituts für Psychotraumatologie und des Beratungszentrums gegen sexuelle Grenzverletzungen in professionellen Beziehungen.

Prof. Dr. Michael Walter, Professor für Kriminologie und Strafrecht und Direktor des Instituts für Kriminologie der Universität zu Köln, seit 2011 Professor Walter Justizvollzugsbeauftragter des Landes Nordrhein-Westfalen.

Prof. Dr. Mechthild Wolff, Professorin für Pädagogik an der Hochschule Landshut mit dem Schwerpunkt Soziale Arbeit. Sie beschäftigt sich unter anderem mit Missbrauch durch Professionelle in Institutionen und KlientInnenschutz in Institutionen.

Prof. Dr. Helmut Willems, Professor für Soziologie an der Universität Luxemburg und Vizedirektor der Forschungseinheit INSIDE. Sein Forschungsinteresse gilt unter anderem dem abweichenden Verhalten sowie insbesondere der Gewalt- und Rassismusforschung.